Investigadores de reconhecido mérito, nos mais diversos campos do pensamento filosófico, contribuem, com o seu trabalho, para transmitir ao leitor, especialista ou não, o saber que encerra a Filosofia.

O SABER DA FILOSOFIA

1. *A Epistemologia*, Gaston Bachelard
2. *Ideologia e Racionalidade nas Ciências da Vida*, Georges Canguilhem
3. *A Filosofia Crítica de Kant*, Gilles Deleuze
4. *O Novo Espírito Científico*, Gaston Bachelard
5. *A Filosofia Chinesa*, Max Kaltenmark
6. *A Filosofia da Matemática*, Ambrogio Giacomo Manno
7. *Prolegómenos a Toda a Metafísica Futura*, Immanuel Kant (agora na colecção TEXTOS FILOSÓFICOS, n.º 13)
8. *Rousseau e Marx (A Liberdade Igualitária)*, Galvanno Delia Volpe
9. *Breve História do Ateísmo Ocidental*, James Thrower
10. *Filosofia da Física*, Mário Bunge
11. *A Tradição Intelectual do Ocidente*, Jacob Bronowski e Bruce Mazlish
12. *Lógica como Ciência Histórica*, Galvano Delia Volpe
13. *História da Lógica*, Robert Blanché e Jacques Dubucs
14. *A Razão*, Gilles-Gaston Granger
15. *Hermenêutica*, Richard E. Palmer
16. *A Filosofia Antiga*, Emanuele Severino
17. *A Filosofia Moderna*, Emanuele Severino
18. *A Filosofia Contemporânea*, Emanuele Severino
19. *Exposição e Interpretação da Filosofia Teórica de Kant*, Felix Grayeff
20. *Teorias da Linguagem, Teorias da Aprendizagem*, Jean Piaget e Noam Chomsky
21. *A Revolução na Ciência (1500-1750)*, A. Rupert Hall
22. *Introdução à Filosofia da História de Hegel*, Jean Hyppolite
23. *As Filosofias da Ciência*, Rom Harré
24. *Einstein: uma leitura de Galileu a Newton*, Françoise Balibar
25. *As Razões da Ciência*, Ludovico Geymonat e Giulio Giorello
26. *A Filosofia de Descartes*, John Cottingham
27. *Introdução a Heidegger*, Gianni Vattimo
28. *Hermenêutica e Sociologia do Conhecimento*, Susan J. Hekman
29. *Epistemologia Contemporânea*, Jonathan Darcy
30. *Hermenêutica Contemporânea*, Josef Bleicher
31. *Crítica da Razão Científica*, Kurt Hubner
32. *As Políticas da Razão*, Isabelle Stenghers
33. *O Nascimento da Filosofia*, Giorgio Colli
34. *Filosofia da Religião*, Richard Schaeffler
35. *A Fenomenologia*, Jean-François Lyotard
36. *A Aristocracia e os Seus Críticos*, Miguel Morgado
37. *As Andanças de Cândido. Introdução ao Pensamento Político do Século XX*, Miguel Nogueira de Brito
38. *Introdução ao Pensamento Islâmico*, Abdullah Saeed
39. *Um Mundo Sem Deus. Ensaios sobre o Ateísmo*, Michael Martin
40. *Emmanuel Levinas. Entre Reconhecimento e Hospitalidade*, AAVV
41. *Concepções de Justiça*, João Cardoso Rosas
42. *Filosofia da Matemática*, Stewart Shapiro
43. *Todos os Sonhos do Mundo e Outros Ensaios*, Desidério Murcho
44. *O Conservadorismo do Futuro e outros Ensaios*, Miguel Morgado
45. *Uma Leitura da Filosofia Contemporânea*, Sofia Miguens
46. *Rendimento Básico Incondicional*, AAVV

Rendimento
Básico
Incondicional

Título original:
Rendimento Básico Incondicional

© os autores dos textos e Edições 70, 2019

Revisão: Cátia Loureiro e João Moita

Capa: FBA

Depósito Legal n.º

Biblioteca Nacional de Portugal – Catalogação na Publicação

MARCELO, Gonçalo, e outros

Rendimento básico incondicional: uma defesa da liberdade / Gonçalo Marcelo... [et al]. – (O saber da filosofia)
ISBN 978-972-44-2257-2

CDU 172

Paginação:
MA

Impressão e acabamento:

para
EDIÇÕES 70
em
Julho de 2019

Direitos reservados para todos os países de língua portuguesa

EDIÇÕES 70, uma chancela de Edições Almedina, S.A.
Avenida Engenheiro Arantes e Oliveira, 11 – 3.º C – 1900-221 Lisboa / Portugal
e-mail: geral@edicoes70.pt

www.edicoes70.pt

Esta obra está protegida pela lei. Não pode ser reproduzida,
no todo ou em parte, qualquer que seja o modo utilizado,
incluindo fotocópia e xerocópia, sem prévia autorização do Editor.
Qualquer transgressão à lei dos Direitos de Autor será passível
de procedimento judicial.

Rendimento Básico Incondicional
Uma Defesa da Liberdade

Roberto Merrill
Sara Bizarro
Gonçalo Marcelo
Jorge Pinto

O sentimento de existência despojado de qualquer outra afeção é, em si mesmo, um precioso sentimento de contentamento e paz que bastaria para tornar doce a existência de quem soubesse afastar-se de todas as impressões dos sentidos terrestres que incessantemente dela nos distraem e lhe vêm perturbar a tranquilidade. Mas a maior parte dos homens que são agitados por paixões contínuas conhece mal esse estado por não o ter experimentado a não ser imperfeitamente e por poucos instantes, e por isso dele não conserva mais do que uma ideia obscura e confusa que não lhe permite apreciar o seu encanto.

ROUSSEAU, 1972 [1782], p. 1047

AGRADECIMENTOS

Este livro é fruto da reflexão coletiva de quatro pessoas diferentes que se esforçaram por falar a uma só voz, arriscando-se a propor não um livro no qual cada autor fosse responsável apenas por um conjunto de capítulos, mas uma monografia com princípio, meio e fim, e em que todos se reconhecem, tanto quanto possível, na totalidade da obra.

É também de elementar justiça reconhecer que, como qualquer obra coletiva e maturada ao longo de vários anos, também esta teria sido impossível sem as contribuições, diretas ou indiretas, de várias pessoas e instituições.

É devido um agradecimento, em primeiro lugar, à Edições 70, na pessoa da sua editora, Suzana Ramos, por aceitar acolher o livro como parte do seu catálogo, bem como ao Centro de Ética, Política e Sociedade (CEPS) da Universidade do Minho, e particularmente ao grupo UBIEXP, pelo permanente debate de ideias em torno do rendimento básico incondicional (RBI). O agradecimento estende-se igualmente à Fundação para a Ciência e a Tecnologia, que, através do financiamento do projeto «A Filosofia Política e a Epistemologia das Experiências sobre o Rendimento Básico: um Exame Crítico» (PTDC/FER-FIL/28078/2017), contribuiu para o financiamento da obra.

As ideias expressas no livro devem muito à influência de vários autores, alguns deles defensores do RBI e colaboradores regulares dos eventos sobre o mesmo promovidos em

Portugal, como Philippe van Parijs, Guy Standing, Stuart White, Jurgen de Wispelaere ou Evelyn Forget, para citar apenas alguns. A todos é devida uma palavra de agradecimento, a qual deve ser dirigida também àqueles a quem não parece desejável a ideia de um RBI, mas que ainda assim contribuem para que o debate aconteça e estimulam a produção de novos e mais interessantes argumentos. Agradecemos igualmente ao Pedro A. Teixeira pela leitura de uma versão prévia do capítulo 7 e pelos comentários e indicações que o beneficiaram.

Versões diferentes dos capítulos 2, 3, 4, 7 e 8 foram publicadas por Roberto Merrill nas revistas *Diacrítica*, *Finisterra*, *Revista Portuguesa de Filosofia* e *Esquerda.net*, e do capítulo 6 por Sara Bizarro e Gonçalo Marcelo no livro *Ética, Economia e Sociedade: questões cruzadas* (publicado pela Universidade Católica Editora – Porto), a quem agradecemos as permissões para reproduzir parcialmente esses artigos aqui, com algumas modificações e atualizações.

1.
O QUE É UM RENDIMENTO BÁSICO INCONDICIONAL?

> Aquilo que aqui defendo não é caridade, mas um direito, a saber, [pagar uma soma] a todas as pessoas, em compensação pela perda daquilo que seria a herança natural delas, em virtude da introdução do sistema de propriedade fundiária.
>
> Paine, 1995 [1797], p. 400([1])

Este livro pretende dar a conhecer, de forma detalhada mas acessível ao público em geral, uma ideia antiga mas que tem motivado um interesse renovado nos últimos anos: a proposta da atribuição de um rendimento básico incondicional para todos. Esta ideia, muitas vezes descartada e desqualificada por alegadamente pertencer ao mero

---

([1]) Para facilitar o acesso dos leitores de língua portuguesa às fontes que utilizamos, optámos por apresentá-las sempre em tradução. Todas as traduções são da nossa inteira responsabilidade. No final do livro encontrar-se-á, na secção «Bibliografia», uma lista completa de todas as referências trazidas à colação ao longo da obra.

domínio da utopia, entendida em sentido pejorativo como algo completamente irrealizável, tem sido alvo do interesse de muitas pessoas (académicos, políticos, empresários, ativistas e, obviamente, todos os cidadãos preocupados com o bem comum) por vários motivos e tem sido apresentada como sendo exequível através de diversas experiências concretas e projetos-piloto. Tendo em conta os lugares-comuns da teoria económica dominante e das perceções filosófico-culturais que lhe estão associadas, um rendimento básico implementado de forma mais vasta do que foi até hoje corresponderia a nada menos do que uma possível revolução a vários níveis; no entanto, é uma ideia cuja oportunidade talvez tenha verdadeiramente chegado, por diversas ordens de razão que tentaremos explicitar de forma sustentada e didática.

Linhas gerais da ideia

Antes de entrarmos na especificidade da discussão sobre argumentos a favor e contra a ideia que aqui apresentamos, convém que expliquemos, em traços gerais, do que se trata. Na nossa sociedade, tal como em muitas outras, estamos habituados a fazer depender a obtenção de rendimentos da atividade que se tem, isto é, do trabalho. Fazemo-lo porque associamos à obtenção de dinheiro uma ideia de mérito; recebe dinheiro quem, de alguma forma, o «merece», porque dá algo do seu esforço «em troca» desse rendimento. E isto embora na maior parte das vezes ignoremos ou optemos por não abordar outro tipo de questões problemáticas, tais como a desigualdade de remuneração entre rendimentos de trabalho e rendimentos de capital, ou outro tipo de desigualdade, ainda mais óbvia, entre a remuneração de trabalho qualificado e não qualificado, deixando que a própria lei de mercado (baseada na oferta e na procura) decida em grande medida aquilo que é uma remuneração «justa». Por outro lado, reservamos para aqueles que menos recursos têm, e menos capacidade de os obter, um esquema de ajuda mínimo ao qual se pode chamar, com alguma razão, assistencialista. Nesse caso, o pressuposto não é o de que as pessoas tenham necessariamente de «merecer» o rendimento por algum tipo de esforço, mas simplesmente por estarem vivas e pertencerem a uma determinada comunidade política, regida por um Estado que lhes confere o direito de sobrevivência. Contudo, como veremos abaixo, este é um sistema com bastantes falhas e que, obviamente, não faz o suficiente para assegurar uma real liberdade de oportunidades para todos (Van Parijs, 1995; Avillez Figueiredo, 2013). Ora, a ideia que aqui apresentamos altera radicalmente os dados do jogo. Vejamos como.

Um rendimento básico incondicional (RBI)[2] é um rendimento cuja quantia deve ser suficiente para garantir condições de vida decentes, pago em dinheiro a todos os cidadãos e de maneira incondicional, ou seja, sem ter em conta a situação financeira, patrimonial ou salarial (no caso

---

[2] Como veremos ao longo do livro, esta ideia já assumiu diversas designações, nem todas elas concordantes entre si. Algumas das diferenças são meramente semânticas, como aquelas que existem entre as designações «rendimento básico», «renda básica» ou «rendimento garantido para todos», mesmo quando essas diferenças são importantes do ponto de vista dos princípios (por exemplo, a diferença entre se designar o rendimento básico como sendo «universal» ou «incondicional», já que a universalidade é apenas um dos requisitos da incondicionalidade). Porém, existem casos em que as designações traduzem verdadeiras alternativas do ponto de vista do modelo de política pública a ser implementada, consoante se defende, por exemplo, um imposto negativo sobre os rendimentos ou um rendimento participativo, tudo formas que, pela sua especificidade, não correspondem exatamente àquilo que se entende por um rendimento básico. Pela nossa parte, embora analisemos todos estes casos ao longo da presente obra, defendemos a utilização da designação «rendimento básico incondicional» por enfatizar, em resumo, as ideias principais do nível básico que é providenciado a todos e da incondicionalidade nos seus três sentidos principais: universal, individual e livre de obrigações; quando utilizamos outras formas abreviadas como «rendimento básico» ou «RBI», é essa significação que deve ser pressuposta, ainda que, ocasionalmente, se possam estar a discutir formas que, em sentido estrito, possam conter alguns detalhes que as afastam da pureza conceptual desta ideia.

dos sejam remunerados pelo trabalho) de todas as pessoas que o recebem. O RBI deve ser considerado um direito universal, individual, incondicional, e idealmente será uma quantia suficientemente elevada para assegurar a cada cidadão uma existência digna e uma participação na sociedade que esteja livre de constrangimentos económicos que levem à exclusão. E embora haja, como veremos ao longo do livro, diversas soluções diferentes para a forma específica que um RBI poderá assumir, a ideia, na sua forma mais pura e desejável, é que o rendimento seja atribuído de forma regular, e não de uma só vez. A maior parte das propostas vai neste sentido, apontando para que o pagamento seja feito mensalmente, embora existam casos em que a distribuição possa ser mais espaçada (anual) ou menos (semanal). De todo o modo, parece ser, em geral, de evitar um modelo em que o pagamento fosse feito uma só vez na vida, já que é a regularidade que permite providenciar a estabilidade associada a um nível básico de segurança económica. Este rendimento, em virtude da sua natureza, deve ser independente de todas as condições de recursos, permitindo reduzir a distância social entre os cidadãos e estabelecer um importante grau de igualdade, pelo menos no que diz respeito às condições de partida de cada um em sociedade.

Desta forma, o RBI acaba por ser não só a condição de possibilidade mas também a prova concreta da pertença de todos os cidadãos à comunidade, permitindo superar entraves à liberdade, justiça e igualdade, visto que, na prática, estes valores – que gozam certamente de um grande consenso normativo, isto é, com os quais a generalidade das pessoas tende a concordar – são quase impossíveis de realizar se um RBI não for implementado. Aquilo que importa sublinhar, para se perceber a diferença entre esta solução e os esquemas de proteção social atualmente em vigor, é que o rendimento incondicional não é uma ajuda social direcionada apenas para quem é pobre ou não tem rendimentos, pelo que, à partida, elimina logo o fator estigmatizante associado a quem é obrigado a «viver de subsídios». Pelo contrário, ele seria acumulável com os outros rendimentos de que a pessoa já usufrua, sendo eles de trabalho ou não. É claro que isto levanta o problema de se atribuir um rendimento a quem, em teoria, dele não necessita. Mas este é um problema contornável. Dependendo do modo de financiamento que for adotado, o RBI atribuído a quem é mais rico poderá ser posteriormente recuperado pelos impostos através de um sistema fiscal mais progressivo.

Esta igualdade de tratamento dispensa o Estado de discussões intermináveis sobre a escolha dos beneficiários; além do mais, pela sua simplicidade, elimina uma parte substancial da burocracia, contribuindo nesse sentido para aliviar os custos que lhe estão associados e que recaem sobre o erário público. Sublinhe-se, contudo, que isto não significa a demissão do Estado das suas responsabilidades sociais. Continua a ter de haver proteção social para problemas específicos (pense-se, por exemplo, em incapacidades físicas, psicológicas, ou outros problemas de saúde), mas é legítimo pensar que eles seriam menos numerosos, uma vez que o RBI já dotaria as pessoas da capacidade de resolver a maior parte deles. Importa igualmente ressalvar que, fosse qual fosse o modelo adotado, teria de se assegurar que ninguém que antes recebesse prestações sociais veria o seu rendimento diminuído como consequência da introdução do RBI. Nesse sentido, inscreve-se na lógica de um Estado social que permita a capacitação de todos e que, por meio da dotação de meios efetivos para o exercício da igualdade de oportunidades, se inclua numa perspetiva não assistencialista a perseguir (Barata e Carmo, 2014).

Pode então considerar-se que o rendimento básico incondicional é uma forma preventiva de justiça social que torna menos provável que a economia produza desigualdades de rendimento inaceitáveis (providenciando a todos, pelo menos, um ponto de partida igual), as quais têm vindo a aumentar consideravelmente nas últimas décadas, apesar das medidas, fiscais ou outras, que as pretendem mitigar. Esta abordagem preventiva à justiça social considera que, por um lado, a propriedade privada não deve ser necessariamente condenada, mas, por outro, deve ser objeto de uma melhor repartição na sociedade, na medida em que a propriedade reforça o controlo que os indivíduos podem ter sobre a sua capacidade de se governarem. É que um sistema que acredite que a justiça é automaticamente providenciada pela suposta liberdade de acesso ao mercado (e consequente possibilidade de acumulação de propriedade privada para todos) pode até ter, em tese, uma «boa intenção», mas esta não passará de uma quimera e, logo, muito longe estará de implementar a justiça, mesmo que sublinhe o «mérito», se uma grande parte dos indivíduos entrar no mercado completamente desprovida de capital ou sob condições de competição muito desigual, dada a diferença das condições de partida. Assim, se se quiser privilegiar a responsabilidade dos indivíduos e aumentar a sua liberdade é necessário poder simultaneamente alargar o campo das suas possibilidades reais (por exemplo, a de não trabalhar apenas por necessidade, podendo recusar empregos que não correspondam ao que cada um pretende para si) e permitir aos indivíduos ter uma maior capacidade económica nas trocas que fazem com os outros nos diferentes mercados (mercado de bens, certamente, mas também mercado de trabalho).

O RBI representa, pois, a garantia de maior autonomia perante as relações de mercado ou, pelo menos, de maior capacidade de resistência frente aos termos desvantajosos que outros tipicamente podem querer impor – enquanto outorgantes «mais fortes» –, como, por exemplo, a posição do empregador ante a do «assalariado»; assim, é uma resposta a uma exigência de «reciprocidade honesta» entre os cidadãos e uma via de acesso à justa distribuição dos bens em sociedade. Assim sendo, este rendimento serviria também para desafiar o papel quase sagrado que o trabalho remunerado tem na sociedade atual e que faz que todos os outros tipos de trabalho (por exemplo, o voluntariado, o trabalho doméstico ou comunitário) sejam postos em segundo plano.

Apresentada que está a ideia, nos seus traços gerais, mencionemos um pouco da sua história, antes de enunciarmos em maior detalhe a forma como cada um dos seus aspetos será tratado nos capítulos seguintes do livro.

História do RBI: de Thomas More aos dias de hoje

A ideia de um rendimento básico incondicional não é recente (Cunliffe e Erreygers, 2004). Pelo contrário, podemos encontrar diversos exemplos históricos de propostas deste género em séculos passados. Nesta secção, faremos uma breve recapitulação histórica da forma como a ideia apareceu em diferentes contextos. A defesa de um rendimento básico para os pobres foi apresentada logo no século XVI, sobretudo pelos pensadores humanistas Thomas More (1478–1535) e Juan Luis Vives (1493–1540). Em Thomas More a ideia aparece no famosíssimo livro *Utopia* (1516), o qual fundou todo um género literário, e curiosamente pela voz de um viajante português, Raphael Hythloday, nome que por vezes é traduzido para português como Rafael Nonsenso – sendo que, evidentemente, é a «falta de senso» que lhe permite descrever hipóteses e soluções que são completamente diferentes da organização social vigente naquela altura. Em *Utopia*, Raphael está na praça central da cidade de Antuérpia e relata uma conversa que tivera com John Morton, o arcebispo de Canterbury. Nesta conversa, defende que dar aos cidadãos meios básicos de sobrevivência seria mais eficaz contra o crime do que os castigos excessivos que existiam na época e que não funcionavam como forma de dissuasão para os criminosos, tal como, diga-se de passagem, hoje em dia também não funcionam. Ora, atente-se na proposta de Raphael, que vale a pena citar apesar da sua extensão:

> Um dia estava a jantar com o cardeal e estava presente um advogado inglês. Esqueço-me de como começámos a falar sobre o assunto, mas ele estava muito entusiasmado com as medidas drásticas que se estavam a impor contra os criminosos. «Estamos a enforcá-los todos», disse ele. «Já vi mais de 20 na forca de uma só vez. É algo que acho muito estranho. Tendo em conta que poucos escapam, porque é que ainda temos tantos ladrões?» Perante isto, perguntei eu: «Acha estranho porquê?» – sempre me senti à vontade para falar perante o cardeal. «Este método de lidar

com ladrões é injusto e indesejável. Como castigo, é demasiado severo, e como dissuasão, é ineficaz. Os pequenos roubos não merecem a pena de morte. Não há nenhuma pena no mundo que impeça as pessoas de roubar, se é só dessa forma que conseguem comer. Neste aspeto, vocês, os Ingleses, como a maior parte das outras nações, fazem-me lembrar os professores incompetentes que preferem bater nos alunos a ensiná-los. Em vez de impor estes castigos horríveis, seria bem mais útil providenciar a todos os meios de sobrevivência, para que ninguém por necessidade se transforme primeiro em ladrão, e depois em cadáver.» (More, 1963 [1516], pp. 43-44)

Este excerto mostra, sob o subterfúgio de uma personagem e, portanto, da imaginação literária, como uma ideia deste género servia já, na pena de Thomas More, como crítica de uma organização económica e social que não deixava grande escolha àqueles que mais desprovidos de recursos se encontravam.

Porém, no século XVI, é Juan Luis Vives (ou, em latim, Johannes Ludovicus Vives) quem, no seu livro *De Subventione Pauperum* (1526) [*Sobre a Assistência aos Pobres*], defende a ideia de maneira mais detalhada. Vives era amigo de Thomas More e foi o primeiro a desenvolver um argumento minucioso a favor de se assegurar uma forma mínima de subsistência a todos. Vives nasceu em Valência e fazia parte de uma família de judeus convertidos. Em 1509 deixou a Espanha, fugindo da Inquisição, e foi estudar para a Sorbonne, acabando por viver a maior parte da sua vida em Bruges. Fez uma visita a Inglaterra em 1520 e, nessa altura, conheceu várias pessoas importantes, incluindo Thomas More. E foi em 1526 que escreveu, dirigido ao presidente da Câmara de Bruges, o *De Subventione Pauperum*, no qual propõe que o governo municipal assegure um mínimo de subsistência a todos, defendendo a ideia de que ninguém deveria morrer à fome. De acordo com o argumento apresentado por Vives, a Terra é criação de Deus e, assim sendo, ela não é propriamente de ninguém em específico, isto é: pertence a todos os filhos de Deus. Assim, aqueles que pretendem ficar com os bens da Natureza só para si são, na verdade, «ladrões» se não ajudarem aqueles que mais precisam. Nesta versão, esta assistência deveria ser atribuída não apenas a quem está em grandes dificuldades, mas antes mesmo de ser requisitada. O rendimento básico de Vives era condicional no sentido em que defendia que os pobres deveriam estar dispostos a trabalhar para auferir esse rendimento e que aqueles que têm tendência para viver uma vida mais «devassa» deveriam receber «rações mais pequenas e trabalhos mais difíceis» (Vives, 1999 [1526], p. 40) para servir de exemplo aos outros. Na altura, o plano de Vives foi visto com maus olhos pela Igreja, pois transferia a responsabilidade de assistência aos pobres da Igreja para as autoridades municipais, algo que afetava o *statu quo* da própria instituição eclesiástica naquela época. No entanto, o plano foi executado nas cidades de Lille (1527), Ipres (1527), Mons, Oudenarde e Valenciennes (1531), e, por fim, também em Bruges (1556). Mesmo com objeções da Igreja, a ideia de que a pobreza era algo que deveria ser mitigado pelo governo, e não apenas por caridade religiosa ou cívica, entrou no domínio público depois do plano de Vives (Clark, 2005). Dois séculos mais tarde, no século XVIII, Thomas Jefferson (1743–1826), representando a Virgínia, propôs dar 20 hectares de terra a indivíduos que não tivessem propriedade e se dispusessem a cultivá-la. Foi o primeiro programa deste género, mais tarde seguido por outros Estados. E foi, portanto, um dos primeiros programas que tentaram dar um rendimento seguro aos pobres.

Em França, no profícuo e conturbado período revolucionário, Antoine Caritat, marquês de Condorcet (1743–1794), publicou postumamente o *Esquisse d'un tableau historique des progrès de l'esprit humain* (escrito em 1793–1794, acabaria por ser publicado em 1795). Importa referir que o marquês de Condorcet teve um papel preeminente na Revolução Francesa. Condorcet escreveu o seu *Esquisse* quando estava escondido na casa da Sra. Vernet, na rua Servandoni, em Paris, antes de ser preso. No último capítulo do *Esquisse*, Condorcet propôs a existência de um seguro social que reduzisse a desigualdade, insegurança e pobreza. Condorcet defendia que para sermos verdadeiramente esclarecidos e livres seria necessário promover uma sociedade mais igualitária, tanto em termos de distribuição de recursos como de educação. No que respeita à mitigação da pobreza, propôs um seguro social para a velhice, para as mulheres (quando perdessem o marido) e para as crianças (no caso de perda do pai), ou para famílias que perdessem o seu cabeça de casal ou tivessem de fazer face à sua ausência durante um longo período. Para Condorcet, imbuído de um espírito iluminista e da crença no progresso, este tipo de medidas seria «verdadeiramente útil, não só para os indivíduos, mas para toda a sociedade, pois evitaria a ruína periódica de um grande número de famílias, a qual está na origem da corrupção e da miséria» (Condorcet, 1970 [1793–1794], p. 200).

Pouco tempo depois, Thomas Paine (1737–1809), amigo de Condorcet, defendeu em *Agrarian Justice* (1995 [1797]) a ideia de que cada proprietário de terra cultivada devia à sociedade uma renda por essa terra, porque a terra é propriedade comum. Esta renda seria um imposto sobre a propriedade, e os valores monetários assim acumulados financiariam um fundo que seria pago a todas as pessoas. E Paine chega a especificar aquilo que seria pedido. O objetivo, nas suas palavras, era «criar um Fundo Nacional, do qual todos receberiam a soma de 15 libras ao chegar aos 21 anos, de forma a compensar a perda da sua herança natural por causa da existência do sistema de terrenos privados. E também a soma de dez libras por ano durante toda a vida para todos aqueles que tiverem 50 anos e todos os outros que chegarem a essa idade» (Paine, 1995 [1797], p. 400). Este modelo, no qual o rendimento é pago de uma só vez, foi também defendido recentemente por dois professores de Direito da Universidade de Yale, Bruce Ackerman e Anne Alstott, no livro *The Stakeholder Society* (1999), e é hoje amplamente discutido, como se pode verificar na literatura especializada[3].

---

[3] Veja-se, a título de exemplo, o livro *The Ethics of Stakeholding* (2003), organizado por Keith Dowding, Jurgen de Wispelaere e Stuart White.

Estes dois modelos que, como vimos, foram avançados no século XVIII (a ideia de um rendimento básico para os pobres e a ideia de um rendimento universal pago de uma única vez) acabaram por ser combinados na ideia de um rendimento básico incondicional, cujas primeiras formulações datam do século XIX. Nesse século, esta ideia foi defendida por um número importante de pensadores ilustres, destacando-se entre eles o socialista utópico francês Charles Fourier (1772––1837), assim como o mais influente pensador político inglês do século XIX, o filósofo John Stuart Mill (1806–1873), e o pensador belga Joseph Charlier (1816–1896). Fourier apresenta-a no seu livro *La fausse industrie* (2013 [1836]) e Mill, por seu lado, defende-a no livro *Principles of Political Economy* (1965 [1848]), alinhavando os seus contornos da seguinte maneira: «A distribuição de um certo valor de subsistência mínimo é atribuída em primeiro lugar a todos os membros da comunidade, quer sejam ou não capazes de trabalhar. O resto do lucro é distribuído em certas proporções predeterminadas, entre os três elementos, Trabalho, Capital e Talento» (Mill, 1965 [1848], §166). Mencione-se ainda Charlier, que defende a mesma ideia no seu livro *Solution du problème social ou constitution humanitaire* (1848), talvez de uma forma que não tenha exercido tanta influência quanto a que exerceram Mill ou Fourier, mas que, ainda assim, é indicativa do espírito do tempo.

Mais recentemente, no século XX, o RBI foi defendido em três períodos diferentes. Durante o período entre as duas guerras mundiais várias propostas neste sentido foram avançadas, com especial intensidade na Grã-Bretanha. Neste contexto, foi o filósofo e matemático Bertrand Russell (1872–1970) o primeiro a fazê-lo, no seu livro *Caminhos para a Liberdade* (1918), seguido pelo economista George D. H. Cole (1889–1959), em vários dos seus livros, pela ativista Juliet Rhys-Williams (1898–1964), assim como pelo prémio Nobel da Economia James Meade (1907–1995), no seu livro *Outline of an Economic Policy for a Labour Government* (1988 [1935]). Para Russell, além do rendimento assegurado a todos, era igualmente importante a questão da redistribuição do excedente produtivo, como se pode constatar em *Caminhos para a Liberdade*, nomeadamente no Capítulo IV, intitulado «Trabalho e Rendimento»: «O plano que estou a defender é essencialmente o seguinte: que haja um pequeno rendimento assegurado para todos, o suficiente para as necessidades básicas, quer a pessoa trabalhe, quer não, e que exista um rendimento maior, dependendo do total daquilo que é produzido, a ser atribuído àqueles que estejam dispostos a trabalhar em coisas que a comunidade pense serem úteis» (Russell, 1918, Cap. IV, pp. 80–81).

Mais tarde, após a Segunda Guerra Mundial e durante os chamados «trinta gloriosos anos do capitalismo» (isto é, o período de expansão que se seguiu ao fim da guerra e que durou até à crise petrolífera dos anos 70), o debate foi recuperado e popularizado num contexto diferente. Durante o período dos anos 60–70, ele ocorreu sobretudo nos Estados Unidos da América (EUA) entre dois dos seus mais famosos defensores, Milton Friedman (1912–2006), com o seu livro *Capitalismo e Liberdade* (1962), e James Tobin (1918–2002), ambos laureados com o prémio Nobel da Economia e, diga-se de passagem, autores com opções ideológicas e propostas económicas muito diferentes, o que atesta a forma como a aposta no rendimento básico é transversal a algumas pessoas de quase todos os sectores do espectro político, apesar das diferenças significativas entre as propostas. Acresce que, por esta altura, a ideia do rendimento básico transcende, nos EUA, a esfera do pensamento económico e começa a ser defendida seriamente por figuras políticas também elas pertencentes a quadrantes muito diferentes. É o caso do pastor protestante Martin Luther King Jr., importantíssima figura da luta pelos direitos civis, e mesmo do presidente Richard Nixon. Pela importância que a discussão assumiu nos EUA neste período, ela merece que nela nos detenhamos de forma um pouco mais prolongada.

Milton Friedman defendia um imposto negativo sobre o rendimento. De acordo com o plano de Friedman (1968), uma família de quatro pessoas não pagaria impostos até um certo rendimento que na altura ele determinou como sendo de 3000 dólares por ano (o que hoje em dia corresponderia a cerca de 20 mil dólares). Se essa família recebesse 4000 dólares, só seriam calculados impostos sobre os 1000 dólares acima dos 3000. Se essa família só ganhasse 2000 dólares por ano, dispondo, por conseguinte, de menos 1000 dólares do que o estipulado pelo limiar dos 3000 dólares, 50% desse valor em falta ser-lhes-ia atribuído, ficando, portanto, a família com um rendimento de 2500 dólares. Se, no entanto, a tal família-tipo de quatro pessoas não tivesse rendimento, era estipulado que receberia 50% de 3000 dólares, ou seja, 1500 dólares por ano (o equivalente atual a cerca de 10 000 dólares por ano). Desta forma, pensava Friedman, manter-se-ia o incentivo para trabalhar, pois o nível de rendimento sobre o qual não se pagariam impostos seria superior ao nível de rendimento garantido a ser recebido. Friedman enquadra-se num tipo de defensores do RBI que podemos caracterizar como pertencendo à direita liberal. Assim, acredita, tal como outros economistas, políticos ou pensadores desta ala, que a ideia deste tipo de rendimento é benéfica por não ser paternalista nem dizer às pessoas como devem ou têm de gastar a assistência que recebem. Assim sendo, o imposto negativo sobre o rendimento de Friedman era uma proposta cuja finalidade era a de substituir a segurança social. Esta era vista por Friedman como uma instituição que visava policiar a forma como as pessoas gastam o seu dinheiro e que não trazia verdadeiros benefícios para os pobres. É claro que aí se levantava a objeção dos casos em que a autonomia das pessoas para tomar decisões está reduzida ou mesmo ausente. Mas, no que respeita a estes casos complicados, com os quais os assistentes sociais normalmente têm de lidar, como o abuso de drogas ou álcool, a violência doméstica, o abuso de crianças e outros problemas difíceis, Friedman pensava que os assistentes sociais do Estado não tinham a competência adequada para lidar com eles e que, portanto, a assistência social seria mais eficaz se fosse privatizada.

James Tobin, por sua vez, também defendeu um imposto negativo sobre o rendimento, que atribuíria um crédito de base a todas as famílias e ao qual se poderiam acrescentar rendimentos, mas que não visaria substituir todo o sistema de assistência social. A ideia de um rendimento básico era muito popular nos EUA, e Tobin, com Paul Samuelson do MIT, John Kenneth Galbraith de Harvard, Harold Watts e Robert Lampman da Universidade de Wisconsin, escreveu uma carta (Galbraith *et al.*, 1968), assinada por mais de 1000 economistas, em defesa de um «rendimento anual garantido». Nessa carta, estes economistas apelavam ao Congresso para que adotasse um sistema de rendimento garantido e faziam do RBI requisito de uma responsabilidade social básica: «Como todas as nações civilizadas do século XX, este país reconheceu há muito que tem uma responsabilidade pública pela qualidade de vida dos seus cidadãos.» Segundo eles, os programas de proteção social existentes à época nos EUA «excluem milhões que precisam e não são suficientes para outros milhões de cidadãos» (Galbraith *et al.*, 1968). Para os economistas que assinaram esta carta, a versão do «rendimento Garantido» a ser aprovada deveria ter em conta o tamanho da família e conter uma forma de incentivo ao trabalho, de maneira a evitar a dependência da segurança social. E a conclusão a que chegavam era: «Como economistas, a nossa opinião profissional é que o rendimento garantido e os suplementos são viáveis e compatíveis com o nosso sistema económico. Como cidadãos, pensamos que chegou o tempo de agir.» (Galbraith *et al.*, 1968)

Porém, é interessante notar como nesta altura a ideia era vista como sendo bastante credível do ponto de vista político, e não só na esfera estritamente profissional dos economistas. Como referimos, a opinião pública na época era tão favorável à ideia de um rendimento básico que tinha o apoio de personalidades tão diferentes como Nixon e Martin Luther King. E não deixa de ser digno de nota que Nixon tenha estado muito próximo de aprovar um plano baseado num sistema semelhante ao proposto por Milton Friedman. Se esse plano tivesse sido aprovado, teria seria atribuído a todos os agregados familiares compostos por quatro pessoas um rendimento mínimo de 1600 dólares de apoio federal anual (o que corresponde a cerca de 11 000 dólares hoje), sendo que cada Estado poderia atribuir apoio adicional. Os trabalhadores poderiam ver-lhes atribuídos mais 60 dólares por mês sem que sobre eles incidissem impostos, e qualquer rendimento acima disso seria taxado em 50 cêntimos por dólar. A motivação principal seria acabar com um sistema de segurança social que tira benefícios a quem trabalha e desincentiva o trabalho, assim como promover a ideia de que o Estado não deve ser paternalista e de que se deve passar a responsabilidade para os próprios indivíduos. O plano de Nixon incluía também uma condição adicional segundo a qual quem não trabalhasse teria de se inscrever num centro de emprego e procurar ativamente um emprego que correspondesse às suas capacidades.[4] A nota final do discurso em que Nixon apresentava este seu plano de assistência às famílias continha uma mensagem exortativa de esperança, considerando o RBI um objetivo superior que daria maior igualdade de oportunidade a todos:

> Abolir a pobreza, pondo um fim à dependência – como tentar chegar à Lua há uma geração –, pode parecer impossível. Mas no espírito da nave *Apollo*, podemos elevar o nosso horizonte e fazer o maior esforço possível. Podemos desde já decidir que, embora possamos não atingir o nosso objetivo este ano, podemos dar um passo importante – passar de um ciclo deprimente de dependência para uma nova independência; passar do desespero para a esperança; passar de uma cada vez maior impotência do governo para uma nova eficácia, dando oportunidade a todos os Americanos de partilharem a riqueza e abundância desta terra. (Nixon, 1969)

E foi também com o problema da pobreza em mente que Martin Luther King defendeu o RBI como solução pragmática. No livro *Where Do We Go from Here: Chaos or Community?*,

---

[4] Veja-se Steensland (2008). Sobre Nixon e os anos 60 e 70, veja-se Bregman (2016a).

de 1968, defende que a única solução para a pobreza é atribuir um rendimento básico: «Estou convencido de que a solução mais simples é a mais eficaz – a solução para acabar com a pobreza é aboli-la diretamente com uma medida muito discutida hoje em dia: o rendimento garantido.» (King Jr., 1968, p. 171) O reverendo prossegue, argumentando que a ideia de que a pobreza está relacionada com as capacidades dos indivíduos está errada; na realidade, os pobres são excluídos da sociedade de consumo, ficando sem emprego contra sua vontade. Segundo King, numa sociedade de consumo, temos de encontrar forma de manter quem não produz dentro da rede de consumo, ou «vamos afogar-nos num mar de bens sem consumidores para eles» (King Jr., 1968, p. 172). Assim, sobram apenas duas soluções: ou tentar empregar todos os cidadãos ou fornecer outros rendimentos. King cita a obra *Progress and Poverty* (2008 [1879]) de Henry George: «O trabalho feito para melhorar a condição da humanidade, o trabalho que amplia o conhecimento e enriquece a literatura e eleva o pensamento, não é feito só para assegurar a subsistência. Não é o trabalho de escravos, que são levados ao trabalho pelo chicote ou por necessidades básicas. [...] Numa sociedade em que a necessidade fosse menor, este tipo de trabalho poderia crescer de forma significativa.» Quando as necessidades básicas estiverem garantidas, os indivíduos podem melhorar-se a si próprios. A versão de rendimento garantido estaria indexada «ao rendimento médio da sociedade e não aos níveis mais baixos de rendimento. Garantir um rendimento ao nível mais baixo só iria perpetuar os níveis existentes de segurança social e congelar a sociedade numa condição de pobreza.» (King Jr., 1968, p. 173) Além disso, para King o rendimento teria de ser dinâmico, isto é, subir quando o rendimento do trabalho aumentasse, só assim se garantindo uma verdadeira equidade com impacto real na vida das pessoas. King conclui: «A maldição da pobreza não tem justificação nos dias de hoje. É socialmente tão cruel e cega como a prática do canibalismo, quando os homens se comiam uns aos outros porque ainda não tinham aprendido a tirar comida do solo ou a consumir a vida animal que os rodeia. Chegou a altura de nos civilizarmos através da abolição da pobreza, total, direta e imediata.» (King Jr., 1968, pp. 174-175)

Depois dos anos 60, o debate nos EUA esmoreceu, com pequenas exceções. Uma delas data do final dos anos 70, quando o economista Friedrich A. Hayek publicou um artigo sobre aquilo a que chamava um rendimento mínimo: «The assurance of a certain minimum income.» (Hayek, 1979) Porém, também mais ou menos por esta altura, começa a ser retomado na Europa. Na Dinamarca, três académicos propuseram um «salário para cidadãos», ideia mais tarde publicada no livro *Revolt From the Center* (Meyer *et al.*, 1981). Na Holanda, J. P. Kuiper defendeu que só um «rendimento garantido» decente poderia conferir independência e autonomia às pessoas (Kuiper, 1976). Em 1977, apareceu o primeiro partido holandês com representação parlamentar a contar com a defesa de um rendimento básico (*basisinkomen*) no seu programa.

Nos anos 80, em Inglaterra, um conjunto de académicos e ativistas organizados por Bill Jordan e Hermione Parker formou o Grupo de Investigação sobre o Rendimento Básico (BIRG). Em Berlim, Thomas Schmid, um ecolibertário, editou um livro sobre a «libertação do trabalho falso» (Schmid, 1984). O professor de Frankfurt Joachim Mitschke (1985) também criou uma campanha a favor de uma forma de rendimento básico (*Bürgergeld*) entendida como imposto negativo. Já na segunda metade dos anos 80, o RBI foi sobretudo defendido na Europa continental, em particular através da criação, em 1986, da BIEN (Basic Income European Network), com sede na Universidade Católica de Lovaina (em Louvain-la-Neuve), sendo o filósofo belga Phillipe van Parijs um dos seus fundadores mais ativos até aos dias de hoje. Desde 2004, e de forma a dar resposta ao interesse global pelo conceito, a rede BIEN passou a designar-se Basic Income Earth Network. Esta rede tem organizado congressos a cada dois anos em vários pontos do mundo para promover o debate sobre o rendimento básico. Foi igualmente lançada uma Iniciativa de Cidadania

Europeia([5]) sobre RBI por um grupo de cidadãos europeus, alguns dos quais ligados à BIEN. Esta campanha, promovida pelo Unconditional Basic Income Europe (UBIE), angariou mais de 300 mil assinaturas e espalhou a palavra sobre o RBI, promovendo um debate sério sobre a questão e uma visibilidade da mesma que foi reforçada pela ampla divulgação de um referendo proposto na Suíça para a introdução do RBI em junho de 2016. Apesar de os proponentes do RBI na Suíça contarem com pouquíssimos recursos para a organização da campanha, foram obtidas mais de 140 mil assinaturas (bem acima das 100 mil requeridas, tendo 129 mil sido validadas). Em última instância, a proposta foi rejeitada nas urnas, provavelmente porque o montante de que se falava era bastante elevado: 2500 francos, o que, à data, equivalia a mais de 2300 euros.([6]) Contudo, apesar destes fatores, a campanha obteve cerca de 23% de votos favoráveis, tendo tido um apoio considerável nas grandes cidades como Genebra e Zurique. Assim sendo, é expectável que novas mobilizações do género possam acontecer a curto prazo na Europa.

Em Portugal, a existência de um movimento organizado em torno da defesa do RBI é muito recente([7]) e está diretamente ligado à Iniciativa de Cidadania Europeia. A medida mais próxima de um RBI realizada em Portugal é

([5]) As iniciativas de cidadania europeia são um mecanismo previsto no Tratado de Lisboa que permite que um grupo de cidadãos se organize e faça propostas diretamente à União Europeia. É necessário que pelo menos um milhão de cidadãos europeus provenientes de pelo menos um quarto dos Estados-membros apoie a iniciativa para que ela seja considerada pela Comissão Europeia.

([6]) Importa ressalvar que a proposta em si não mencionava nenhum valor específico, mas este foi o montante apontado informalmente por um dos apoiantes da proposta, numa fase inicial da campanha, como podendo ser o adequado. Embora a proposta que foi às urnas o deixasse em aberto, a verdade é que este montante foi inelutavelmente associado a ela e ajuda a perceber, pela sua ambição, a rejeição da mesma.

([7]) Para mais informações, veja-se a página do movimento português em: http://www.rendimentobasico.pt.

o pagamento de um «rendimento mínimo garantido», criado durante o governo socialista de António Guterres. Hoje chama-se rendimento social de inserção (RSI) e consiste no pagamento de um rendimento a todos os indivíduos que não se integrem no circuito do trabalho e da subsistência social.[8] No entanto, difere significativamente da ideia do RBI, porque é um rendimento sujeito a condição de recursos e, logo, em grande medida burocratizado e fiscalizado, não cumprindo, portanto, a incondicionalidade requerida pelo RBI. Também se verificou, por parte do governo de José Sócrates, em 2010, a intenção de implementar uma medida de incentivo à natalidade, a «Conta Poupança Futuro», que atribuiria um «cheque-bebé» de 200 euros a cada criança nascida. Mas esta medida não chegou a ser posta em prática, apesar de ter sido aprovada em Conselho de Ministros, contrariamente a medidas semelhantes implementadas em Espanha (precisamente um «cheque-bebé» que atribuía aos pais de cada criança nascida 2500 euros, medida que foi executada em 2007, mas revogada em 2011), assim como na Grã-Bretanha (o chamado Child Trust Fund, que também deixou de existir). Contudo, é preciso assinalar que, apesar da sua recentidade, o debate sobre o RBI tem gozado entre nós de um aumento exponencial de visibilidade.

Em 2017, foi criada a Associação pelo Rendimento Básico Incondicional Portugal, que, segundo os seus estatutos, tem «como fim a divulgação e promoção do debate público sobre a instituição de um rendimento básico incondicional em Portugal»[9]. Como uma das suas primeiras iniciativas, a associação coorganizou o 17.º Congresso BIEN[10],

---

[8] Sobre a história do RSI e das suas relações com o RBI, veja-se Bruto da Costa (2002). A questão das diferenças entre estas prestações e sobre o que elas significam para o modelo de Estado social a adotar será debatida com maior detalhe no capítulo 5.

[9] Para mais informação sobre a associação, veja-se: http://www.rendimentobasico.pt/index.php/associacao-rbi-p/.

[10] O congresso contou igualmente como parceiros na organização com o Centro de Ética, Política e Sociedade (CEPS), da Universidade do Minho, o Instituto Superior de Economia e Gestão

precisamente dedicado ao tema da implementação do rendimento básico, e que aconteceu de 25 a 27 de setembro de 2017 na Assembleia da República e no Instituto Superior de Economia e Gestão, em Lisboa. O congresso, que contou com cerca de 150 intervenções e cerca de 400 participantes de todo o mundo, foi também amplamente divulgado na comunicação social[11] e pode assim ser considerado um ponto de viragem no debate em Portugal. O presente livro pode ser encarado no seguimento do esforço de divulgação desta alternativa simples e, no entanto, radical, porque diferente de tudo aquilo que existiu no passado, e, no nosso entender, justa. De forma concomitante à organização do congresso, realizou-se de 25 a 30 de setembro a Semana RBI 2017, com diversos outros eventos dedicados a dar a conhecer e a debater esta proposta. Estas semanas dedicadas ao RBI têm sido organizadas nos últimos anos pelo movimento que esteve na origem da iniciativa cidadã (UBI-Europe, ou UBIE) e são momentos importantes de divulgação que atestam a atualidade da ideia. Mais recentemente, em 2018 e 2019, o debate nos meios de comunicação social e os eventos académicos sobre o assunto têm prosseguido em Portugal, com destaque para a conferência internacional «Rendimento Básico: Uma Ferramenta para uma Europa Social?»[12], que aconteceu de 24 a 26 de janeiro de 2019

(ISEG) e o Centro de Investigação em Direito Europeu, Económico, Financeiro e Fiscal (CIDEEFF), ambos da Universidade de Lisboa, o Centro de Humanidades (CHAM), da Universidade Nova de Lisboa, o partido PAN e o movimento Unconditional Basic Income Europe (UBIE). Para mais informações, veja-se: http://www.rendimentobasico.pt/index.php/17-congresso-bien/.

[11] Pode obter-se uma lista das notícias e intervenções nos *media* portugueses relacionadas com o RBI em: http://rendimentobasico.pt/rbi-nos-media/.

[12] Esta conferência foi organizada pelo Centro de Ética, Política e Sociedade (CEPS), em parceria com a Escola de Direito da Universidade do Minho, o Centro de Investigação em Justiça e Governação (JUSGOV), a Associação RBI, o Centro Regional do Porto da Universidade Católica Portuguesa, a Universidade do Porto e o Forum Demos, com o apoio institucional da Secretaria de Estado

na Universidade do Minho, contando com a presença do ministro do Trabalho, Solidariedade e Segurança Social, José Vieira da Silva.
De facto, o RBI voltou a ser defendido nos últimos anos e tem tido grande revitalização. O motor do novo interesse em implementar um RBI é causado por dois fenómenos globais que estão a pôr em causa o futuro do emprego e da empregabilidade por todo o mundo: a automatização e a globalização. A ideia de introdução do RBI continua a despertar o interesse de pessoas de esquerda e de direita, incluindo Charles Murray, Frances Fox Piven, Harry Shutt, o ex-secretário do Trabalho dos EUA Robert Reich, o sociólogo marxista Erik Olin Wright, as feministas Carole Pateman e Ann Withorn, defensores do capitalismo como Albert Wegner, Tim Draper e Roy Bahat, vários empreendedores de sucesso como Mark Zuckerberg, fundador do Facebook, Elon Musk, fundador da Tesla e do projeto SpaceX, Jeremy Howard do «How Stuff Works», Robin Chase da Zipcar e o ex-sindicalista Andy Stern, entre muitos outros. Também o ex-presidente americano Barack Obama admitiu que o aumento da automatização pode levar à implementação de um RBI, prevendo que este vai ser um tópico muito discutido nos próximos anos. A ideia do RBI também já começou a ter impacto nas decisões políticas concretas, com vários projetos-piloto na Holanda, na Finlândia, no Canadá, na Índia, no Quénia, entre outros. Dedicaremos o capítulo 8 a expor o estado da arte destes projetos-piloto.

---

dos Assuntos Europeus e do Ministério do Trabalho, Solidariedade e Segurança Social. Discutiu-se a viabilidade do RBI e de outros esquemas de rendimento mínimo no contexto da possibilidade de aprofundamento de uma Europa social. É também de mencionar o dossiê sobre o rendimento básico incondicional publicado em outubro de 2018 pela *Revista Portuguesa de Filosofia*, com artigos de Roberto Merrill e Gonçalo Marcelo, Mariana Castro, Ana Catarina Neves, Hugo Rajão, Lina Coelho e Jorge Pinto. Veja-se *Revista Portuguesa de Filosofia* 74, n.ᵒˢ 2–3 (outubro de 2018): «Gestão e Filosofia.»

O percurso do livro

Mas, pensará o leitor, não será o rendimento básico incondicional uma utopia irrealista, demasiado radical para poder ser realizada? Gostaríamos de, ao longo deste livro, avançar vários argumentos que permitam ao leitor compreender que o RBI é uma ideia poderosa que poderá moldar a realidade social no nosso século e que vale a pena explorar. Mas por que razões esta ideia de um RBI ainda não foi aplicada nas nossas democracias? As objeções mais frequentes que se colocam à sua implementação formulam-se em termos do suposto impacto negativo que teria sobre os incentivos ao trabalho, assim como o custo que o seu financiamento alegadamente teria. Mas existem outras objeções, mais profundas, algumas delas relevantes, embora não decisivas, que se formulam em termos éticos, as quais remetem para a possibilidade de exploração daqueles que trabalham por quem não trabalha. Uma outra crítica recorrente à esquerda é a de que, afastando os indivíduos do mercado de trabalho, um RBI contribuiria para um afastamento destes das lutas sociais. Frequentemente, os custos elevados associados à aplicação do RBI levam também a apresentar-se a questão da implementação em termos de uma alternativa entre o RBI e o Estado social. Como veremos em maior detalhe no capítulo 5, embora, em tese, esta seja uma das formulações possíveis do RBI, nomeadamente a defendida por proponentes mais liberais e de direita, a esmagadora maioria dos defensores do RBI, em Portugal e por todo o mundo (incluindo, e sobretudo, na rede BIEN), não coloca a questão nestes termos, focando-se antes, reiteremo-lo, na introdução do RBI como forma de melhoria das diversas formas de Estado social existentes. Neste livro, examinaremos todas estas e outras objeções, formulando as respostas que nos parecem mais adequadas.

Feita que está a apresentação da ideia do RBI e da sua história em traços gerais, façamos uma breve antecipação dos capítulos posteriores deste livro. Muitas vezes, o debate sobre esta ideia foca-se quase exclusivamente nos custos associados à sua implementação, por vezes tidos como irrealistas. Esta é uma questão importante da qual não se pode fugir. Porém, somos da opinião de que, independentemente da discussão concreta sobre a exequibilidade de qualquer política pública, a discussão deve começar sempre pela sua desejabilidade. Assim, faz todo o sentido, no nosso entender, enquadrar o RBI em termos de justiça social. Para nós, ele deve ser entendido como um meio que permite contribuir para a realização de uma sociedade que cumpra realmente os valores da liberdade, da igualdade (incluindo, obviamente, a luta contra a existência de desigualdades) e da justiça – o que será o objeto, respetivamente, dos capítulos 2, 3 e 4. Em seguida, no capítulo 5, que é o capítulo central deste livro, analisamos as relações entre RBI, trabalho e Estado social, incluindo a luta contra a pobreza e as questões concretas ligadas à segurança social. No capítulo 6, dissecamos a pertinência da introdução do RBI no contexto da quarta revolução tecnológica e as previsões de aumento do desemprego tecnológico. No capítulo 7, discutimos as várias possibilidades de financiamento do RBI e, no capítulo 8, apresentamos de forma mais sistemática os vários modelos existentes, bem como os projetos-piloto em curso e as modalidades de implementação, incluindo a proposta da criação de um grupo de trabalho para um possível projeto-piloto em Portugal. Por fim, no capítulo 9 abordamos a urgência do RBI no contexto da crise ambiental mundial, fazendo uma apologia ecologista desse rendimento.

2.

EM DEFESA DE UMA LIBERDADE REAL

> A verdadeira liberdade individual não pode existir sem segurança económica e independência. «Os homens necessitados não são homens livres.»
>
> Roosevelt, 1944

Para que se compreenda de que forma é desejável a introdução de um RBI, é necessário mostrar, primeiramente, que ele é justificável em termos dos valores éticos que pretendemos defender e enquadrável na conceção de justiça que pretendemos ver realizada nas nossas sociedades. Dentro desse quadro, é inevitável analisar esta ideia à luz de dois dos mais importantes princípios de justiça, a liberdade e a igualdade. A defesa do RBI em termos da igualdade será feita no próximo capítulo. No entanto, começamos pela liberdade por nos parecer que é este o princípio que o RBI permite aprofundar e exercer com maior vigor, razão pela qual também decidimos incluí-lo no título deste livro.

Por vezes, evoca-se a igualdade como sendo o ideal que define a esquerda, e a liberdade como aquele que define a direita, tanto mais quanto os discursos e práticas mais atentatórios dos direitos sociais são aqueles a que chamamos «neoliberais». Porém, como todas as definições simplistas, também esta peca pelas suas vistas curtas. Na realidade, a evocação da liberdade é transversal a várias correntes políticas, de esquerda ou de direita, e a vontade de exercício da liberdade é talvez das experiências mais caracteristicamente humanas. E, sobretudo a partir de Kant, a esmagadora maioria das teorias éticas modernas e contemporâneas tem enfatizado a importância deste valor. Como afirma Axel Honneth: «De todos os valores éticos que têm prevalecido e competido para se impor na sociedade moderna, só um deles tem sido capaz de deixar uma marca verdadeiramente duradoura na nossa ordem institucional: a liberdade, isto é, a autonomia do indivíduo.» (Honneth, 2014, p. 15) É claro que estas defesas da liberdade podem variar consoante são feitas a partir de posições libertárias de esquerda ou de direita, anarquistas ou socialistas.

O nosso objetivo neste capítulo é analisar algumas das conceções de liberdade emanadas da ética e da teoria política e, ainda, elucidar a compatibilidade (ou falta dela) entre o RBI e os exercícios da liberdade que nos parece importantes defender. Assim, algumas das questões que exploraremos, em filigrana, são: de que forma pode a implementação de um RBI influenciar a experiência de liberdade das pessoas? Poderão as pessoas ser mais livres ao terem o direito de receber mensalmente uma quantia definida que lhes permita viver dignamente? Ou, pelo contrário, correrão o risco de se tornarem mais dependentes das ajudas do Estado, sem capacidade de iniciativa e, nesse sentido, menos livres? Será que um RBI promove a liberdade real das pessoas por fornecer os recursos materiais necessários para que elas atinjam os seus fins? Será que um RBI promove a liberdade de escolha permitindo, por exemplo, a recusa de um trabalho mal remunerado? Para podermos responder a estas perguntas, devemos começar por tentar definir o que é a liberdade e que tipo de liberdade é mais desejável realizar em sociedade.

Liberdade negativa e liberdade positiva

Se questionadas sobre o que é a liberdade, talvez a maior parte das pessoas tendesse a dizer, de forma espontânea e não refletida, que ela consiste em «fazer o que nos apetece», ou seja, em seguir os nossos impulsos. Ora, esta conceção implica a crença implícita numa certa omnipotência da vontade que, como é óbvio, é falsa, uma vez que a escolha implica sempre eliminação de possibilidades: como diria o filósofo Espinosa (1992 [1677]), «toda a determinação é negação». Contudo, existem, digamos assim, «graus de liberdade», visto que a proclamação meramente hipotética ou formal da liberdade de todos nada nos diz sobre as capacidades reais que as pessoas têm ou não de exercer essa liberdade. Ora, na nossa opinião, o RBI traduz-se precisamente numa maior capacitação para o exercício da liberdade. Mas vejamos primeiro em que sentidos de liberdade isso é possível e desejável.

Nos debates sobre a definição da liberdade, a distinção mais comum que é feita é entre a liberdade «positiva» e a liberdade «negativa», como nos ensinou Isaiah Berlin (2002 [1958]). A liberdade negativa é tradicionalmente definida como a «liberdade de» ou, por outras palavras, liberdade perante algo. Nesta primeira definição, para experimentarmos a liberdade, basta sermos livres de qualquer tipo de interferência externa, pelo que somos livres quando ninguém restringe as nossas ações. Em contraste, a liberdade positiva é definida como a «liberdade para», isto é, a liberdade para exercer um determinado tipo de atividades, liberdade para exercer a nossa vontade e sermos, portanto, nas palavras de Berlin, mestres de nós próprios (2002 [1958], p. 178). Benjamin Constant expressou melhor do que ninguém a profundidade histórica desta diferença ao contrastar a liberdade dos antigos e a liberdade dos modernos no seu texto de 1819 (Constant, 1988 [1819]). A liberdade no seu sentido negativo é mais característica dos modernos, que tendem a ver a liberdade como a ausência de impedimentos externos. Já os antigos tinham uma experiência e conceção da liberdade mais próxima do ideal da liberdade positiva – somos livres quando agimos de certas formas que demonstram o nosso autodomínio.

Mas qual destes dois tipos de liberdade é mais satisfatório? Na nossa opinião, embora a liberdade negativa seja essencial para reservar às pessoas um espaço íntimo de liberdade, talvez não seja suficiente para lhes permitir que realizem a liberdade mais desejável. Como objeção à liberdade negativa, pensemos numa pessoa cujos desejos são manipulados (por ela própria ou por outras pessoas): essa pessoa é livre no sentido negativo quando realiza os seus desejos, embora não sejam esses os seus desejos reais, aqueles que ela realmente quer. Devemos continuar a dizer que essa pessoa é livre, pois faz o que quer e, no sentido negativo da liberdade, não sofre de interferências externas? Este talvez não seja o sentido da liberdade que aspiramos realizar.

Uma definição que ilustra bem os limites da «liberdade negativa» é a proposta por Friedrich Hayek: «Mesmo que a ameaça de morrer à fome que pende sobre mim, e talvez também sobre a minha família, me leve a aceitar um emprego horrível com um salário miserável, mesmo que eu esteja "à mercê" do único homem que esteja disposto a dar-me emprego, não estou a ser coagido por ele nem por mais ninguém» (Hayek, 2011 [1960], p. 204), o que, para Hayek, significa que continuo a ser livre, já que, nesta perspetiva, a liberdade mais não é do que a ausência de coerção. Mas não será demasiado contraintuitivo considerar que alguém é livre de escolher ser escravo quando a alternativa é morrer à fome? Se não tenho dinheiro, não sou realmente livre de rejeitar uma oferta de emprego: quando a alternativa que me resta é morrer à fome ou aceitar um emprego miserável, não sou realmente livre de recusar o último. É esta uma das tragédias do chamado salariado e do estabelecimento de contratos entre patrões e empregados. Esta relação até pode ser considerada «livre», mas, na realidade, na maior parte das vezes o trabalhador é a parte mais fraca, uma vez que, se não tiver capacidade negocial especialmente forte, fruto de um excecional talento ou de muita experiência adquirida, nem capital que lhe permita sobreviver sem recurso à sua força de trabalho, a alternativa de recusar o contrato não existe verdadeiramente. Como recorda Philippe van Parijs (1995), as nossas capacidades pessoais, transformadas em poder salarial, determinam em grande medida o que podemos fazer. Imaginemos que sofro uma queda e passo a coxear, necessitando de uma intervenção cirúrgica. Se vou ou não parar de coxear depende de a minha carteira (em casos de países em que não existe um Serviço Nacional de Saúde tendencialmente gratuito) ou de a minha posição na lista de espera me permitirem ou não fazer a operação que me vai resolver o problema.

Assumamos, então, que uma liberdade meramente negativa é insuficiente. Restaria, na conceção de Berlin, a liberdade positiva. Porém, dependendo da interpretação que dela fizermos, ela pode ser difícil de realizar. É certo que ser livre é mais do que simplesmente ser impedido de fazer seja o que for. Mas será que devemos, nesse caso, ser exigentes a ponto de considerar que somos livres apenas quando somos verdadeiramente «mestres de nós mesmos» se isso significar, por exemplo, o estrito cumprimento do dever moral? Esta parece ser uma das intuições de Rousseau no *Contrato Social* (Rousseau, 2003 [1762]), e que mais tarde inspirou Kant (2005 [1785]) a formular a sua conceção tão exigente da moralidade, isto é, a identificação entre a liberdade e o cumprimento do dever (por oposição às «inclinações» da nossa «sensibilidade», ou seja, aos nossos impulsos, ou mesmo àquilo que nos poderia trazer mais prazer ou felicidade). Este tipo de exercício de liberdade como pura autonomia implica uma espécie de reflexão, de trabalho sobre nós mesmos no sentido da autodeterminação, razão pela qual Axel Honneth (2014) lhe chama «liberdade reflexiva». Mas, então, só será uma sociedade livre aquela em que a liberdade de cada pessoa consiste em fazer o que «deve»? Talvez seja igualmente sensato tentar evitar os excessos da liberdade positiva, pois parece-nos um ideal demasiado exigente, sobretudo nas sociedades pluralistas de hoje, já que as pessoas podem discordar razoavelmente do que constitui agir por dever, como defende John Rawls no seu livro *Liberalismo Político* (1997).

Liberdade, propriedade de si e propriedade dos recursos externos

Como pensar mais concretamente a transformação da liberdade meramente formal numa liberdade que nos permita exercer uma capacidade real de escolha entre várias opções sem cair nos excessos da liberdade positiva? Aconteça o que acontecer nas nossas vidas, um RBI constitui uma base material segura que nos protege das piores consequências dos riscos que escolhermos tomar na vida. Não ter uma base (financeira ou de propriedade) suficiente força as pessoas a aceitarem empregos que não podem recusar. As pessoas que não têm acesso aos recursos de que precisam para sobreviver não têm a liberdade de recusar servir aqueles que são proprietários desses recursos e, nesse sentido, são facilmente vítimas de interferências coercivas e arbitrárias nas suas vidas.

Segundo a definição mais exigente de liberdade, uma pessoa é livre quando é plenamente proprietária de si (Nozick, 2009 [1974]). A ideia deste conceito é a seguinte: as pessoas são plenamente proprietárias de si quando têm todos os direitos morais sobre si mesmas, da mesma maneira que uma pessoa é legalmente proprietária de um objeto inanimado (por exemplo, de uma máquina de lavar a roupa). O que nos interessa na plena propriedade de si é a propriedade moral e não a propriedade legal, ou seja, é um conjunto particular de direitos morais, independentemente de serem ou não reconhecidos por um qualquer sistema jurídico. Uma pessoa que tem a plena propriedade de si tem também a plena propriedade do seu corpo, partindo do princípio de que o corpo é parte de si mesmo.

As pessoas têm autoridade moral e são capazes de escolhas autónomas. Como resultado, elas devem ter proteção moral contra interferências injustas. Por exemplo, é injusto matar ou torturar pessoas inocentes contra a sua vontade, independentemente de outros importantes objetivos morais (a igualdade, a utilidade total, etc.). Para Robert Nozick, as únicas restrições legítimas à propriedade de si são as que servem para proteger os indivíduos dos outros, ou seja, as que são baseadas em direitos dos indivíduos. A propriedade de si implica o direito à liberdade total de dispor de si mesmo. Isso não quer dizer que se esteja autorizado a fazer o que se quiser: aqui entra em jogo a limitação que a liberdade do outro constitui; não estou autorizado a agredi-lo, por exemplo. Mais ainda: uma vez que qualquer ação envolve a utilização de recursos externos (terra, ar, etc.), isto deixa em aberto a questão de se saber, dependendo da propriedade dos outros recursos, que ações são justas: é claro que precisamos da permissão dos outros para usar os recursos que possuem. Podemos assim perder alguns dos nossos direitos de liberdade sobre nós próprios através das nossas ações, por exemplo, quando fazemos um contrato de prestação de serviços pessoais ou quando violamos os direitos de alguém.

Isto leva-nos a uma questão adicional: devem os recursos naturais ser utilizados para promover a igualdade efetiva de oportunidades para viver uma vida boa? A condição da obtenção apenas da justa parte na apropriação é a condição de Locke (2006 [1689]), que exige que «o suficiente e igualmente bom deve ser deixado para os outros». Esta cláusula pode ser interpretada de forma abrangente. Podemos, por exemplo, seguindo Nozick (2009 [1974]), permitir que os indivíduos se apropriem de mais do que da sua parte justa dos recursos naturais, se estes compensarem os outros pela perda de apropriação. A cláusula de Locke é a exigência de que uma parte equitativa do valor dos recursos naturais seja deixada aos outros.

Esta cláusula é frequentemente interpretada como sendo aplicada apenas aos atos de apropriação (e não à mera utilização) e como impondo uma condição que só precisa de ser satisfeita no momento da apropriação. Mas podemos interpretá-la de forma mais ampla. A exigência de uma «justa parte» é igualmente plausível quando aplicada também à mera utilização. Uma pessoa não tem a liberdade de usar os recursos naturais de qualquer forma. Os outros têm algumas reivindicações sobre o «suficiente e igualmente bom» que lhes é deixado. Não é permitido, por exemplo, destruir ou monopolizar mais do que a sua justa parte de recursos naturais.

O libertarismo de Nozick interpreta a cláusula de Locke como exigindo que nenhum indivíduo fique pior em consequência da apropriação, em comparação com o estado de não apropriação. Mas isto determina o pagamento de compensações muito baixas. Ora, o uso ou a apropriação dos recursos naturais tipicamente traz benefícios significativos. Não parece sensato considerar que os primeiros a utilizar um recurso natural devam colher todos os benefícios que esse recurso proporciona. Suponhamos que há recursos naturais suficientes para dar a todos perspetivas de vida fabulosas. Mas que, no entanto, algumas pessoas se apropriam (ou usam) esses recursos naturais deixando aos outros apenas perspetivas de vida minimamente decentes e gerando perspetivas de vida extraordinárias para si mesmos. Não é plausível afirmar que aqueles que formulam a primeira reivindicação de um recurso natural têm o direito de colher todos esses benefícios, deixando aos outros o estrito mínimo. Os recursos naturais não foram criados por humanos, e o seu valor pertence a todos nós, de uma forma que deve ser tão igualitária quanto possível.

Segundo outros pensadores libertários, os recursos naturais inicialmente pertencem a todos. Libertários de esquerda como Henry George (2008 [1879]) e Hillel Steiner (1994) interpretam a condição lockiana da seguinte maneira: devemos deixar aos outros uma parte dos recursos naturais que seja, *per capita*, tão valiosa como aquela de que usufruímos. Não existe propriamente constrangimento moral no uso de recursos naturais por parte dos indivíduos (a não ser as restrições que se prendem com a própria sustentabilidade do planeta, como veremos no capítulo 9), mas aqueles que usam ou se apropriam de mais do que da sua justa parte desses recursos devem compensação aos outros. No entanto, será este libertarismo suficientemente igualitário? Embora exija que o valor competitivo dos recursos naturais seja distribuído de forma igual, esta interpretação de esquerda da cláusula lockiana não faz nada para compensar desvantagens nas capacidades internas não escolhidas dos indivíduos (por exemplo, os efeitos dos genes ou o ambiente familiar durante a infância determinam capacidades não escolhidas). Este libertarismo é compatível com perspetivas de vida radicalmente desiguais, além do facto de esquecer que, dada a finitude dos recursos no planeta, limitações ao seu uso podem ser válidas, quando não essenciais.

Um libertarismo mais radical deve fundar-se numa teoria robusta da igualdade de oportunidades (razão pela qual defendemos a conjugação dos dois princípios), como por exemplo a teoria defendida por Michael Otsuka no livro *Libertarianism without Inequality* (2003). Otsuka interpreta a condição lockiana da seguinte maneira: devemos deixar o suficiente para que outros possam ter uma oportunidade de bem-estar que seja pelo menos tão boa como a oportunidade de bem-estar obtida no uso ou na apropriação de recursos naturais. Os indivíduos que, pelo seu uso ou apropriação dos recursos, deixarem menos do que essa parte justa devem ser obrigados a pagar o valor competitivo aos indivíduos que dela forem privados. Ao contrário do que defende a teoria das partes iguais (defendida por George e por Steiner), nesta proposta aqueles cujas capacidades intrínsecas inicialmente lhes proporcionam oportunidades efetivas menos favoráveis para a obtenção de bem-estar têm direito a partes maiores de recursos naturais, que permitem a cada pessoa exercer direitos robustos de controlo sobre a sua própria mente, corpo e vida. Muitos autores, e não apenas aqueles que são libertários, insistem que os indivíduos possuem o direito de controlar os seus corpos, para não serem usados como meios, por exemplo, para não serem forçados a doar os órgãos vitais do corpo, ou para não serem forçados a trabalhar em prol do bem dos outros (por exemplo, através de ameaça de prisão).

No entanto, o princípio de Nozick da justiça na aquisição não nos parece sólido, uma vez que permite a quem chega primeiro monopolizar todas as oportunidades. Qualquer princípio de «o vencedor leva a parte do leão» é, *prima facie*, menos justo do que um princípio de aquisição que dá origem a uma distribuição mais equitativa dos recursos. Daí a necessidade de conciliar a liberdade com a igualdade. Existem muitas formas diferentes de igualitarismo, que vão daquelas que defendem a igualdade estrita de resultados àquelas que defendem alguma forma de igualdade de oportunidades. É possível, sem violar a soberania individual de ninguém, fornecer aos que são incapazes de desenvolver «trabalho produtivo» a oportunidade de obter recursos suficientes para uma vida digna.

E é aqui que entra em linha de conta, uma primeira vez, o RBI. Numa sociedade em que o rendimento está intimamente associado ao trabalho sob a forma do emprego, os menos capacitados estão sempre em desvantagem. Contudo, este rendimento fornece aos indivíduos não produtivos a mesma oportunidade para o bem-estar de que beneficiam os indivíduos produtivos, tendo estes últimos a oportunidade de adquirir uma parcela bastante generosa dos recursos à disposição. As pessoas não produtivas seriam assim capazes de se sustentar através de intercâmbios verdadeiramente voluntários com as pessoas produtivas, o que levaria ao fim da assistência forçada aos que não produzem. Desta maneira, poder-se-ia caminhar para um maior grau de igualdade, sem invasões do direito robusto da propriedade de si. O direito de propriedade de si é robusto se e somente se, além de ter o próprio direito em si, a pessoa também tiver direitos sobre os recursos naturais suficientes para garantir que não será obrigada pela necessidade a ajudar os outros de maneira forçada, isto é, de forma que envolva o sacrifício da própria vida, da integridade física, ou trabalho forçado. É claro que, num contexto em que alguns simplesmente usufruem de uma parte gigantesca dos recursos naturais (pensemos nalgumas empresas) e em que não existem mecanismos corretivos que permitam a todos desfrutar da sua justa parte, um sistema de taxação que incidisse de forma mais perentória nestes detentores do quase monopólio dos recursos naturais e, que por sua vez, financiasse com esse dinheiro um RBI, asseguraria que, na prática, todos gozassem, em certa medida, dos benefícios obtidos pelo uso dos bens naturais, que, no fundo, são comuns.

Liberdade como não dominação e liberdade real

Entre a liberdade negativa, talvez demasiado libertária, e a liberdade positiva, talvez demasiado exigente, temos alguma alternativa que nos permita definir o tipo de liberdade mais desejável? Qual será a conceção da liberdade que melhor representa o ideal de uma sociedade de pessoas livres e iguais? Uma sociedade nunca poderá ser livre se os seus membros forem constantemente impedidos de fazer o que quiserem através do recurso arbitrário à força ou à ameaça, em particular se os seus membros menos favorecidos estiverem sempre expostos às interferências arbitrárias.

Uma terceira definição da liberdade, defendida por Philip Pettit (1997 e 2007), estipula que ser livre consiste não apenas em não se ser impedido de fazer o que se quer, mas também em não se ser impedido de fazer o que se gostaria de fazer, ou seja, poder ser-se livre da dominação dos outros. Quando uma pessoa é impedida de fazer algo, é vítima de coerção. A coerção é a restrição do conjunto de oportunidades de uma pessoa, relativas ao que ela tem legitimamente o direito de fazer, através do recurso à força ou ameaça, reduzindo assim o leque de opções a partir do qual teria todo o direito de escolher. Ter falta de liberdade é ser impedido de fazer algumas das coisas que se gostaria de fazer. A liberdade como não dominação implica uma noção de liberdade que incorpora a noção de oportunidade, em contraste com a liberdade formal. A oportunidade, isto é, a liberdade real, de uma pessoa fazer o que gostaria de fazer é o traço distintivo da liberdade como não dominação. Esta formulação, a de uma «liberdade real para todos», é também a escolhida por Philippe van Parijs (1995) na sua justificação do RBI. Mas vejamos melhor como é fundada esta hipótese. Com a publicação, em 1997, do livro *Republicanism: A Theory of Freedom and Government*, o filósofo Philip Pettit deu nova visibilidade a uma corrente filosófica antiga: o republicanismo (Merrill, 2010). Este termo assume, geralmente, dois significados: o primeiro, corrente em teoria política, consiste em ver no republicanismo a teoria de um regime político oposto à monarquia, e foi este o sentido principal que o termo assumiu desde as revoluções americana e francesa do século XVIII. A república é, então, concebida como um sistema no qual os governos são eleitos pelos cidadãos, podendo o acesso à cidadania variar de uma república para outra, ou de uma época para outra. O poder não se herda, mas é recebido por mérito, ao contrário do que se passa numa aristocracia nobiliárquica ou numa monarquia, e deve ser colocado sob a vigilância permanente dos cidadãos, a fim de se evitar as despesas militares ou o aumento da dívida pública.

Mas o termo «republicanismo» não designa apenas um sistema político; ele permite também descrever o modo das relações que os indivíduos deveriam poder estabelecer uns com os outros numa sociedade. Neste aspeto, o republicanismo põe a ênfase na igualdade dos indivíduos e na necessária participação destes nos assuntos públicos, de modo a garantir a todos os cidadãos o usufruto da liberdade sem que tenham de sofrer a dominação de outrem (*dominium*) ou do seu governo (*imperium*) seja em que âmbito for.

Existem duas grandes correntes republicanas: o humanismo cívico (ou neoaristotélico) e o republicanismo cívico (neorromano). Estas duas formas caracterizam-se por diferentes definições de liberdade. Na forma neoaristotélica, a liberdade identifica-se com uma definição substancial da vida boa próxima da atividade de cidadania. A liberdade é uma liberdade de exercício político, e os fins pessoais de cada indivíduo confundem-se com os fins da cidade ou, por definição, são desqualificados, porque não correspondem ao critério de hierarquização dos fins definido pela forma de vida julgada boa pela comunidade política. Esta opção é, pois, tendencialmente comunitária, já que pressupõe uma conceção substancial da vida boa, a qual define a «forma de vida» da comunidade. O republicanismo ligado ao humanismo cívico pode ser então também definido como um republicanismo comunitarista, no sentido em que sublinha a importância de valores e finalidades culturais e éticos partilhados pela comunidade. No modelo neorromano, em contrapartida, a autonomia política representa o meio essencial para a criação de uma sociedade livre na qual cada um, sem estar submetido à vontade arbitrária dos outros, pode perseguir o seu próprio bem tal como o concebe.

Enquanto o republicanismo como humanismo cívico define a liberdade política como um fim ao qual todos devem aderir em virtude da sua humanidade, o republicanismo político de Pettit define a liberdade como um meio cujo gozo garante ao indivíduo que as suas escolhas futuras serão feitas num contexto de não dominação. Esta liberdade como não dominação é, ainda assim, apesar de «negativa», de tipo republicano e não liberal. A liberdade republicana põe a ênfase no facto de não sermos dominados, enquanto a liberdade «liberal» acentua o facto de não sermos incomodados nas nossas ações ou impedidos fisicamente de agir.

Pettit usa frequentemente o exemplo do «mestre bondoso» e do escravo para ilustrar aquilo que separa estas duas formas de liberdade. A definição tradicional de liberdade negativa não permite descrever um escravo submetido ao poder de um «mestre bondoso» como estando privado de liberdade se «ser um mestre bondoso» significar «não interferir nas ações do escravo». O «mestre bondoso» poderia mesmo ter uma atitude benevolente em relação ao escravo, cobri-lo de riquezas e alargar o seu campo de ações possíveis, de tal modo que poderíamos ver nele um vetor da liberdade do escravo compreendido como não interferência. O facto de não haver, nas relações entre o mestre e o escravo, interferências reais não retira nada à sua relação social, que faz que um indivíduo tenha o estatuto de escravo e que um outro goze do estatuto de senhor. A relação de dominação, ainda que não seja constantemente atualizada (e mesmo que nunca o fosse) em maus-tratos ou em interferências reais, é sempre suscetível de o ser: é parte constitutiva da relação mestre/escravo que o primeiro possa – o seu estatuto social a isso o autoriza – mudar de comportamento e revelar-se um mestre terrível. O escravo não goza de um estatuto social que o autorize a olhar o mestre nos olhos, o que pode ser entendido como o teste mais simples à liberdade como não dominação, o qual reenvia à posição de que goza um indivíduo quando está em presença de outras pessoas que, em virtude de um determinado dispositivo social, se abstêm de exercer sobre os outros um poder de dominação, e não apenas em virtude da sua boa vontade.

Numa época de crise social e ambiental, a visão de liberdade como não interferência é, no mínimo, arriscada. Os tempos de urgência ecológica que vivemos (ver capítulo 9) põem constantemente em evidência essas limitações. Aliás, é precisamente a defesa intransigente da não interferência que, à luz das políticas económicas e sociais de cariz neoliberal, promove as atividades altamente poluentes que mais contribuem para, entre outros, as alterações climáticas globais, contribuindo estas para a redução da liberdade dos indivíduos afetados. Assim, a definição de liberdade como não dominação parece ser a mais bem colocada quando pensamos nos limites ecológicos do planeta e numa estratégia de sustentabilidade (Fragnière, 2016).

Porém, ela radica em e é complementada por exercícios mais substanciais de liberdade nos quais o RBI desempenha um papel fundamental. O RBI pode ser uma forma de assegurar a não dominação, uma vez que possibilita, pelo menos até certo ponto, um grau de emancipação económica de todos (Raventós, 2007). Nesse sentido, inscreve-se numa perspetiva de «capacitação» (Sen, 1999) e, portanto, de «liberdade real». Mais do que proclamar a possibilidade de liberdade, fornece meios para ela. O que não significa que o seu exercício concreto não possa estar sujeito a problemas. O que nos leva a enfrentar algumas das objeções mais sérias que encontra. Vejamos como a «liberdade real» enfrenta essas objeções.

Objeção das más escolhas e a possibilidade de desmercadorização

O problema das más escolhas é muitas vezes aludido quando se fala do RBI. A ideia é a de que, ao dar dinheiro indiscriminada e incondicionalmente a todos, muitas pessoas, ou pelo menos algumas, poderiam usar esse dinheiro para fazer escolhas menos felizes como, por exemplo, gastá--lo em drogas, álcool, jogo ou frivolidades. Esta ideia está diretamente ligada com o paternalismo em relação aos pobres, juízo que está incluído na nossa história, que sempre tendeu a distinguir os pobres que merecem ajuda dos que alegadamente não a merecem.

Com o livro *Será Que os Surfistas Devem Ser Subsidiados?* (2013), Martim Avillez Figueiredo apresentou pela primeira vez em Portugal a ideia de um RBI, e fê-lo com muito talento, rigor e honestidade intelectual. O autor, embora tenha entusiasmo pela ideia[13], em última instância acaba por ter uma abordagem crítica que o leva a rejeitá-la. Ao formular a sua objeção central ao RBI, tal como defendido por Van Parijs, o autor propõe que imaginemos uma sociedade de surfistas, na qual todos competem por apanhar ondas, as quais constituem os seus meios de subsistência, em situação de igualdade formal de oportunidades. O objetivo desta experiência de pensamento é o de nos fazer questionar a teoria da liberdade real de Van Parijs: para este, um RBI seria a «onda» que todos temos o direito de apanhar para exercermos vidas autónomas, expressando assim a nossa liberdade real, e não apenas uma liberdade formal. No entanto, para Avillez Figueiredo, o desafio da próxima onda mostra que um RBI não permite necessariamente a expressão de uma liberdade

---

[13] «É mesmo difícil não ser seduzido, de forma quase natural, pelo argumento: a ideia de que a liberdade e a igualdade podem ser valores compatíveis. Isto é, de que defender a liberdade como um valor fundamental (o argumento da direita) não significa aceitar que dela decorram a maior parte das desigualdades do mundo de hoje (o argumento da esquerda)» (Avillez Figueiredo, 2013, p. 21).

real, antes pelo contrário: «O desafio da Próxima Onda, porém, consegue tornar mais evidente que Van Parijs não está, nesta troca, a ceder oportunidades por oportunidades. Isto é, se de facto os compradores seriam sempre os surfistas mais ambiciosos, aqueles dispostos a vender não seriam apenas os surfistas mais preguiçosos. Parece até demasiado evidente imaginar quem estaria disposto a vender: os que sentissem menores capacidades de conquistar um lugar na próxima onda – acontecesse isso por questões de talento, acesso a lições de *surf*, "*background*" familiar ou, no limite, autoestima.» (Avillez Figueiredo, 2013, p. 104)

Ou seja, a objeção central de Avillez Figueiredo ao RBI provém, assim, da sua preocupação quanto aos mais desfavorecidos da sociedade. A ideia é que, ao receber um RBI, os mais desfavorecidos vão ficar numa situação ainda pior do que aquela em que já vivem. Isto essencialmente porque os mais desfavorecidos não vão conseguir, graças a um RBI, escolher de maneira autónoma uma vida mais prometedora, não vão querer «apanhar a onda». Para Avillez Figueiredo, «a limitação principal da Liberdade Real para Todos é a sua incapacidade de alterar o mecanismo de escolha dos mais desfavorecidos. Pior: é a forma como potencia escolhas que acabam a deixar os desfavorecidos numa situação ainda pior do que aquela em que se encontram» (Avillez Figueiredo, 2013, pp. 154–155).

Segundo o autor, Philippe van Parijs não faz desta preocupação uma prioridade, o que constituiria a falha essencial da sua teoria. Contra este argumento de Avillez Figueiredo, podemos responder de pelo menos três maneiras: (1) é falso que Philippe van Parijs não se preocupe com as escolhas dos mais desfavorecidos da sociedade; (2) os estudos empíricos provam o contrário do que afirma Avillez Figueiredo, ou seja, os indicadores mostram que os mais desfavorecidos fazem boas escolhas; (3) mesmo que não o provassem, seria de qualquer modo demasiado paternalista em relação aos desfavorecidos considerá-los de modo duradouro incapazes de boas escolhas, o que é uma posição inaceitável se adotarmos uma atitude minimamente liberal. Vamos desenvolver estas três objeções.

(1) *As escolhas dos mais desfavorecidos da sociedade em Van Parijs*

Julgamos que é falso que Philippe van Parijs não tenha em conta o problema das escolhas dos mais desfavorecidos da sociedade quando estes podem ser vítimas das suas próprias escolhas. Vejamos por que razões. Como escreve Van Parijs no parágrafo 2.4, intitulado «Cash or Kind?» [Dinheiro ou Espécies?], do seu livro *Real Freedom for All* (1995): «Nada do que foi dito até agora obriga a que o subsídio assuma a forma de poder de compra expresso numa qualquer moeda e não em terras, ferramentas ou num pacote de bens e serviços.» (Van Parijs, 1995, p. 41)

Ou seja, é precisamente porque sabemos que nem sempre as pessoas fazem as escolhas mais acertadas em relação aos seus rendimentos que Van Parijs sugere que, embora em tese o RBI deva ser distribuído em dinheiro, não seria de excluir que ele pudesse assumir a forma de outros bens. No entanto, esta posição de Van Parijs expõe-se à crítica de ser demasiado paternalista, o que é pouco compatível com o seu fundamento libertário de uma liberdade real para todos. Mas Van Parijs vai mais longe no seu objetivo de proteger as pessoas delas próprias, a ponto de assumir uma posição explicitamente paternalista, embora «suave», com o objetivo de assegurar uma liberdade real: «Em alternativa, pode permitir-se uma forma suave de paternalismo, a fim de impedir que algumas pessoas não usem parte do seu subsídio para aderir a um plano de saúde básico que elas genuinamente desejam quando estão "no seu perfeito juízo". Este apelo à proteção de cada membro da sociedade contra consequências possivelmente fatais e irreversíveis das escolhas que ele próprio, nas circunstâncias adequadas, reconheceria serem mal orientadas não providencia só uma justificação plausível para ultrapassar a assunção de que o pagamento total do rendimento básico tenha de ser feito em dinheiro.» (Van Parijs, 1995, p. 45)

Van Parijs está disposto a pagar o preço de ser considerado paternalista, o que é no mínimo provocante para um autor que pretende desenvolver uma teoria libertária (de esquerda) como fundamento teórico do RBI. É, aliás, esta preocupação paternalista com as escolhas das pessoas que o leva a rejeitar a ideia de uma dotação inicial básica, defendida por Bruce Ackerman e Anne Alstott (1999). Como escreve Van Parijs: «Neste cenário, uma preocupação ligeiramente paternalista com a liberdade real das pessoas ao longo das suas vidas, e não apenas "no início", faz que seja razoável entregar o rendimento básico na forma de um fluxo regular (não hipotecável) – tal como uma preocupação ligeiramente paternalista com a sua liberdade formal faz com que seja razoável proibir a alienação permanente da propriedade de si, mas não a venda da força de trabalho de cada um por períodos limitados.» (Van Parijs, 1995, pp. 47–48)

(2) *Os mais desfavorecidos fazem mesmo más escolhas?*

Do ponto de vista da eficácia da luta contra a pobreza, que é a preocupação de fundo que anima Avillez Figueiredo na sua objeção contra um RBI, podemos ainda contra-argumentar afirmando que é no mínimo duvidoso que os estudos empíricos provem que os mais desfavorecidos fazem más escolhas, e isto independentemente da posição paternalista de Van Parijs sobre o tema. Aliás, um dos problemas das transferências de prestações sociais sujeitas a condições de recursos, além de serem humilhantes e estigmatizantes para quem as recebe, é precisamente manterem os recebedores na «armadilha da pobreza». Ora, o RBI pode em parte ser justificado como instrumento de eliminação desta armadilha, pois, ao não ser retirado quando as pessoas conseguem um emprego, motiva-as a procurarem-no e a saírem assim da pobreza, acumulando o RBI e o salário do trabalho remunerado.

Por outro lado, é claro que um sistema de distribuição – universal ou não, inteiramente em dinheiro ou não – não tornaria inútil a ajuda que os profissionais da Segurança Social, ou de instituições particulares de solidariedade social, possam dar às pessoas mais desfavorecidas que necessitem de ajuda. Aliás, uma das consequências de um RBI é precisamente o efeito positivo que este pode ter na disponibilidade para o trabalho voluntário e desempenho da cidadania, estimulando as pessoas a ajudar os outros. Este estímulo pode dar à sociedade uma direção mais solidária. Ora, Avillez Figueiredo, na sua crítica ao RBI, não parece ter em conta que uma política pública não é necessariamente eficaz por si só, mas somente quando acompanhada por outras políticas públicas. Não nos parece, pois, que a implementação do RBI não fosse compatível (seja por razões teóricas ou por razões empíricas) com políticas de Estado que visem reforçar a autonomia dos indivíduos nas suas escolhas.

Já na literatura feminista sobre o RBI, a objeção central a este é uma variante do argumento de Avillez Figueiredo: se o Estado distribuir um RBI, as donas de casa vão deixar de lutar pelas oportunidades que o mercado de trabalho lhes oferece (Robeyns, 2008). Mas a resposta a esta crítica feminista é a mesma que pode ser dada à objeção de Avillez Figueiredo: ninguém defende que a introdução do RBI seja a panaceia para todos os males da sociedade, assim como ninguém defende que esta implementação tornaria inúteis outras políticas públicas que lutem contra a desigualdade de género.

Por fim, é de salientar que, contrariamente ao que é afirmado por Avillez Figueiredo, a investigação mais recente quanto ao tema das escolhas dos mais desfavorecidos indica que as transferências de dinheiro incondicionais têm resultados muito positivos nas suas vidas. Como escrevem Hulme *et al.* a propósito deste tema, e apoiando-se em experiências recentes: «Quatro conclusões emergem frequentemente: estes programas são acessíveis, os destinatários usam bem o dinheiro e não o desperdiçam, as doações em dinheiro são uma maneira eficiente de reduzir diretamente a pobreza atual e têm o potencial de evitar a pobreza futura, facilitando o crescimento económico e promovendo o desenvolvimento humano.» (Hulme *et al.*, 2010, p. 2)

A ideia de que o RBI pode prejudicar os mais desfavorecidos corresponde sobretudo a um preconceito cultural e social, e não a uma verdade empiricamente comprovada. Os estudos empíricos realizados em vários países com o objetivo de averiguar a objetividade desta conceção demonstraram que, entre as pessoas que recebem um RBI e têm um trabalho remunerado, apenas um número reduzido opta por mudar de trabalho, e as que o fazem fazem-no com o objetivo de encontrar um trabalho que corresponda mais às suas capacidades e gostos.

(3) *Neutralidade e paternalismo*

Há uma razão forte para Philippe van Parijs não desenvolver de maneira muito explícita o tema das escolhas dos mais desfavorecidos: é a defesa que faz no seu livro da neutralidade do Estado, tema central da teoria política contemporânea. A ideia da neutralidade do Estado é a seguinte: o Estado, para ser justo, deve ser moralmente neutro no que respeita aos estilos de vida que as pessoas querem adotar – não deve dar prioridade aos que querem trabalhar sobre os que querem uma vida de lazer. E não deve proteger as pessoas contra elas próprias para o seu próprio bem. Ou seja, deve deixar, na medida do possível, as pessoas livres para orientarem a sua vida como quiserem. Avillez Figueiredo é sensível a este ideal de neutralidade, como se pode verificar ao longo do seu livro. Já vimos que Van Parijs está disposto a sacrificar parcialmente este ideal em nome de um paternalismo suave que impede as pessoas de serem vítimas de más escolhas. Mas seria interessante perceber de que maneira Martim Avillez Figueiredo consegue conciliar a sua preocupação com as escolhas dos mais desfavorecidos com o respeito pela neutralidade do Estado: quais seriam as maneiras não paternalistas de defender os menos favorecidos das consequências das suas próprias escolhas? Seria isso conseguido, por exemplo, seguindo as propostas de uma «arquitetura da escolha», adotando «*nudges*» (isto é, orientações comportamentais), como é proposto por Thaler e Sunstein (2008)? Por outras palavras, se a preocupação do autor com os menos favorecidos o leva a rejeitar a neutralidade, de que forma é que não cai numa posição paternalista dificilmente compatível com o liberalismo político?

Um exemplo que pode ajudar a clarificar esta questão é a descriminalização do consumo das drogas em Portugal. Portugal foi pioneiro no aspeto da descriminalização das drogas, uma política claramente antipaternalista que tem sido um enorme sucesso e é usada como exemplo a seguir pela ONU. A descriminalização não implica inexistência de apoios sociais, pelo contrário, a única coisa que a descriminalização implica é que o consumo não é considerado crime e os consumidores não podem ser presos ou obrigados a cumprir tratamentos por ordem dos tribunais. Esta atitude, em vez de criar uma situação de libertinagem e abuso das drogas, teve, pelo contrário, resultados muito positivos: «A taxa de novas infecções por HIV em Portugal caiu dramaticamente desde 2001, ano em que a lei passou a ser aplicada, decrescendo de 1016 casos para apenas 56 em 2012. As mortes por *overdose* caíram das 80 no ano 2001 para 16 em 2012.» (Oakford, 2016)([14]) Ao longo dos anos e após a descriminalização, os apoios sociais aos toxicodependentes continuaram disponíveis e foram de facto utilizados por muitos. Da mesma forma, ao instaurar um RBI, podem e devem continuar a existir instituições de apoio social para quem delas precisar e à disposição de cada um segundo a sua vontade e decisão. Este acompanhamento não é imposto, nem é dito a cada um de que tipo de acompanhamento ele mais precisa. Isto é um ponto-chave na defesa do RBI e contra o paternalismo.

(4) *Liberdade social e desmercadorização*

Finalmente, uma objeção relacionada com as anteriores, sobretudo quando se pretende defender uma versão

---

([14]) https://www.vice.com/pt/article/descriminalizacao-do-consumo-de-drogas-em-portugal-exemplo-para-o-mundo.

não paternalista do Estado, é a de o tipo de liberdade que é providenciado ser meramente «de mercado» e de isto não corresponder ao tipo de liberdade mais desejável. Esta objeção tem sido formulada várias vezes, e encontramos um exemplo claro na argumentação de Ricardo Sant'Ana Moreira: «Decidir o que comprar não é liberdade, liberdade é decidirmos em conjunto, em democracia, como gastamos a riqueza que produzimos enquanto sociedade.» (Sant'Ana Moreira, 2017) Esta objeção é importante, porquanto enraíza no debate sobre o Estado social, que aprofundaremos no capítulo 5, no tipo de instituições que ele promove e na forma como a introdução do RBI interagiria com elas. Porém, para lhe responder, é preciso mostrar de que forma o RBI é igualmente compatível com formas coletivas de liberdade que se prendem com a construção da própria comunidade.

Uma das principais críticas que são feitas a justo título, seguindo Polanyi (2012 [1944]), ao capitalismo desenfreado é a da mercantilização/mercadorização, visto que o mercado, se completamente abandonado a si próprio, tende a transformar quase tudo em mercadoria – incluindo, obviamente, o próprio bem-estar das pessoas, quando aquilo que está em causa é o acesso a bens fundamentais como a saúde e a educação. Nesse sentido, alguns autores, na senda de Kant, chamam a atenção para a importância daquilo que é inestimável, ou seja, não tem preço, não pode ser comprado pelo dinheiro (Sandel, 2012). De igual forma, quando se fala do Estado social, uma das suas virtudes mais apontadas é precisamente a da desmercadorização (Barata e Carmo, 2014, p. 13). Ora, conceber qualquer coisa como o bem comum e encontrar formas de o proteger em nome da comunidade enquanto tal implica conceber a possibilidade de um exercício coletivo da liberdade em nome de causas comuns.

É neste sentido que podemos falar num conceito de liberdade «intersubjetiva» ou «social», tal como é defendido por Axel Honneth (2014, p. 45). Para Honneth, a liberdade social implica o reconhecimento mútuo dos múltiplos atores sociais enquanto parceiros de interação e também da importância de instituições que ajudem a coordenar estas ações coletivas e nas quais os objetivos individuais se juntam e se realizam no seio da própria comunidade. Ora, porque é que é importante conceder meios de «liberdade real» às pessoas e dotá-las de capacidade financeira que permita a cada um ser mais senhor da sua própria vida? Porque uma das consequências pode ser precisamente a libertação do tempo e a emancipação da dura necessidade que, para muitas pessoas, poderá significar uma maior dedicação à comunidade. Como já argumentou um de nós: «Contrariamente às críticas que muitas vezes lhe são feitas, o RBI poderia ser o melhor antídoto para uma sociedade cada vez mais atomizada e individualista. Tal não se conseguirá apenas dando um rendimento às pessoas, é certo; mas se estas se virem livres para decidir por si próprias e se forem criados os espaços para que lhes seja dada voz, então é de esperar que os indivíduos se dediquem às causas do bem comum. E bem precisamos de cidadãos ao serviço da comunidade e não de um qualquer patrão.» (Pinto, 2017)

Por todas as razões indicadas neste capítulo, parece-nos legítimo concluir que um RBI potenciaria de facto a liberdade das pessoas. Liberdade para dizer não (aos empregos humilhantes, mal remunerados ou ingratos, nalgumas situações), mas também liberdade para dizer sim (ao trabalho por vocação, ao trabalho voluntário, à formação ao longo da vida, à possibilidade de sair do ou de entrar no mercado de trabalho mais facilmente). Liberdade real que potenciaria a liberdade social. Mas não esquecendo, obviamente, a busca de igualdade, assunto que nos ocupará no próximo capítulo.

3.

RBI E A PROMOÇÃO DA IGUALDADE DE OPORTUNIDADES

> Na distribuição, em primeiro lugar é atribuído um determinado mínimo necessário para a subsistência de cada um dos membros da comunidade, independentemente de ser capaz ou não de trabalhar.
>
> Mill, 1965 [1848], p. 212

No capítulo anterior, afirmámos e defendemos a importância do valor da liberdade e mostrámos como o RBI o poderia potenciar. A privação de liberdade leva à escravatura e, por conseguinte, à negação de uma experiência verdadeiramente humana. Contudo, o ataque à igualdade e a experiência da desigualdade extrema podem originar uma injúria não menos grave (embora diferente) à dignidade humana. Convém, no entanto, que nos entendamos sobre o que significa a igualdade e em que sentidos a queremos defender. Curiosamente, é muito difícil compreender a igualdade se não for em relação ao seu par dialético, a diferença, algo bem expresso na famosa campanha «todos diferentes, todos iguais». Há que dizer que existem diferenças naturais entre as pessoas que não podem ser obnubiladas. Somos todos diferentes em características físicas, talentos, aptidões, vocações. E diferentes devem poder ser, por isso, os nossos percursos de vida – daí defendermos a importância da liberdade. Contudo, as considerações sobre a justiça entram em jogo quando estamos a falar de igualdade ou desigualdade *social*. E não esqueçamos, claro, que desigualdades naturais também podem gerar desigualdades sociais.

Tipicamente, quando falamos de algo que deve ser inerentemente igual para todos em sociedade, tendemos a apontar os direitos, e sobretudo os direitos humanos. Independentemente das nossas diferenças, somos, pelo menos em tese, todos iguais em direitos – apesar, obviamente, das frequentes violações quotidianas desses mesmos direitos, que infelizmente são uma realidade. Mas se o assunto for a igualdade económica, aí a discussão torna-se menos consensual. De facto, existe quem, adotando uma posição à qual podemos chamar ultraliberal, defenda que qualquer diferença de estatuto socioeconómico pode ser justificada, mesmo a níveis elevadíssimos, se advier do mérito, isto é, por exemplo, do sucesso profissional. Porém, hoje em dia, a grande maioria quer dos académicos quer da opinião pública geralmente concorda que a desigualdade (de rendimentos, de acesso a bens sociais primários, de género, etc.) é um problema grave, sobretudo quando é exacerbada. A questão é, em si, criticada e debatida há muito tempo pela esquerda política, mas ganhou nos últimos anos um novo fôlego, não só pela constatação da perda real do poder de compra da maior parte dos trabalhadores dos países desenvolvidos desde os anos 70 do século passado, fruto de uma agudização da desigualdade de rendimentos, mas também das consequências económicas nefastas da crise de 2007––2008 e do facto de vários estudos, com ênfase para os de Piketty (2014), terem provado esta tendência, juntando-lhe a da desigualdade de remuneração entre trabalho e capital.

Assumindo então que, pelo menos a partir de determinado limiar, a desigualdade é um mal – até porque a crença de que ela supostamente beneficiaria os resultados económicos de uma sociedade, a chamada «*trickle down economics*», é um mito –, concentrar-nos-emos neste capítulo na defesa da igualdade e em mostrar até que ponto o RBI poderia, mais uma vez, ser útil para a concretização deste ideal. Não nos parece que o RBI só por si fosse a cura para todo o tipo de desigualdades. Mas também nos parece que, tal como no caso da liberdade, proclamar formalmente uma igualdade «por direito» nada faz para mitigar as desigualdades reais. Assim, parte importante do nosso argumento é que o RBI seria um passo para fomentar a «liberdade real» precisamente por ajudar a mitigar as desigualdades, ou seja, por permitir avançar um degrau na obtenção da igualdade real. Neste capítulo fá-lo-emos, em primeira instância, analisando a questão da igualdade de oportunidades. Esta é sobretudo uma questão de filosofia política. Ao analisá-la, mencionaremos a objeção da exploração e a questão da reciprocidade, que muitas vezes são dirigidas ao RBI, mostrando de que forma se pode responder a elas. Em seguida, e de forma mais sucinta, mencionaremos os problemas concretos de dois tipos de desigualdade presentes nas nossas sociedades, a desigualdade de rendimentos e a desigualdade de género, tentando mostrar de que modo o RBI também pode ser pensado como providenciando um limiar mínimo de igualdade e, possivelmente, atenuando as desigualdades de género.

Igualdade formal de oportunidades e igualdade equitativa de oportunidades

A ideia de igualdade de oportunidades é das mais citadas no discurso público, e certamente hoje em dia ninguém nega a sua relevância. No entanto, apesar deste consenso sobre a sua relevância, é importante notar que o conceito de igualdade de oportunidades pode ser dividido em pelo menos três conceções diferentes: formal, equitativa e real.

A igualdade de oportunidades distingue-se da igualdade estrita ou igualdade de resultados essencialmente por na igualdade de oportunidades, e contrariamente à igualdade estrita, certas desigualdades poderem ser consideradas justas, quando a responsabilidade pelas mesmas pode ser atribuída aos indivíduos. Inversamente, as desigualdades injustas são aquelas cuja responsabilidade não pode ser atribuída aos indivíduos. É interessante ter em conta que cada uma das conceções da igualdade de oportunidades confere um peso diferente à responsabilidade individual. Pois o que está em jogo nestas definições é a questão dos limites a colocar à retificação das desigualdades, em nome de princípios como a responsabilidade, a liberdade ou a eficiência.

A conceção de igualdade de oportunidades em sentido formal corresponde à ideia de «carreiras abertas às competências», e consiste num princípio de não discriminação que interdita o estabelecimento de barreiras legais ao acesso às diferentes funções e posições por parte da generalidade dos cidadãos. Esta conceção formal visa apenas eliminar barreiras de ordem legal, sendo assim incompatível com a discriminação legal de alguns tipos de cidadão (mulheres, minorias étnicas, homossexuais, etc.). A defesa desta conceção encontra-se, por exemplo, na obra de Robert Nozick (2009 [1974]). No entanto, esta conceção formal é compatível com a existência de grandes assimetrias sociais que dependam das circunstâncias sociais e naturais das pessoas. A objeção mais forte a esta conceção da igualdade de oportunidades no sentido formal é a seguinte: não permite justificar a retificação das desigualdades que resultam das contingências sociais e naturais. Ora, as desvantagens sociais e naturais são moralmente arbitrárias. Isto significa que os indivíduos não podem ser moralmente responsabilizados por desvantagens sociais e naturais, uma vez que estas, sendo prévias à existência do próprio indivíduo, não lhe podem ser imputadas. Assim, embora um regime que respeite a igualdade formal de oportunidades seja mais justo do que um regime legal discriminatório, esta conceção formal não permite justificar a criação de mecanismos de correção das lotarias social e natural – assim chamadas porque características como os atributos físicos ou psicológicos ou o facto de se nascer numa família com mais ou menos dinheiro, educação ou estatuto, não são escolhidos pelo indivíduo, podendo assim ser atribuídos à «sorte» –, e é por esta razão que devemos rejeitar esta definição da igualdade de oportunidades. A conceção da igualdade equitativa de oportunidades critica a insuficiência da ideia de «carreiras abertas às competências» por não garantir as mesmas oportunidades para indivíduos com as mesmas capacidades mas pertencendo a grupos sociais mais desfavorecidos e que, nessa medida, não têm as condições materiais necessárias para o desenvolvimento das suas capacidades. De acordo com a conceção equitativa, o aspeto meramente formal da conceção formal deve ser complementado pela garantia de certas condições materiais para indivíduos desfavorecidos pela lotaria social, como, por exemplo, a garantia de um sistema de saúde capaz de providenciar cuidados básicos a todos, ou a garantia de um sistema educativo, que permita mitigar a influência das contingências sociais nas oportunidades de acesso às diferentes posições e funções. A conceção equitativa, ao permitir, por exemplo, o acesso efetivo à educação, torna possível que os menos favorecidos socialmente possam ter acesso às funções e posições a que acedem com maior facilidade os mais favorecidos, desde que igualmente dotados e motivados. Esta conceção encontra na obra de John Rawls (1993 [1971]) um dos seus mais convincentes defensores. No entanto, a conceção equitativa fica a meio caminho de um argumento moralmente consequente: se as contingências naturais – a saúde física e psíquica, a inteligência e a perseverança, a energia e a motivação, as habilidades e os talentos naturais, etc. – são tão moralmente arbitrárias como as contingências sociais, porque não corrigir também as enormes diferenças de rendimento que essas contingências naturais geram? De facto, parece não ser suficiente tentar corrigir as contingências de origem social e não corrigir as contingências de origem natural (ou vice-versa), uma vez que ambas têm resultados sociais. Logo, responsabilizar as pessoas por umas e não por outras pode ser falho de sentido. E, sobretudo, não adotar medidas que possam mitigar as desvantagens sociais que, quer umas quer outras, podem causar parece ser ficar a meio caminho da implementação deste critério de justiça social. Afigura-se-nos, por conseguinte, necessária uma conceção mais substantiva da igualdade de oportunidades.

Igualdade real de oportunidades

De acordo com a perspetiva da igualdade real de oportunidades, «as duas conceções anteriores são insuficientes e devem ser complementadas por um esquema distributivo da riqueza e dos rendimentos, inscrito na estrutura social» (Cardoso Rosas, 2011, p. 47). Existe um conjunto de propostas recentes que podem ser agrupadas na categoria de *stakeholding* e que permitem implementar este esquema mais igualitário proposto pela igualdade de oportunidades. Segundo estas propostas, devemos pôr diretamente nas mãos dos indivíduos os recursos necessários para a criação de mais oportunidades, de acordo com as capacidades e motivações de cada um. Como vimos, Philippe van Parijs (1995) propõe o RBI como forma de mitigar as diferenças. Na versão de Van Parijs, o montante é auferido em prestações regulares ao longo da vida. Por seu lado, Ackerman e Alstott (1999) propõem uma herança social de cidadania depositada pelo Estado no momento do nascimento e resgatável pelos cidadãos aos 21 anos. No entanto, como refere Standing (2017), parece mais avisado pagar o montante de forma regular, para minorar os possíveis efeitos da «fraqueza de vontade»; isto é, sendo óbvio que cabe a cada um fazer as suas escolhas, não é menos certo que, como vimos quando analisámos a liberdade positiva, as pessoas às vezes se encontram em situações em que fazem escolhas de que mais tarde se arrependem, desejando não as ter feito. Desse ponto de vista, a tentação de ceder às «más escolhas» é inferior quando o montante é menor e pago de forma regular.

A igualdade equitativa de oportunidades é a menos defensável de todas as conceções, pois é instável e incoerente

(Cardoso Rosas, 2011, p. 52). A ideia consiste no seguinte: sendo a lotaria social e a lotaria natural moralmente arbitrárias, tanto podemos mitigar as duas como não mitigar nenhuma. O que é moralmente arbitrário pode ou não ser corrigido precisamente porque é moralmente arbitrário. Em ambos os casos, estamos a tratar os indivíduos com igual consideração e respeito. Para a conceção formal, o valor da igualdade assenta na não discriminação. Tratar todos e cada um com igual consideração e respeito significa não discriminar ninguém no acesso a carreiras e funções (o que corresponde à utopia libertária de Robert Nozick).

Para a conceção real, pelo contrário, o valor da igualdade assenta na garantia estrutural do maior número possível de oportunidades para todos os indivíduos. Tratar todos e cada um com igual consideração e respeito significa compensar os que têm um ponto de partida mais desfavorecido. É claro que importa fazer isto de maneira que a igualdade de oportunidades estruturalmente assegurada não fira o sentido moral de cada um e contribua para o respeito próprio de todos e de cada um numa relação de reciprocidade.

Podemos, no entanto, apresentar uma objeção à suposta equivalência entre a igualdade formal de oportunidades e a real, pela razão seguinte: se, segundo a igualdade formal, o que é arbitrário nunca é corrigido, então os indivíduos que têm pura má sorte (*brute bad luck*) são discriminados de maneira injusta em relação aos que têm boa sorte. Ou seja, se as pessoas com pura má sorte (por exemplo, as pessoas que ficam na pobreza devido a um terramoto que destrói os seus bens) são penalizadas por razões pelas quais não são responsáveis, então estamos a discriminar estas pessoas, isto é, não estamos a tratar todos com igual respeito. O que parece justo é manter a responsabilidade individual: as desigualdades provocadas por escolhas responsáveis acabam por ser justas. A má sorte devido a escolhas responsáveis pode, no limite, não ser corrigida, pois não deve ser necessariamente considerada uma exigência da justiça, mas a «pura má sorte» deve ser corrigida. Logo, a igualdade formal de oportunidades, comparada com a real, acaba por ser injusta, já que discrimina as pessoas vítimas da pura má sorte, pois não as trata da mesma maneira em relação a este critério. Por conseguinte, a igualdade real de oportunidades parece-nos superior à formal, visto que, não discriminando as pessoas que sofrem de pura má sorte, considera que todos devem ser tratados com igual respeito. Podemos, portanto, concluir que a igualdade real é superior à formal, uma vez que os indivíduos não devem ser penalizados por fatores que são moralmente arbitrários.

Percebe-se, pelo que acabámos de demonstrar, que o tema da responsabilidade individual é importante: as desigualdades de riqueza entre indivíduos são justificadas quando resultantes de escolhas pelas quais os indivíduos podem ser considerados responsáveis. Inversamente, as desigualdades causadas apenas pelo acaso ou pela pura má sorte não são moralmente justificadas. Ora, uma perspetiva de igualdade formal vê-se forçada a admitir que os indivíduos são responsáveis pelas desigualdades provocadas pela pura má sorte; no entanto, isto é injusto e nem sequer faz muito sentido. Este argumento parece então ser decisivo contra a igualdade formal de oportunidades.

Contudo, pode perguntar-se: até que ponto devemos dar importância à responsabilidade individual? Embora para um liberal seja uma intuição comum considerar que um indivíduo deve suportar os custos das suas escolhas quando feitas em circunstâncias de igualdade de oportunidades, sejam elas formais, equitativas ou reais, a verdade é que nem sempre, ou talvez mesmo nunca, se justifica exigir que os indivíduos suportem os custos das suas escolhas quando estas os põem em situações de sofrimento extremo (mesmo quando são inteiramente responsáveis por elas). É este o motivo pelo qual uma sociedade justa também é uma sociedade que contenha instituições capazes de proteger os indivíduos em caso de tais situações extremas. Estas podem passar por diversas formas de proteção social. Analisaremos a hipótese do RBI nesse contexto.

A objeção da dureza e a resposta dos bens básicos

Como vimos, por vezes os resultados de certas escolhas podem deixar uma pessoa numa situação económica e psicológica de sofrimento extremo. Uma teoria filosófica que, embora sendo igualitária (ou seja, um igualitarismo), ponha demasiada ênfase na responsabilidade individual acaba por ser insensível às situações mais extremas. Isto porque, em rigor, e no limite, um indivíduo responsável pela sua escolha, feita em circunstâncias de igualdade de oportunidades, não poderá contar com o apoio do Estado, por intermédio das suas políticas sociais, caso as coisas lhe corram verdadeiramente mal (Dworkin, 2000). Mas esta consequência rígida do igualitarismo da responsabilidade demonstra a sua incompletude teórica. É que, na sua essência, as posições igualitárias, mesmo quando têm em linha de conta a responsabilidade individual, tendem a considerar que nem sempre, ou talvez mesmo nunca, se justifica exigir que os indivíduos suportem os custos das suas escolhas quando estas os colocam em situações de sofrimento extremo (mesmo quando são inteiramente responsáveis por elas).

Temos, portanto, duas intuições centrais do igualitarismo que não convergem necessariamente. Esta ausência de convergência é particularmente visível quando nos confrontamos com situações desesperantes que são resultantes de escolhas individuais feitas num contexto de genuína igualdade de oportunidades. Chama-se a isto a «objeção da dureza», e dela decorre a necessidade de aprofundar uma teoria da igualdade real. De acordo com a objeção da dureza, já que o igualitarismo da responsabilidade tem como um dos seus princípios fundamentais considerar que os indivíduos devem assumir os custos das suas escolhas, mesmo quando estes são excessivos para eles, esta teoria não permite justificar nenhum auxílio às vítimas da má sorte nas suas escolhas sem entrar em contradição com o seu igualitarismo, o qual é sensível à responsabilidade.

Imaginemos uma situação hipotética, ainda que extremada. Pensemos no exemplo de uma mãe solteira que escolha não trabalhar para poder tomar conta dos seus filhos. Numa sociedade regida por um igualitarismo deste género, ela não receberia nenhuma ajuda do Estado, pois essa foi a sua escolha voluntária. Mas esta escolha colocá-la-ia numa situação desesperante. O igualitarismo da responsabilidade, para ser consequente, teria de aceitar que o Estado tem o direito, ou até mesmo o dever, de não a ajudar, uma vez que a sua situação resultaria de uma escolha voluntária, e desde que essa pessoa tivesse beneficiado de genuína igualdade de oportunidades de acesso ao trabalho (já que, sem esta condição, nunca se trataria verdadeiramente de igualdade de oportunidades nem, por conseguinte, de uma «escolha responsável» pela qual a pessoa pudesse ser imputada). Nestas condições hipotéticas, a escolha desta pessoa colocá-la-ia, e à sua família, numa situação de dureza extrema e, no fundo, sem reais alternativas; supondo que não teria hipótese de recorrer a ninguém para a ajudar no cuidado que teria de ter com os filhos, ficar em casa poderia parecer a «única» opção. Mas, abandonada a uma possível pobreza extrema, essa «opção» também deixaria de o ser.

De acordo com um igualitarismo da responsabilidade estrito, esta situação, resultante de uma «escolha responsável» feita num contexto de «genuína igualdade de oportunidades», não é propriamente «injusta». Mas esta consequência parece demasiado dura e mesmo, digamos assim, insensível. A objeção da dureza força-nos, portanto, a procurar uma conceção mais adequada da igualdade de oportunidades. Ora, uma resposta possível consiste em considerar legítimo introduzir a exigência de um nível mínimo de bens «básicos» ao qual os indivíduos teriam sempre acesso, mesmo quando aquilo que faz com que os indivíduos caiam abaixo deste nível mínimo resulta de uma escolha responsável feita em circunstâncias que impliquem uma genuína igualdade de oportunidades. Podemos defender esta resposta afirmando que, dado o igualitarismo da responsabilidade ser uma teoria que confere relevância central à escolha individual responsável, não devemos permitir que os indivíduos caiam numa condição abaixo de um determinado nível de bens, dada a alta improbabilidade de tais escolhas responsáveis poderem ser realmente livres quando formuladas abaixo desse nível mínimo de bens.

Admitindo, pois, que a liberdade real apenas pode ser garantida graças ao acesso a bens básicos, precisamos, por um lado, de saber de que é que as pessoas precisam e, por outro, qual é o melhor método para garantir o acesso a esses bens necessários. Existem várias teorias importantes que formulam respostas à questão de saber de que é que as pessoas precisam. Uma das mais conhecidas é a defendida por Martha Nussbaum a partir dos trabalhos de Amartya Sen. Segundo a teoria de Nussbaum (2013), os bens básicos devem responder à necessidade de as pessoas realizarem as suas capacidades fundamentais (normalmente designada *capabilities approach*), no sentido de poderem realizar as condições mínimas de uma vida boa. Estas capacidades podem ser resumidas em três categorias:

1) acesso aos recursos necessários para ter uma vida boa: comida nutritiva, água potável, uma casa, um ambiente de trabalho seguro, roupa, cuidados de saúde, ambiente saudável;
2) acesso a interações não económicas com outras pessoas;
3) acesso geral aos recursos, utilizando todos os sentidos, a imaginação, a razão, planear a sua vida, rir, ter tempo livre.

Admitindo que seja possível identificar corretamente o nível mínimo de capacidades necessárias para ter uma vida boa, a questão importante consiste em determinar que política permite atingir esse nível de capacidades. Um acesso incondicional a certos recursos parece ser a melhor opção. Consideramos que um RBI pode ser um dos meios adequados para responder à necessidade dos bens básicos. No entanto, será justo receber um RBI que seja, como o próprio nome indica, totalmente incondicional, ou seja, que não exija nada «em troca» pela sua obtenção?

A objeção da exploração

Para responder à pergunta enunciada acima, temos de analisar e confrontar uma das objeções mais vezes dirigidas ao RBI: a «objeção da exploração» (Merrill, 2014). De acordo com esta objeção, aqueles que estão dispostos a receber benefícios que resultam da cooperação em sociedade sem contribuírem em nada para ela estão a explorar aqueles que trabalham (e graças a quem esses benefícios existem). Assim, um RBI dado a todos seria uma medida injusta, pois permitiria àqueles que o recebem sem fazer nada em troca violar o princípio de reciprocidade, ou seja, o princípio segundo o qual todos devemos contribuir na medida das nossas capacidades para a produção da riqueza e do bem-estar da sociedade. Esta objeção pode ser formulada por pensadores de direita, fazendo, por exemplo, apelo à noção de mérito, ou por pensadores de esquerda, sejam eles de tradição libertária de esquerda, socialista, comunista, liberal igualitária ou republicana, todos fazendo de várias maneiras apelo à ideia de que aqueles que podem trabalhar devem sempre fazê-lo. A melhor defesa da objeção da exploração encontra-se no livro de Gijs van Donselaar, *The Right to Exploit: Parasitism, Scarcity, Basic Income* (2009). Esta é uma objeção séria ao RBI e que, por isso, merece que nela nos detenhamos.

Para dar corpo à objeção da exploração, partamos mais uma vez de uma situação hipotética. Imaginemos o caso do Orlando. O Orlando vive numa sociedade em que todos recebem um RBI suficientemente elevado para satisfazer as suas necessidades de obtenção de bens básicos. Passa os dias a ler livros de filosofia do ambiente (será possível imaginar vida mais «inútil»?), mas por vezes sai à rua para beber umas cervejas com os amigos. O Orlando é um cidadão pacífico, que respeita a lei, mas não contribui em nada para a sociedade, não produz nada, não tem filhos, não se preocupa em ajudar parentes idosos ou qualquer outra pessoa, vive apenas para si próprio. Para muitas pessoas, se o Orlando estiver a receber um RBI e viver desta forma, embora seja capaz de fazer algo pela sociedade, ele não está a viver moralmente; está a beneficiar do trabalho dos outros, mas não está a dar nada em troca, embora o pudesse fazer. Em termos mais específicos, o Orlando está a violar o princípio de reciprocidade. E esta intuição advém, obviamente, da associação do «direito à existência» a uma espécie de merecimento.

Isto não quer dizer que o Orlando deva contribuir para a sociedade na medida exata do que dela receba, pois talvez não seja capaz disso. Mas, nesta aceção, ele deveria pelo menos contribuir com algum tipo de esforço que pode beneficiar os outros na medida das suas capacidades. O caso do Orlando é extremo, e muito provavelmente muito poucas pessoas seriam capazes de viver desta maneira. Mas mesmo em casos menos extremos, podemos pensar que muitas pessoas poderiam violar parcialmente o dever de reciprocidade. Ora, segundo esta linha de raciocínio, esta exploração do trabalho dos outros por parte de algumas pessoas, que o RBI poderia possibilitar, é injusta e, por essa razão, deve rejeitar-se o RBI.

Podemos, no entanto, responder à objeção da exploração de, pelo menos, quatro maneiras:

1) admitindo que talvez possa haver «exploração» por parte de algumas pessoas, mas, caso esse seja o preço a pagar para melhorar a liberdade democrática de todos os cidadãos, então esse é um preço que vale a pena pagar;
2) rejeitando que haja violação do princípio de reciprocidade e defender uma conceção alargada da justiça cooperativa (distinguindo a cooperação económica e a cooperação política);
3) rejeitando que haja exploração, pois os que não querem trabalhar geram oportunidades que outros podem aproveitar;
4) rejeitando que haja exploração, pois todos temos direitos prévios (*ex ante*) a uma parte das riquezas, já que a Terra é de todos.

Vamos examinar cada uma destas respostas possíveis à objeção da exploração, progredindo da resposta mais fraca em direção à mais forte.

A exploração é um custo que vale a pena pagar

Podemos responder a esta objeção da exploração fundada na equidade (e não numa ética do trabalho) sugerindo que é provável que a injustiça que o RBI pode impedir seja maior do que aquela que pode gerar. Ou seja, podemos admitir que pode ser injusto, nalguns casos extremos como o do Orlando, algumas pessoas receberem um RBI sem nada dar em troca à sociedade. Assim, mesmo se o RBI é injusto nos casos em que se viola o dever de reciprocidade, no entanto, gera muito mais justiça do que injustiça, no sentido em que limita a vulnerabilidade de muitas pessoas, reduzindo assim os riscos de exploração e dominação. É, pois, razoável considerar que os ganhos em justiça são maiores do que as perdas. Logo, o RBI é justificado. Assim, a objeção da exploração, mesmo sendo válida, não é, de modo algum, decisiva.

Colocando a questão de maneira menos abstrata, a verdade é que vivemos em sociedades injustas, e não em sociedades ideais. Ora, a exigência de cooperação, num sentido absoluto e exigente, ou seja, o dever de reciprocidade numa aceção estrita, apenas pode ter sentido em sociedades nas quais os princípios de justiça estariam já em grande medida realizados e em que houvesse uma paridade factual entre todos. Pelo contrário, em sociedades injustas não é de todo claro de que modo devemos fazer apelo a deveres estritos de reciprocidade, sobretudo da parte daqueles que sofrem de desvantagens por causa da injustiça estrutural da sociedade. De facto, em sociedades injustas como as nossas, a exigência de reciprocidade, se não for simplesmente cínica, pode apenas servir para exacerbar as desigualdades injustas da sociedade. Mas um RBI pode, pelo contrário, contribuir para diminuir essas desigualdades. O RBI possibilita, por exemplo, trazer vantagens aos trabalhadores mal pagos.

Ora, isto aumenta a reciprocidade. O RBI permite também reconhecer o valor do trabalho não pago, o que aumenta a reciprocidade doméstica, modificando as relações de poder na família, reduzindo a exploração das mulheres pelos homens (Elgarte, 2008), assim como pode aumentar as oportunidades de arranjar um emprego (Meade, 2013; Van Parijs, 1995).

Uma conceção alargada do princípio de reciprocidade

Outra resposta possível à objeção da exploração consiste em rejeitar em bloco a objeção segundo a qual o RBI permite que haja exploração de algumas pessoas em relação a outras, defendendo uma conceção alargada do dever de reciprocidade e da justiça cooperativa em geral. Por exemplo, é necessário distinguir entre a cooperação económica e a cooperação política. Podemos, a partir desta distinção, defender uma cooperação densa (*thick*), que seja simultaneamente económica e política, ou uma cooperação fina (*thin*), que seja meramente económica ou meramente política, não integrando as duas necessidades. Dentro da cooperação económica, devemos distinguir o trabalho remunerado do trabalho doméstico, voluntário, etc. E dentro da cooperação política, devemos distinguir a cooperação que exige o exercício de virtudes de participação política da cooperação que consiste simplesmente em viver de forma pacífica respeitando as leis da sociedade.

Vemos, assim, que o «dever de reciprocidade» depende essencialmente do que entendemos por cooperação. O RBI não é, pois, incompatível com o dever de reciprocidade, mas apenas com versões deste que se baseiam em conceções muito exigentes da cooperação. No entanto, podemos perguntar-nos se o nível de cooperação implicado em «viver de forma pacífica respeitando as leis da sociedade» é suficiente para rejeitar a objeção da exploração. Voltaremos a esta questão no final deste capítulo.

Quem não quer trabalhar cria oportunidades que outros podem aproveitar

Outra resposta à objeção da exploração consiste em negar que haja exploração dos que trabalham pelos que não querem trabalhar, negação essa que pode ser apresentada da seguinte maneira: é tão justo subsidiar o trabalho como subsidiar o lazer. Este argumento encontra-se na sua forma mais sofisticada no livro *Real Freedom for All* de Philippe van Parijs (1995). Segundo Van Parijs, quem trabalha deveria considerar justo que parte do rendimento do seu trabalho fosse redistribuído não só entre os trabalhadores, mas também a favor dos que optam por não trabalhar.

A justificação proposta por Van Parijs é a seguinte: sempre que alguém toma a decisão de não concorrer às oportunidades criadas pelo mercado de trabalho está a contribuir para aumentar as possibilidades de sucesso de todos os outros. Os que decidem ter uma vida de lazer, portanto, têm um estilo de vida que deve ser valorizado pelas oportunidades que deixam livres para o trabalho dos que preferem uma vida de labuta. Os que não querem trabalhar devem, portanto, ser considerados não «parasitas», mas pessoas que geram oportunidades de trabalho que quem quer trabalhar pode aproveitar, oportunidades que, caso contrário, e tendo em conta o número limitado de empregos disponíveis, não existiriam. Desta maneira, o RBI torna-se o instrumento que permite que todos levem a vida que realmente desejam, uma vida realmente livre (ou seja, a defesa da tal «liberdade real» a que já aludimos). Assim, por exemplo, se um homem deixa o seu emprego e, graças ao RBI, pode financiar-se durante alguns anos para se dedicar ao cuidado dos seus filhos, ele está a abrir uma oportunidade de trabalho que, até aí, estava vedada a outros. Da mesma maneira, se uma mulher, graças à relativa segurança económica que lhe proporciona o RBI, decide arriscar deixar o seu emprego para criar a sua própria empresa, essa mulher não está apenas a criar uma nova oportunidade para si, mas também para os outros, uma vez que deixa disponível o seu emprego (para uma exposição muito clara do argumento de Van Parijs, veja-se Avillez Figueiredo, 2013; veja-se também a refutação da posição de Avillez Figueiredo por Merrill, 2013).

No entanto, independentemente da validade do argumento de Van Parijs, vale a pena notar que hoje é um anacronismo considerar que aqueles que se afastam voluntariamente do trabalho estão a explorar os que trabalham. E a razão do anacronismo é precisamente a dificuldade de atingir o objetivo do pleno emprego. Existem, de forma permanente, mais pessoas a querer trabalhar do que empregos disponíveis. Se, contudo, se achar que este argumento não goza de validade normativa, pode sempre procurar-se justificar outro tipo de mecânica do RBI, tentando distribuir as riquezas antes (*ex ante*) da cooperação propriamente dita e não depois (*ex post*). Expomos agora esta possibilidade.

Não há exploração pois a Terra é de todos: justiça *ex ante* e justiça *ex post*

Finalmente, uma resposta adicional à objeção da exploração consiste em negar que haja exploração de todos por parte de algumas pessoas, no seguinte sentido: mesmo aquelas pessoas que, em teoria, não cooperam em nada (se é que isso é possível, mas vamos admitir que sim, que é possível que algumas pessoas não cooperem mesmo) têm direito *ex ante* a uma parte das riquezas, na forma de um RBI, pelo simples facto de terem nascido. A diferença crucial entre justiça *ex ante* e justiça *ex post* (ou justiça pré-distributiva e justiça redistributiva) é a seguinte: a distribuição de recursos *ex ante* é feita a todos sem condições, contrariamente à distribuição de recursos *ex post*, que é condicional, por exemplo, dependendo de ter havido cooperação ou não (Birnbaum, 2012).

Esta resposta baseia-se na ideia de que os recursos externos são propriedade comum de todos, propriedade à qual todos têm direito independentemente de quererem cooperar ou não (Steiner, 1994; Van Parijs, 1995). Ou seja, a ideia é que existe um conjunto de recursos que podemos considerar recursos externos, herdados pelo simples facto de termos nascido, recursos aos quais cada cidadão tem direito.

Esta ideia foi formulada pela primeira vez por Thomas Paine: «[...] a terra, no seu estado natural e ainda não cultivado, é e continua a ser propriedade comum dos homens [...]. [O] sistema de propriedade de terras [...] absorveu a propriedade de todos os que ficaram desprovidos dela, sem lhes providenciar, como deveria ter sido feito, uma indemnização pela sua perda.» (Paine, 1995 [1797], p. 478) Este direito pode ser satisfeito, por exemplo, taxando aqueles que são os proprietários dos recursos naturais e distribuindo esse dinheiro por todos em forma de RBI (Van Parijs, 1992; Steiner, 1994). A ideia é, pois, que a justiça exige que partilhemos de maneira equitativa esta riqueza comum. Assim, o princípio de reciprocidade deveria apenas aplicar-se *ex post*, ou seja, aos frutos da produção que resultam da partilha inicial de bens, mas não à partilha inicial. É claro que também em relação a esta resposta é possível contra-argumentar. Num livro que constitui a melhor defesa da objeção da exploração, Gijs van Donselaar (2009) constrói a seguinte situação hipotética: imaginemos duas pessoas, A e B, com as mesmas capacidades, e imaginemos um mundo com quatro máquinas. Cada máquina pode ser operada durante duas horas por dia. A e B podem ambos trabalhar nas máquinas para produzir bens de consumo. Mas A prefere trabalhar apenas com uma das máquinas, duas horas por dia, enquanto B prefere trabalhar com três das máquinas totalizando seis horas de trabalho por dia. Se seguirmos o argumento da partilha inicial de bens, temos de dar a A e a B uma parte igual das máquinas e das horas de trabalho: duas máquinas de trabalho para cada um. Ora, A tem mais máquinas do que aquilo que quer e B tem menos. B pode, pois, querer ter acesso a uma terceira máquina e, para isso, pode aceitar pagar a A uma parte dos benefícios resultantes do seu trabalho com a terceira máquina. Mas o resultado é que, graças a B, A obtém mais rendimento pelo seu trabalho e B obtém menos. Assim, a distribuição igualitária dos recursos externos conduz a uma forma de parasitismo e de exploração, o que é injusto. Os recursos deveriam então ser distribuídos em função dos «interesses independentes» de cada cidadão, e não a partir de uma distribuição igualitária inicial.

Podemos, no entanto, responder a esta objeção salientando que existe uma multiplicidade de «interesses independentes»: estes não precisam de ser apenas interesses produtivistas (Widerquist, 2006). Assim, se A não tiver interesses produtivistas, isso não implica que ele deva perder o seu direito a ser incluído na partilha igualitária dos recursos externos. Podemos assim aceitar a objeção de Van Donselaar de que uma distribuição justa deve ser feita em proporção dos interesses independentes de cada pessoa, mas insistir na pluralidade dos interesses das pessoas, que não devem ser limitados a interesses produtivistas. Isto é tanto mais importante quanto tivermos em conta que interesses produtivistas, se exacerbados, podem ser perniciosos para a própria sustentabilidade da Terra, ponto ao qual voltaremos no capítulo 9. Para perceber melhor a resposta à objeção de Van Donselaar, imaginemos uma extensão de terra com petróleo habitada por duas famílias, a dos Ewings, que estão impacientes por explorar o petróleo, e a dos Ecocêntricos, que apenas querem contemplar a terra e acham que a extração de petróleo equivale a violar a sua integridade, embora respeitem o ponto de vista dos Ewings. Ambos têm «interesses independentes» que devem ser respeitados. Assim, os Ewings podem explorar uma parte dessa terra, mas os benefícios devem ir em parte para os Ecocêntricos. E, aliás, é isso que acontece no Alasca, que distribui um RBI por toda a gente, financiado pela exploração de petróleo e de outros recursos naturais. Vale a pena notar que este exemplo também é pertinente como ilustração do nosso quarto argumento, segundo o qual quem não quer trabalhar gera oportunidades que outros podem aproveitar, pois é graças à oportunidade viabilizada pelos Ecocêntricos que os Ewings podem desenvolver a sua paixão pelo trabalho no petróleo.

Assim, fazendo, por um lado, apelo à ideia de propriedade comum da terra e, por outro lado, à multiplicidade dos interesses independentes das pessoas (sendo este apelo uma reformulação da ideia de cooperação alargada), parece-nos ser possível refutar a objeção da exploração na sua versão mais forte. Em suma, não se poderá propriamente dizer que haja «verdadeira exploração», já que, se o RBI for implementado a um nível suficiente para assegurar a subsistência, quem trabalhar fá-lo-á não por coerção ou para fazer face à dura necessidade, mas por opção; e poderá por isso parar de o fazer se e quando quiser. Por outro lado, existe até um argumento de sustentabilidade a favor de que haja um segmento da população que não tenha necessariamente de produzir e explorar os recursos da Terra, uma vez que estes são finitos.

O problema da desigualdade de rendimentos

Como acabámos de mostrar, uma conceção de justiça distributiva *ex ante* é aquela que se nos afigura mais justificada, por verdadeiramente potenciar a igualdade real de oportunidades. É claro que se poderia objetar que qualquer discussão deste género se situa ainda no domínio da «teoria ideal», uma vez que, por mais que se advogue a igualdade de oportunidades, no mundo real as desigualdades existem e incluem não só os níveis extremos dos mais desfavorecidos (a pobreza), como também uma gradação mais ou menos extremada de desigualdades intermédias.

A este respeito, a desigualdade normalmente mais estudada é a de rendimentos. Deixaremos uma análise mais desenvolvida da questão da pobreza para o capítulo 5, e da justiça pré-distributiva para o capítulo 4. Mas não podemos deixar de abordar aqui, num capítulo sobre a igualdade, a questão da desigualdade de rendimentos enquanto tal. Está bem estabelecido que em sociedade uma enorme desigualdade no rendimento disponível das pessoas é um problema grave, por vários motivos. Em primeiro lugar, é moralmente problemática porque, como já mostrámos, não pode ser toda imputada ao mérito ou à responsabilidade individual. Em segundo lugar, é politicamente problemática porque enfraquece a qualidade da democracia. Quanto menor for a capacidade financeira de uma grande maioria de pessoas, menor acesso essas pessoas tendem a ter às melhores oportunidades de educação, cultura e, logo, também de participação cívica, impossibilitando a manutenção de uma classe média forte que sempre foi apanágio, por exemplo, do modelo social europeu. Finalmente, é economicamente problemática porque a concentração esmagadora de rendimentos ou riqueza num número muito pequeno de indivíduos tende a limitar as possibilidades de expansão da economia, visto que a propensão marginal a poupar tende a aumentar consoante o rendimento também aumenta.

Contudo, como referimos acima, esta tendência tem vindo a agravar-se. Nos EUA, por exemplo, está provado que no período de 1979 a 2007 houve uma enorme concentração de rendimento no topo (o 1% de pessoas mais bem pagas), o que reverteu uma tendência de atenuação da desigualdade de rendimentos e de fortalecimento da classe média que tinha sido apanágio do meio século que sucedera à Grande Depressão de 1929. Na verdade, os níveis atuais de desigualdade nos EUA, em termos de comparação entre o 1% do topo e os restantes 99%, estão próximos do pico de 1928 (Sommeiller *et al.*, 2016). Isto é relevante se tivermos em conta que foi precisamente a resposta à Grande Depressão que criou o sistema de regulação financeira que tentava impedir que outra catástrofe desse género existisse, dando origem a um conjunto de normas e princípios prudenciais a seguir. E se é verdade que a Grande Recessão de 2007 causou uma baixa generalizada nos salários, também já está provado que a recuperação económica que lhe sucedeu também ficou marcada por um crescimento desigual de rendimentos. Entre 2009 e 2013, o 1% do topo beneficiou de 85% do aumento dos rendimentos após a crise (Sommeiller *et al.*, 2016, p. 3), e, se analisarmos por agregado familiar, o 1% do topo nos EUA ganhava 25 vezes mais do que os restantes 99% (Sommeiller *et al.*, 2016, p. 2).

É claro que existem diversas formas de medir a desigualdade. O exemplo dos EUA é importante para se perceber o que se passa no país mais rico do mundo. Mas se a medição for em relação a regiões, uma comparação entre países da Europa mostra que esta é mais desigual do que os próprios EUA neste tipo de comparação regional (entre países da Europa ou Estados dos EUA) (Galbraith, 2006; Martins *et al.*, 2019). Em Portugal, a situação também não é animadora, tendo-se obviamente agravado com a crise. Como refere um estudo liderado por Carlos Farinha Rodrigues, «Portugal é um país com níveis salariais baixos em termos europeus, com elevados níveis de desigualdade no rendimento do trabalho, determinados predominantemente pelo forte afastamento dos salários mais elevados do resto da distribuição. A presente crise e o processo de ajustamento que se seguiu após 2010 moderaram o agravamento da desigualdade através da contenção assimétrica do conjunto dos ganhos; mas não se alterou o fundamental do padrão de desigualdade existente.» (Farinha Rodrigues *et al.*, 2016, p. 150) De facto, como o mesmo relatório demonstra, nesse período de crise (que em Portugal foi sobretudo entre 2010–2014), as perdas foram mais severas para os mais pobres: o rendimento dos mais ricos registou um decréscimo de 13%, os rendimentos dos decis intermédios da distribuição desceram 10 a 12%, mas o rendimento dos 10% mais pobres diminuiu... 25% (Farinha Rodrigues *et al.*, 2016, p. 153).

Como compreender a possível introdução de um RBI neste contexto? É certo que, só por si, não acabaria com a desigualdade de rendimentos. E seria obviamente injusto esperar isso dela, uma vez que não é esse o objetivo. É evidente que, consoante as capacidades, escolhas e grau de investimento de cada um na tentativa de obtenção de maior rendimento, a distribuição de rendimentos continuaria a ser variada e a sociedade não seria totalmente igualitária em rendimentos ou riqueza. Contudo, como já o afirmámos, o RBI forneceria algo muito importante: a igualdade de ponto de partida. Seria, por conseguinte, uma rede de segurança permanente, garantindo que o indivíduo nunca cairia abaixo do nível mínimo de subsistência. Neste sentido, pelo menos no que diz respeito ao *ponto de partida* e ao limiar mínimo, a igualdade real de proteção estaria assegurada para *todos*. E isso potenciaria, claro, a liberdade real de todos, e não só de alguns (Van der Veen e Van Parijs, 1986). Hoje, um indivíduo que nasça numa família de rendimentos elevados que decida apoiá-lo ao longo da vida pode, na prática, gozar de um apoio semelhante. Basta que os pais decidam conceder-lhe uma mesada até que, por exemplo, termine os estudos, ou até mais tarde, consoante as vicissitudes da sua entrada no mercado de trabalho. Mas uma família pobre não pode fazer o mesmo. Ora, o RBI alteraria radicalmente os dados deste jogo.

O problema da desigualdade de género

Desengane-se, porém, quem pudesse achar que a desigualdade de rendimentos, ou de riqueza, é um problema isolado e que não contém, de forma mais ou menos sub-reptícia, um conjunto de outras desigualdades que advêm de outras discriminações. Como é evidente, entre as causas para esta desigualdade, que gera a desigualdade de classe, estão frequentemente e ao mesmo tempo desigualdades que tanto podem ser de género, como etnorraciais ou de capacidades funcionais. E é por isso que uma perspetiva de justiça que seja abrangente e intersecional tem de conseguir perceber esse cruzamento de problemas.

Se o nosso objetivo for olhar para a situação portuguesa, torna-se complicado analisar, por exemplo, as desigualdades que têm por base a discriminação etnorracial, já que os censos não recolhem este tipo de dados, embora seja de admitir que, no nosso país como em muitas outras sociedades, formas mais ou menos subterrâneas de racismo e/ou xenofobia estejam, por exemplo, na base da dificuldade que algumas minorias terão em aceder aos melhores empregos e, logo, a rendimentos mais elevados. Contudo, no que diz respeito à desigualdade de género, os dados não são difíceis de obter e esta é, de facto, uma das questões mais pertinentes relativamente à implementação de um RBI. Cingindo-nos à desigualdade de rendimentos, está provado que as mulheres portuguesas ganham menos do que os homens para funções iguais, já para não falar da escassez de mulheres em cargos políticos ou empresariais de topo. Mas a desigualdade de género em sociedade estende-se para lá disso, uma vez que toca, fundamentalmente, na própria definição do que é o trabalho e na distinção entre trabalho produtivo e reprodutivo (à qual voltaremos no capítulo 5). E é neste sentido que vale a pena olhar para a possibilidade de um RBI do ponto de vista da defesa dos melhores interesses das mulheres.

Algumas feministas argumentam que um RBI vai finalmente trazer o reconhecimento há muito esperado do trabalho não remunerado e do cuidado, que é realizado principalmente por mulheres. Por outro lado, outras feministas têm argumentado que um RBI poderia desincentivar a luta das mulheres pela igualdade de género, por fazê-las conformar-se mais facilmente com a distribuição do trabalho já dominante na sociedade, que aponta para uma predominância dos homens no mercado de trabalho e para uma permanência da distribuição desigual do trabalho reprodutivo e não remunerado, que penaliza as mulheres. Ambas as visões são *prima facie* plausíveis e têm sido defendidas nas últimas décadas. Importa por isso analisar a questão atentamente, olhando para os dois lados.

Por um lado, é possível argumentar que o RBI teria consequências positivas para as mulheres pelas seguintes razões: o trabalho não remunerado seria socialmente reconhecido, a autonomia das mulheres seria reforçada (porque poderiam optar por uma maior independência) e, em consequência, também a sua posição e estatuto no seio da família, e os homens seriam, assim, encorajados a compartilhar mais o trabalho doméstico (Walter, 1989; Standing, 1992; Jordan, 1998). Isto seria, é claro, pensado num espírito de maior igualdade, sobretudo tendo em conta as deficiências e enviesamentos dos atuais sistemas de proteção social. Segundo Hermione Parker (1993), analisando a situação britânica, o

RBI tem mais vantagens não porque favoreça estruturalmente as mulheres em relação aos homens, mas porque o sistema de segurança social existente beneficia os homens. Como argumenta Coelho (2018), o RBI «[contribui] [...] para libertar os sistemas de segurança social da sua matriz androcêntrica, centrada no modelo do "homem provedor/mulher cuidadora"» (p. 734). É também óbvio, nesta perspetiva, que ele deveria sempre ser acompanhado por políticas de promoção da igualdade de oportunidades e da igualdade de salários.([15])

Numa perspetiva contrária, encontram-se as posições críticas sobre os efeitos de género que poderia ter um RBI, o qual, nesta visão, «é benéfico para algumas mulheres, mau para outras, e ambíguo para a maioria» (Robeyns, 2000, p. 135), e não faria nada de significativo para desestabilizar a divisão sexual tradicional do trabalho (Robeyns, 2001). Barbara Bergmann (2004 e 2008) tem feito algumas das críticas feministas mais severas ao RBI, argumentando que, entre um RBI e a provisão de vantagens conferidas pelo mérito a um nível acima do RBI, as feministas deveriam colocar a prioridade nestas últimas, já que não é possível obter as duas coisas ao mesmo tempo. Partindo da análise das formas mais robustas de Estado de bem-estar social, como o sueco, a argumentação é a de que os recursos não chegam para tudo. Nesta perspetiva, eliminar todos os serviços prestados pelo Estado social sueco – educação a todos os níveis, ensino superior gratuito ou parcialmente subsidiado, cuidados de saúde, habitação, transporte público e assistência social – e substituí-los por um RBI insuficiente para a provisão destes bens seria indesejável. Esta objeção é claramente justa e, no fundo, constitui um tronco comum entre as críticas ao RBI a partir do feminismo e da esquerda: a necessidade de proteção do Estado social. Mas essa é uma posição que partilhamos.

([15]) Para uma justificação económica do RBI de uma perspetiva feminista, veja-se McKay (2001 e 2005) e Coelho (2018).

No entanto, outros argumentos feministas a favor do RBI podem ser avançados. Julieta Elgarte (2008, p. 3) argumenta que o RBI atende às necessidades específicas das mulheres em matéria da segurança do rendimento. Elgarte acredita que um rendimento básico poderia desempenhar um papel de apoio na transição para uma sociedade na qual as divisões de género no trabalho poderiam ser abolidas. Assim, para ela a agenda feminista deve atacar a divisão sexual do trabalho, mas também deve reconhecer os limites da mercantilização e, portanto, apoiar os cuidados não remunerados. O RBI permite reconhecer a importância do cuidado, mas sem reforçar a distribuição de género no trabalho já existente (Zelleke, 2008, p. 5). Até pode acontecer que, em caso de introdução do RBI, existam mais mulheres a optar por ficar em casa a tratar das crianças, por exemplo, mas note-se aqui que a palavra mais importante é *optar*. Sem uma rede de segurança, trabalha-se quando se tem de trabalhar, e para muitas mulheres e homens pode não existir nenhuma *opção*.

No fundo, a revolução de paradigma aqui é, como nota Coelho (2018), a evolução para o modelo do «cuidador universal», tal como é defendido por Fraser (1994): «Ao enunciar este princípio como essencial, Fraser põe em evidência que todas as pessoas, homens e mulheres, são seres relacionais – com compromissos com o cuidado para com os outros e eles próprios recetores de cuidado –, e que só substituindo a ficção do *homo economicus*, autónomo, desapegado dos demais e erigido em modelo de realização humana, é possível prosseguir eficazmente o objetivo da equidade de género.» (Coelho, 2018, p. 741) Se todos somos seres em relação, que potencialmente prestam e recebem cuidados, logo, o RBI, como valorização do tal trabalho reprodutivo tradicionalmente atribuído às mulheres e, simultaneamente, como possibilitação de maior fluidez na atribuição deste tipo de tarefas a homens ou mulheres, poderia contribuir para a igualdade de género almejada.

Conjugar isto com a igualdade de oportunidades que defendemos acima significa, no caso da mitigação da desigualdade de género, reforçar também outras políticas públicas, por exemplo, assegurar salários iguais para funções idênticas, ou encorajar as empresas a terem um número semelhante de homens e mulheres nos vários cargos existentes, por exemplo, providenciando incentivos fiscais para o cumprimento dessas quotas. Podemos também defender medidas que concedam a ambos os pais o tempo livre suficiente para cumprir as suas responsabilidades no cuidado para com os filhos. Ou ainda promover serviços de alta qualidade a preços acessíveis e facilmente disponíveis, bem como melhores horários escolares; fazer ações educativas diretas sobre crianças e adolescentes na escola (eventualmente sob a forma de aulas sobre como conciliar o trabalho e as responsabilidades familiares, quer para rapazes quer para ragarigas) (Okin, 1989). Igualmente importante é o combate a estereótipos de género nos livros didáticos, publicidade e programas de televisão dirigidos às crianças.

Acresce que, em casos de famílias monoparentais em que a mãe é a única cuidadora da criança, o risco de pobreza é elevado e, muitas vezes, a proteção muito escassa. A existência de uma rede de segurança pode não só mitigar a pobreza nesse grupo especialmente vulnerável, como potenciar a liberdade noutro sentido, por permitir às mulheres (e aos homens) sair de relações perniciosas sem terem de impor os riscos da pobreza extrema às suas famílias. Além disso, como apontado por Van Parijs (2001), o RBI não só aumentaria essa capacidade das mulheres de saírem de (ou não entrarem em) relacionamentos indesejáveis, como também o seu poder dentro das relações, constituindo proteção adicional contra a dominação.

Pelo exposto, parece-nos legítimo concluir que, embora o RBI nunca eliminasse por si só todos os tipos de desigualdade que afligem a sociedade e atormentam os grupos mais vulneráveis, ele seria: 1) uma forma de providenciar igualdade real de oportunidades, potenciada pelo grau de liberdade real que permite; e que muito concretamente se traduziria em 2) não uma igualdade total de rendimentos, mas uma igualdade de ponto de partida no que toca à entrada de cada um na sociedade e às possibilidades económicas que são dotadas de forma universal a todas as pessoas; o que também seria útil para 3) mitigar desigualdades de género através da revolução do paradigma de proteção social que temos, passando de uma conceção que, na prática, é androcêntrica para uma conceção mais paritária do cuidador universal, o que permitiria valorizar muito mais o trabalho reprodutivo; o que no fundo espelha 4) que somos seres em relação, prontos para a cooperação e detentores de liberdade social, mas que essa cooperação deve ser voluntária, não implicando necessariamente nenhuma objeção moral à existência de pessoas não produtivas, porque a questão da exploração não se coloca verdadeiramente quando quer a possibilidade, quer a opção de trabalhar ou não são reais. Chegados a este ponto, podemo-nos perguntar que tipo de sociedade poderia isto gerar em termos do tipo de justiça social defendido. E será essa a questão que nos ocupará no próximo capítulo.

4.
DEMOCRACIA DE PROPRIETÁRIOS E PRÉ-DISTRIBUIÇÃO

> Eu apoio um rendimento básico garantido. Acho que devíamos tratar as pessoas doentes. Acho que as mulheres podem fazer as suas próprias escolhas e que o governo é melhor quando está a construir pontes em vez de bombas.
>
> Edward Snowden, 2014

Nos dois capítulos anteriores, mostrámos de que forma um RBI poderia potenciar a realização concreta dos princípios da liberdade e da igualdade. Estes são dois princípios ético-políticos que enformam a visão daquilo que uma sociedade deve ser e que, por isso, fazem parte daquilo a que se pode chamar uma teoria da justiça. Podemos, no entanto, perguntar o seguinte: que tipo de justiça poderia esta sociedade realizar, e de que tipo de regime seria ela a fundação? Para responder, olharemos para o RBI do ponto de vista da teoria da democracia e da justiça distributiva (Merrill, 2017a). Ao fazê-lo, começaremos por olhar para a diferença entre esta visão e as soluções em vigência atualmente, incluindo as do Estado social na fase atual do seu desenvolvimento, debate que aprofundaremos no próximo capítulo.

Nalguns dos debates recentes em filosofia política, mas também nos debates públicos mais alargados da sociedade civil, três ideias têm emergido que são de particular relevância para repensar uma sociedade justa: a ideia de democracia de proprietários, a ideia de pré-distribuição e a ideia de um rendimento básico incondicional. Estas ideias podem ser analisadas separadamente, mas gostaríamos, neste capítulo, de articulá-las na nossa visão da realização da justiça. A expressão «democracia de proprietários» refere-se à ideia de um regime em que cada cidadão deve ser proprietário, como condição de uma sociedade democrática de pessoas livres e iguais.[16] Por que razões devemos refletir sobre esta ideia hoje? A resposta que vamos dar consiste em argumentar que devemos considerar a democracia de proprietários um regime que prolonga de maneira eficaz as conquistas progressistas do Estado social na redução das desigualdades económicas e sociais. Por seu lado, o termo «pré-distribuição» chama a atenção para a necessidade de políticas e instituições que pretendam melhorar a posição dos membros menos favorecidos da sociedade, gerando uma distribuição mais justa de oportunidades e benefícios no funcionamento do sistema de mercado livre, procurando menor dependência em relação aos mecanismos redistributivos do Estado social (Hacker e Pierson, 2010; Hacker, 2011; Thomas, 2016). A hipótese que gostaríamos de explorar consiste em considerar a pré-distribuição um mecanismo de justiça distributiva que permite realizar uma democracia de proprietários. Por fim, neste contexto, o RBI figura como o exemplo paradigmático de uma política pública que pode ser implementada numa democracia de proprietários pré-distributiva.

---

[16] Sobre o tema da democracia de proprietários, veja-se Baptista e Merrill (2015), O'Neill e Williamson, org. (2012) e Thomas (2016).

Genealogia da democracia de proprietários

No livro *Justiça como Equidade: Uma Reformulação*, John Rawls (2001) considera que o Estado social capitalista é incapaz de realizar os princípios de justiça que ele defende na sua teoria da justiça, por três razões. Em primeiro lugar, porque no Estado social tal como o conhecemos as concentrações de capital estão nas mãos de apenas alguns indivíduos. Ora, esta concentração de capital torna impossível proporcionar a todos os cidadãos um «valor justo das liberdades políticas», porque os interesses dos capitalistas terão, pelo poder económico que exercem, muito maior influência no processo político do que os dos outros cidadãos, o que viola a exigência das liberdades políticas iguais, isto é, o primeiro princípio de justiça rawlsiano. Em segundo lugar, Rawls sugere que o capitalismo no Estado social produz uma política que tende a minar a possibilidade de transferências de impostos que fossem suficientemente significativas para corrigir as desigualdades geradas pelo mercado. De facto, neste sistema político, os indivíduos mais ricos vão sempre resistir aos aumentos de impostos, pois têm capacidade para o fazer pela enorme acumulação de capital e, logo, de poder político que detêm. Ora, esta resistência torna impossível aplicar o princípio da diferença rawlsiano, a ponto de impedir uma igualdade equitativa de oportunidades. O que nos conduz à terceira razão, segundo a qual o capitalismo do Estado social reduz a possibilidade de relações de igualdade entre cidadãos, com base no princípio da reciprocidade, criando uma divisão entre os «subsídio-dependentes» do Estado e aqueles que obtêm recursos através do mercado de bens e serviços, e, em particular, através do mercado de trabalho. Ou seja, segundo Rawls, um sistema político, para garantir a realização da sua teoria da justiça, deve, pois, garantir o justo valor das liberdades políticas, assim como uma igualdade equitativa de oportunidades, e, por fim, limitar as desigualdades económicas em benefício dos menos favorecidos da sociedade. Por estas três razões, Rawls considera que o Estado social capitalista é incompatível com os seus dois princípios de justiça.([17])

Mas se, para Rawls, o Estado social, tal como existia no seu tempo e ele o avaliava, não era compatível com estes princípios de justiça, que sistema alternativo pode garanti-los? Segundo Rawls podemos, para garantir a realização dos princípios de uma sociedade justa, procurar promover uma «democracia de proprietários». Vejamos então em que consiste esta democracia. É importante começar por notar que Rawls não inventou a ideia de uma democracia de proprietários, a qual tem um *pedigree* que remonta pelo menos aos filósofos republicanos do século XVII. Devemos igualmente notar que existe uma tradição da esquerda igualitária a favor da democracia de proprietários, assim como uma tradição conservadora de direita em defesa da mesma ideia.([18]) Seguindo a genealogia proposta por Ben Jackson, podemos defender que a génese do modelo igualitário da democracia de proprietários tem dois episódios na história do pensamento político: num primeiro momento, durante a ascensão do republicanismo dos séculos XVII e XVIII, e, num segundo momento, que começa em meados do século XX, durante a crítica socialista do capitalismo, sendo o economista James Meade o seu principal defensor assim como a inspiração direta de Rawls. Por seu lado, a génese do modelo de direita da democracia de proprietários tem dois episódios marcantes: durantes os anos 20, em reação à ascensão do comunismo, e durante os anos 70/80, em reação ao socialismo.

No que diz respeito à ascensão do republicanismo como filosofia política progressista promotora de uma democracia

---

([17]) Para um desenvolvimento desta incompatibilidade entre a teoria de Rawls e o Estado social capitalista, veja-se o capítulo de Martin O'Neill «Free (and Fair) Markets without Capitalism: Political Values, Principles of Justice, and Property-Owning Democracy», *in* O'Neill e Williamson (2012), pp. 75–100.

([18]) Veja-se o capítulo de Ben Jackson «Property-Owning Democracy: A Short History», *in* O'Neill e Williamson (2012), pp. 33–52.

de proprietários, esta pode explicar-se pela importância da propriedade privada nesta teoria, a qual promove a necessária independência individual e a estabilidade social para o exercício responsável do poder político. Neste sentido, os republicanos radicais argumentaram que a cidadania deveria ser alargada a todos, o que por sua vez implicaria uma difusão mais ampla da propriedade privada. Seguindo o caminho aberto pelos escritos dos seus predecessores republicanos, como Jean-Jacques Rousseau no *Contrato Social* (2003 [1762]), foi Thomas Paine quem, no final do século XVIII, argumentou no livro *Agrarian Justice* (1995 [1797]) que, para que os cidadãos gozem da independência e da segurança necessárias para exercerem as suas funções políticas, era necessário fornecer-lhes apoio material não por caridade, mas por direito. Para Paine, estes direitos sociais deviam incluir benefícios para os filhos dos pobres, na condição de que as crianças frequentassem a escola; pensões de velhice; financiamento para a educação universal; um capital de base para cada bebé recém-nascido e para os recém-casados, etc. Estas medidas seriam financiadas pela tributação progressiva da riqueza. Thomas Paine chega a defender a doação universal de capital para cada pessoa, ao atingir a idade de 21 anos, o que faz dele um dos pais da ideia de um rendimento básico incondicional.

No entanto, como recorda Ben Jackson no seu já citado e muito esclarecedor artigo sobre as origens quer progressistas quer conservadoras da democracia de proprietários, durante o século XIX as aspirações republicanas de independência individual e de dispersão da propriedade chocaram com as realidades vividas pelo desenvolvimento económico capitalista, a ponto de parecerem totalmente ultrapassadas no contexto de uma economia capitalista. Por esta razão, os pensadores mais radicais do século XIX formularam um ideal mais ambicioso do ponto de vista do acesso à propriedade, que passava pela defesa do controlo democrático coletivo sobre as forças produtivas capitalistas, as quais pareciam ser característica inevitável de uma economia moderna. Foi assim que o republicanismo se deslocou para a esquerda pela ascensão do socialismo e mais tarde do comunismo. Ora, é precisamente neste contexto de inflexão do republicanismo e de ascensão de ideologias mais radicais no seu igualitarismo que chegamos, no princípio do século XX, às origens conservadoras da democracia de proprietários. De facto, uma primeira versão desta ideia foi introduzida no debate político britânico pelo político liberal Hilaire Belloc, no seu livro de 1912, intitulado *The Servile State*. Segundo Belloc, a introdução do Estado social levaria à escravização da classe trabalhadora, uma vez que as reformas que visam garantir a segurança económica dos trabalhadores só podem ser implementadas se o Estado aumentar o nível de escrutínio e de controlo dos cidadãos. Mais tarde, o movimento «distributivista» dos anos 20–30 tornou relativamente populares as ideias de Belloc, com a sua defesa da propriedade partilhada (*shared-ownership*), das pequenas explorações agrícolas e das pequenas empresas em detrimento das grandes corporações. Mas Belloc e os distributivistas, de maneira antipaternalista, abstiveram-se de defender a realização destas políticas pela via do poder do Estado. Neste aspeto, demonstravam alguma ingenuidade moral, à semelhança dos socialistas utópicos do século XIX, esperando que estas políticas fossem aplicadas espontaneamente graças a uma reforma dos valores morais individuais.

Na realidade, como nos recorda Ben Jackson, a expressão «democracia de proprietários» foi inventada por um político conservador escocês, Noel Skelton (1924), nos anos 20 do século XX, com o objetivo de conquistar o eleitorado da classe trabalhadora, propondo a difusão da propriedade individual como alternativa ideológica à coletivização da propriedade defendida pelos movimentos socialistas e comunistas. Embora a intenção não fosse a de garantir uma distribuição igualitária da propriedade individual, Skelton pretendia, ainda assim, defender um programa político que contribuísse para a redução das desigualdades. Mas foi só depois de um famoso discurso proferido pelo líder político britânico Anthony Eden, na conferência do Partido Conservador de 1946, que a expressão «democracia de proprietários» se tornou famosa na Grã-Bretanha.([19]) O objetivo de Eden era contribuir para a criação de um projeto político alternativo ao projeto socialista, e foi com esse objetivo que mobilizou a ideia de uma democracia de proprietários, em oposição à compreensão socialista de propriedade, a qual, segundo Eden, tornaria todos os cidadãos inteiramente dependentes do Estado para o seu sustento. Assim, do ponto de vista conservador defendido por Eden, a democracia de proprietários passava a ser uma recompensa que se obtém graças ao mérito produtivo de cada pessoa. Esta recompensa é encarada também como um direito e uma responsabilidade que deve ser partilhada da forma mais equitativa possível entre cidadãos.

Winston Churchill também contribuiu de maneira decisiva para tornar a democracia de proprietários um importante tema ideológico para os conservadores a seguir à derrota na eleição geral de 1945. No entanto, como observa Ben Jackson, na prática os políticos conservadores eram pouco claros sobre a forma exata que a propriedade deveria assumir para ser mais amplamente difundida. E, de facto, com a ascensão ao poder dos conservadores no Reino Unido, liderados por Margaret Thatcher, a defesa e promoção do ideal de uma democracia de proprietários foi realizada não só com indiferença em relação às desigualdades de riqueza, mas também com a intenção explícita de minar a base eleitoral das políticas igualitárias. Na realidade, para os conservadores a democracia de proprietários era considerada um meio de evitar o socialismo, promovendo maior responsabilidade pessoal e, em última instância, diminuindo a necessidade de mobilizar o Estado para redistribuir os recursos económicos. Podemos assim considerar que Margaret Thatcher utilizou a ideia de democracia de proprietários para justificar a privatização do sector público e, de facto, uma das medidas que prometeu realizar se eleita e que talvez lhe tenha permitido ganhar as eleições foi precisamente a de permitir aos inquilinos de habitações públicas comprar

---

([19]) Ver Eden (1947).

as suas casas, assim como ações de indústrias anteriormente nacionalizadas.

Mas devemos notar que este projeto anti-igualitário nasce em oposição à defesa igualitária desta ideia nos anos 60–70, na teoria política académica, em particular por parte do economista britânico James Meade. Meade viria a ter grande influência na teoria política de Rawls, graças a quem a democracia de proprietários voltou a representar um ideal de distribuição significativa de propriedade. De facto, Meade atribuiu especial importância ao objetivo de garantir uma distribuição mais igualitária de bens e, para isso, estabeleceu quatro estratégias igualitárias: um Estado sindical com forte movimento de trabalhadores para tornar menos desiguais os salários e condições; um Estado social com impostos diretos elevados sobre os rendimentos para financiar benefícios sociais generosos; um Estado socialista e, por fim, uma democracia de proprietários.[20] É de salientar que Meade também defendeu a introdução de um rendimento básico incondicional como parte integrante da sua visão igualitária. Nesta vertente, que no fundo já vem de Rousseau, a democracia de proprietários é considerada uma forma de promover a igualdade entre os cidadãos, em vez da dominação de uma minoria rica, assegurando uma distribuição mais equitativa da liberdade e da segurança económica.

A pré-distribuição como forma de realizar uma democracia de proprietários

Apesar de Rawls não ter dado exemplos de políticas que permitam implementar uma democracia de proprietários, na realidade não é difícil pensar numa série de políticas que oferecem a todos os cidadãos um acesso a três tipos de capital: habitação, dinheiro (por exemplo, através de um rendimento básico incondicional) e capital produtivo (por

---

[20] Veja-se Meade (2013).

exemplo, através da propriedade de ações). Desta forma, uma democracia de proprietários é realizada quando na sociedade todos os cidadãos têm propriedades suficientes para que o facto afete de forma positiva as suas perspetivas de vida.[21] Ora, uma maneira de justificar o acesso a estes três tipos de capital pode ser feita a partir da ideia de justiça pré-distributiva. A ideia de pré-distribuição adverte para a necessidade de introduzir, nas sociedades democráticas contemporâneas, políticas públicas que visem criar uma distribuição mais equitativa dos benefícios da cooperação social.[22] A pré-distribuição é mais bem compreendida quando comparada com a redistribuição. Esta última envolve a implementação de políticas que abordam as consequências desiguais de atividade do mercado através de transferências fiscais *ex post*, enquanto a pré-distribuição envolve a aplicação de políticas que alteram as possibilidades das pessoas envolvidas em atividades de mercado, modificando a distribuição dessas possibilidades antes dos impostos e transferências do Estado social tradicional, o que pelo menos em teoria deveria contribuir para impedir que as desigualdades menos aceitáveis ocorram antes da intervenção do Estado redistributivo.

A necessidade de reformas que tenham uma abordagem progressiva pré-distributiva é o resultado de uma série de desenvolvimentos socioeconómicos importantes que ocorreram em muitas sociedades democráticas liberais desde os anos 70. Em primeiro lugar, como vimos no capítulo anterior, a distribuição desigual dos resultados da cooperação social aumentou dramaticamente, com concentrações de riqueza cada vez mais extremas nas mãos de um pequeno número de indivíduos e empresas. As consequências desta desigualdade socioeconómica são numerosas e profundas: estagnação dos salários e dos padrões de vida dos membros

---

[21] Cf. Thad Williamson, «Realizing Property-Owning Democracy: A 20-Year Strategy to Create an Egalitarian Distribution of Assets in the United States», *in* O'Neill e Williamson (2012), pp. 225-248.

[22] Ver Chwalisz e Diamong, org. (2015).

menos favorecidos dessas sociedades, redução significativa nas oportunidades de mobilidade social, aumento do desemprego e do emprego precário, assim como crescente influência de indivíduos e de grupos economicamente poderosos nos processos políticos democráticos.([23]) E embora a desigualdade socioeconómica continue a aumentar, a confiança tradicional no Estado de bem-estar redistributivo para resolver este problema tem gradualmente diminuído. Da mesma forma, a tributação progressiva e o investimento público têm abrandado de forma gradual, principalmente devido ao predomínio ideológico das políticas de austeridade em países desenvolvidos desde a crise financeira global de 2008.

Nestas condições, cada vez mais vozes se têm levantado para apontar a insuficiência e ineficiência dos mecanismos tradicionais para fazer face a estes problemas. É neste contexto de crescente desigualdade e crise do Estado redistributivo que a pré-distribuição tem emergido como uma das novas ideias do pensamento de esquerda progressista dos últimos anos. Na verdade, em tempos de austeridade fiscal, a pré-distribuição apresenta-se como um complemento atraente para reduzir a utilização dos impostos e das transferências *ex post* tradicionais na luta pela justiça social.

A ideia nuclear da pré-distribuição é, pois, bastante simples: em contraste com a redistribuição, segundo a qual o Estado social se limita a mitigar *ex post*, através de impostos e de transferências, as desigualdades que o capitalismo gera, a pré-distribuição modifica a estrutura do mercado para criar resultados mais justos desde o início, alterando para isso o poder económico dos indivíduos nos mercados no sentido de uma posição mais igualitária. Enquanto com as medidas redistributivas se atribui ao Estado um papel distributivo após a formação do rendimento, por desigual que este seja, promovendo-se uma correção da desigualdade a jusante do ciclo económico, com as políticas de pré-distribuição promove-se a distribuição a montante do ciclo económico,

---

([23]) Veja-se Atkinson (2015).

conferindo à igualdade uma valência não apenas social, mas ativamente económica.

Existem, no entanto, duas versões da pré-distribuição, uma fraca e uma mais radical. Segundo a versão fraca, a justiça social pré-distributiva deve ser promovida essencialmente através do aumento dos salários e por meio de investimentos substanciais na educação e na formação das pessoas. Segundo a versão mais radical da justiça social pré--distributiva, deve ainda ser distribuída a cada cidadão uma participação de capital, a qual implica diluir de maneira drástica as concentrações existentes do capital detido pelos mais ricos. Importa, pois, distinguir estas duas versões da pré-distribuição.

Segundo a versão fraca da pré-distribuição, defendida pelo politólogo da Universidade de Yale Jacob Hacker, a quem se deve a invenção da expressão, o objetivo da pré-distribuição é promover reformas de mercado que incentivem uma distribuição mais equitativa do poder económico, antes de um governo cobrar impostos.[24] Num contexto de recessão económica, esta versão da pré-distribuição permite justificar mais facilmente políticas sociais adicionais às políticas redistributivas tradicionais do Estado social, já que não implica a necessidade de aumentar as receitas fiscais para financiar as despesas sociais. Existem, de facto, políticas que os governos podem promover gastando pouco ou nenhum dinheiro para obter maior igualdade nas condições iniciais do mercado, repercutindo assim menor desigualdade nos resultados do mercado. É o caso de medidas como acordar, em sede de concertação social, o aumento do salário mínimo, assim como de um limite máximo para os salários. Ou, ainda, investir no «capital humano» através do incremento da formação profissional e de outras formas de capacitação. Na verdade, estas políticas não são novas, correspondendo em boa parte a áreas de intervenção do Estado social. A novidade está em serem apresentadas a partir de um conceito agregador novo – a pré-distribuição.

---

[24] Ver Hacker (2011).

E nesta perspetiva, podem ser objeto de um amplo e renovado consenso social ante o grave quadro de restrição das políticas de redistribuição que foi levado a cabo durante os anos de austeridade. Por outras palavras, com a promoção de uma agenda pré-distributiva pode estar em causa juntar à frente das políticas redistributivas uma segunda frente de combate à desigualdade. Com efeito, a desigualdade que se conseguir resolver pré-distributivamente não precisa de ser resolvida com mecanismos de redistribuição.

Existe, contudo, uma versão mais radical da pré-distribuição que tem a sua origem no trabalho do prémio Nobel da Economia James Meade, que defendeu a ideia de um regime de políticas de pré-distribuição, a que chamou «democracia de proprietários», de acordo com a qual a justiça social é promovida dando a cada cidadão uma participação de capital, na linha, ainda que de forma mais radical e abrangente, dos «cheques-bebé» que vigoraram em Espanha entre 2007 e 2011 (durante o governo de José Luis Zapatero) e que nunca chegaram a ser aplicados em Portugal, apesar de anunciados (pelo governo de José Sócrates), ou, de maneira mais ambiciosa, dando a todos os cidadãos um rendimento básico incondicional parcialmente financiado a partir, por exemplo, de um dividendo de propriedade comum dos recursos naturais, ou por meio de impostos sobre as explorações, as transferências de capital e sobre a herança. Esta versão da pré-distribuição como «democracia de proprietários» foi mais tarde, como já vimos, desenvolvida por John Rawls, e implica diluir significativamente as concentrações do capital detido pelos mais ricos, de forma que cada indivíduo possa, na medida do possível, ser um agente ativo e participante da sociedade.[25] A versão mais radical da pré-distribuição não se inibe de distribuir capital diretamente, saindo de forma

---

[25] Apesar de Rawls ser explicitamente contra um rendimento básico incondicional, na verdade é possível argumentar que os seus princípios de justiça não são incompatíveis com a implementação desta ideia. Para um desenvolvimento desta argumentação, veja-se Van Parijs e Vanderborght (2017), pp. 117–119.

definitiva do paradigma de intervenção orientado para a simples contenção das desigualdades de origem económica. Com efeito, tanto a redistribuição como a pré-distribuição fraca amenizam, com maior ou menor sucesso, os efeitos de um sistema económico estruturalmente dependente da produção de desigualdade. Porém, deixam-no intocado no seu ciclo de reprodução e acumulação. Se a redistribuição opera apenas a jusante do processo económico, a versão moderada da pré-distribuição repercute-se apenas a montante desse processo. Só a versão forte da pré-distribuição, ao introduzir igualdade de capital no próprio ciclo de reprodução do mesmo, atinge a produção de desigualdades implicada pelo capitalismo. Esta solução está longe de conseguir desativar o capitalismo a partir de fora, como proporia uma solução marxista tradicional, mas tem como consequência, operando, por assim dizer, de forma interna à sua própria lógica, torná-lo ineficiente no seu propósito central de acumulação e concentração de riqueza, pois a pré--distribuição de capital, tendendo à igualização de posições no mercado, neutraliza as vantagens iniciais que a lógica capitalista esperaria conseguir reproduzir e amplificar. E ao mesmo tempo, é argumentável que a pré-distribuição ainda propicie um ambiente favorável a estratégias de economia cooperativa, em virtude da alteração das condições iniciais no sentido de maior igualdade entre os intervenientes no processo económico.[26]

O rendimento básico incondicional como realização de uma democracia de proprietários

Acabámos de ver como a «democracia de proprietários» poderia ser permitida pela justiça pré-distributiva. E é fácil

---

[26] Sobre as relações entre pré-distribuição, economia cooperativa e rendimento básico incondicional, cf. Merrill, «El acceso a los comunes y la renta básica como formas complementares de justicia predistributiva, *in* Barragué, org. (2017), pp. 229–236.

perceber de que maneira um RBI poderia efetivamente assegurar a sua realização concreta. Sendo uma abordagem da justiça social que aposta na prevenção da injustiça social e das desigualdades, é provavelmente não só mais eficaz como mais justa, já que permite evitar, logo no início, sofrimento desnecessário (Olin Wright, 2005 e 2010; Ackerman, Alstott e Van Parijs, 2006; Birnbaum, 2012).

Nesta visão, não se condena necessariamente a propriedade privada, mas, obviamente, tenta-se resolver a questão da repartição justa logo à partida, fazendo com que as oportunidades de domínio sobre as próprias vidas que o rendimento e a propriedade proporcionam a cada um estejam estabelecidas desde o início. O RBI assegura, pois, a «reciprocidade honesta», que é possibilitada pelo nível de igualdade real conferido pelo título de propriedade dado à partida, o que, claro, reforça a capacidade de o indivíduo se mover mais livremente nos mercados de bens e do trabalho. Assim, o RBI pode ser considerado uma das maneiras mais desejáveis de implementar uma democracia de proprietários.

Se as principais formas de propriedade individual que podem ser democratizadas nas sociedades capitalistas contemporâneas são o acesso à possibilidade de casa própria e às ações em empresas privadas, então, como a crise financeira de 2008 mostrou, a exposição dos indivíduos ao risco financeiro é significativa. Logo, é crucial proteger os indivíduos de tais riscos através de um bem-estar social coletivo garantido à partida, por exemplo, com a introdução de um RBI. Se o objetivo é evitar que uma pequena classe controle os meios de produção e a vida política democrática, então é necessário exercer um controlo coletivo sobre a economia, e não apenas difundir a propriedade individual. Por essa razão, as formas de fazer pré-distribuição podem passar por políticas como a do rendimento básico incondicional. Vivemos hoje um contexto particular que justifica levar-se a sério o potencial de políticas pré-distributivas. É, pois, necessário pensar numa agenda direcionada para a criação de uma economia mais justa e eficaz, motivada pelos valores políticos gerais de liberdade, de igualdade de oportunidades e de justiça social. A democracia de proprietários, pela via da pré-distribuição, sobretudo na sua versão mais forte, permite realizar estes valores fundamentais.

Esta visão da democracia de proprietários através da implementação do RBI, fundada numa conceção de justiça pré-distributiva, parece-nos ser a mais consentânea com os valores apresentados anteriormente. Porém, realizá-la implica olhar com mais agudeza para as políticas públicas (Van der Veen e Groot, 2000) atualmente existentes e para as visões culturais que as enformam, algo que faremos no próximo capítulo.

5.

RBI, TRABALHO E ESTADO SOCIAL

> Dever-se-ia assegurar um modesto rendimento a todos, que fosse suficiente para todos, independentemente de trabalharem ou não.
>
> Russell, 1918, p. 63

> Estou agora convencido de que a solução mais simples para a pobreza é aboli-la diretamente, através de uma nova medida amplamente discutida: o rendimento garantido.
>
> King Jr., 1968, p. 171

Ao longo deste livro, temos tecido várias observações relativamente ao papel do Estado na vida das pessoas e à inovação que consistiria em introduzir um rendimento básico incondicional. Estabelecidas as justificações desta ideia em termos dos princípios de justiça que a guiam, é chegado o momento de analisar a alteração significativa que ela implica para a nossa organização cultural, sobretudo no que concerne à relação umbilical das pessoas com o trabalho. Para perceber de que forma o RBI poderia alterar para melhor a vida das pessoas, temos de, em primeira instância, mergulhar nas crenças e perceções culturais sociais enraizadas nas nossas sociedades e que por vezes nos impedem de conceber ou achar aceitáveis as alternativas que nos são apresentadas. É este o caso da intuição central contida na máxima «quem não trabalha não come», a qual exprime uma situação que, infelizmente, é muitas vezes factual (dada a insuficiente proteção assegurada às pessoas em situação de pobreza), mas que também é mais do que isso. Para muitas pessoas ela parece ser, ao mesmo tempo, uma asserção moralmente justificada: isto é, quem não se esforça para trabalhar ou não tem mérito para se posicionar convenientemente no mercado de trabalho também não deve ter direito a «recompensas» ou «rendimentos» (embora, obviamente, não se encontrem muitas pessoas – e ainda bem – que julguem que os pobres devam literalmente morrer à fome).

Ora, para nós, tal intuição que liga o rendimento (e, logo, a sobrevivência) ao trabalho e, mais especificamente, ao trabalho produtivo remunerado (isto é, ao emprego) e dele faz a única fonte de dignidade pessoal (e, portanto, o próprio acesso «meritório» às condições de subsistência) é moralmente errada e politicamente perniciosa. Por isso, neste capítulo analisamos de forma mais pormenorizada o que é, então, o trabalho, que formas assume hoje (incluindo o surgimento do chamado precariado) e que efeitos nele teria a introdução de um RBI. Num segundo momento, abordamos outra das questões centrais relativas a esta possibilidade, que é a da sua relação com os Estados sociais atualmente existentes, porque ter uma abordagem crítica dos mesmos e pugnar por uma política pública como o RBI não significa, de forma alguma, que se pretenda olhar para a questão como uma dicotomia. Neste contexto, analisamos de forma mais detalhada o Estado social português, incluindo, obviamente, a proteção constitucional que concede à provisão pública de bem-estar nos sectores da saúde e da educação, e o sistema de segurança social português, prestando também atenção muito especial ao combate à pobreza e mostrando como o RBI poderia ser uma solução eficaz nesse sentido. Tal como em capítulos anteriores, e porque estas são algumas das dimensões mais contestadas quando se discute o RBI, dedicamos algumas secções à análise de objeções relevantes que costumam ser apresentadas, tais como a do objetivo de obtenção do pleno emprego, a da suposta injustiça de um alegado «subsídio à preguiça», a da apresentação das alterações ao horário de trabalho como alternativa ao RBI, a da sustentabilidade da Segurança Social ou a dos incentivos ao trabalho.

Origem e história do trabalho

A palavra «trabalho» pode ser entendida como tendo dois significados: 1) uma atividade que envolve um esforço físico ou mental de forma a atingir um objetivo ou resultado; 2) uma atividade física ou mental exercitada de forma a ganhar o sustento, emprego. Em português, a palavra «trabalho» vem do latim *tripalium*, «tri» significando «três» e «*p'lus*» significando «pau» ou «estaca».[27] Durante o Império Romano, a palavra *tripalium* referia-se a um instrumento de três estacas que imobilizava animais de grande porte, cavalos, bois e vacas, antes de serem ferrados. Também se usava essa palavra para descrever um instrumento de tortura de três estacas utilizado para castigar escravos na mesma época. A palavra portuguesa «trabalho», atentando na sua origem, pode ser vista como tendo uma conotação negativa relacionada com a escravatura e com a submissão dos animais que trabalham ao serviço dos homens. É claro que esta conotação negativa que deriva da etimologia foi submetida a uma inflexão a dada altura, à medida que o trabalho propriamente dito foi assumindo o estatuto de atividade central

---

[27] *Tripalium* está também na origem do francês *travail*, do espanhol *trabajo* e do italiano *travaglio*.

para a vida humana, a ponto de se fazer dele praticamente a única fonte legítima do sentido da existência.

Mas o que é realmente o trabalho? Para compreender a ideia de trabalho, temos de fazer uma pequena digressão pela história da humanidade. Podemos dizer que o «trabalho» em sentido específico surge quando o problema da sua divisão se coloca. Isto é, é difícil pensar o trabalho sem a divisão do trabalho propriamente dita. Na primeira fase do desenvolvimento humano, as tarefas estariam relacionadas com ter de se assegurar as necessidades básicas, tais como comida, abrigo e tratar de crianças. Na Pré-história, as comunidades já tinham alguma organização e distribuição de trabalho, uns poderiam especializar-se na habitação, outros na construção de abrigos, outros na procura de frutos e raízes, etc. A divisão do trabalho provavelmente começou com as diferenças de idade e de sexo, as pessoas mais velhas, assim como os mais novos, não teriam a mesma capacidade para caçar e poderiam fazer outras atividades, como procurar raízes, vegetais, cogumelos, etc. As mulheres tratavam das crianças e cozinhavam, pelo menos enquanto estavam em idade reprodutiva. Nas primeiras sociedades, não parece ter existido divisão do trabalho baseada em classes.

Com o passar do tempo, a divisão do trabalho começou a requerer alguma organização comunitária, levando às primeiras questões que poderíamos dizer pertencer à justiça social: a comida devia ser distribuída de forma equitativa e era necessário um líder para gerir o grupo. Conforme se desenvolveram mais atividades, como a cerâmica, os têxteis, a metalurgia e a agricultura, além da divisão do trabalho cada vez mais especializado, passou a existir um sistema rudimentar de troca. Com a evolução das civilizações antigas (Wittfogel, 1957), a organização do trabalho foi-se sistematizando cada vez mais, criando classes sociais e levando à especialização. Segundo Wittfogel, a criação da irrigação na Mesopotâmia e no Egito levou ao trabalho em massa, com organização hierárquica para controlo dessas atividades, sendo criado um governo para garantir a distribuição adequada da água. Nas tribos, o governo era geralmente pessoal e patriarcal, mas, uma vez aumentada a escala da organização de trabalho, criou-se um governo como uma instituição separada.

Com a irrigação gerou-se maior abundância de comida, o que permitiu a existência de vilas e cidades maiores. Nas cidades, além da produção de cerâmica e têxteis, surgiram escribas, advogados, médicos, e para proteger as grandes plantações agrícolas foi necessária a criação de um exército. Para gerir a complexidade de atividades foi também necessário inventar a escrita, cujos primeiros exemplos vêm dos registos de armazéns de comida da Mesopotâmia. Embora nem todas as sociedades se tenham desenvolvido como a Mesopotâmia, baseada no fenómeno de irrigação, o processo é semelhante: a divisão do trabalho levou à cooperação social, que permitiu cada vez maior produtividade de bens básicos, abrindo caminho para uma especialização cada vez maior, que levou à necessidade de governos impessoais, surgindo assim as primeiras questões de justiça social (Hannan e Kranzberg, 2017).

Como vemos, o trabalho esteve na origem da organização política e social, sendo que essa organização foi necessária para regular a cooperação entre grandes grupos de indivíduos com vista ao controlo da produção, por vezes feito com abusos de poder, como no caso da escravatura; outras vezes, as organizações políticas ou os governos tentaram manter certa justiça social na organização e distribuição dos benefícios do trabalho. No entanto, nem sempre o trabalho gozou da legitimidade e dignidade que lhe conferimos hoje. É sabido como, na Grécia Antiga, que tanto influenciou culturalmente o mundo ocidental, o ócio era uma virtude fundamental cultivada pelos cidadãos. No contexto da democracia ateniense, encontramos na *Política* de Aristóteles (2016 [s/d]) uma defesa dessa virtude; e, nesse contexto, por mais que nos possa chocar moralmente a instituição da escravatura, a verdade é que o trabalho era reservado aos escravos, ficando os cidadãos livres para o exercício de atividades «mais nobres», como as questões da gestão da pólis, da cidade. De resto, os elementos de coerção e martírio associados à palavra «trabalho» também o estão noutros contextos linguísticos: *Arbeit*, a palavra alemã para trabalho, «significava o trabalho servil de uma criança órfã abandonada, e por isso caída na servidão», enquanto a palavra latina *laborare*, que está na origem do inglês *labour*, «significava algo como "cambalear sob uma carga pesada" e em sentido geral designava o sofrimento e o vexame do escravo» (Krisis, 2017, p. 43).

Não é totalmente certo quando é que a inversão da valorização do trabalho em termos culturais e sociais começou a ser preparada ou a surtir efeitos. Mas há quem veja na Reforma e, mais especificamente, na importância atribuída ao trabalho nas diversas correntes protestantes o início desta valorização (Krisis, 2017, p. 27) – e não é por acaso que Weber situa no movimento protestante, e sobretudo na tradição puritana, o início do «espírito do capitalismo», isto é, da justificação das suas práticas com base em crenças e comportamentos de ordem cultural ou religiosa, ainda que de forma involuntária (Weber, 2003 [1905]) – e, na própria história da Modernidade, um movimento a favor da imposição do trabalho como única atividade social legítima (Krisis, 2017). Se esta associação estiver correta (e se assinalarmos a publicação em 1517 das 95 Teses de Lutero como um dos pontos de viragem simbólicos), então podemos afirmar, *grosso modo*, que a valorização histórico-cultural do trabalho se tem feito sobretudo sentir nos últimos 500 anos, sendo que as suas consequências políticas e de organização social se tornaram mais preponderantes nos últimos 200 anos. Podemos apontar como causas destas últimas as revoluções industriais e o desenvolvimento do capitalismo que as acompanhou, bem como o facto de as críticas ao capitalismo que se organizaram em movimentos políticos, como o socialismo e o comunismo, se terem focado sobretudo, em termos concretos das lutas sociais que protagonizaram mormente nos países ocidentais – nos quais o «socialismo real» nunca foi implementado –, na defesa de direitos laborais em colaboração com o movimento sindical.

Posto isto, qual a nossa posição sobre o trabalho? Consiste ela numa «rejeição do trabalho», à semelhança de algumas posições extremas, como a do Grupo Krisis (2017)? A resposta a esta pergunta é um rotundo não. Achamos que o trabalho é uma atividade fundamental, por várias razões que exporemos ao longo do capítulo. No entanto, será que acreditamos que ele deve ser entendido da maneira como é entendido hoje, sob a forma do emprego e como esgotando a fonte de todas as formas «legítimas» de existência em sociedade? Aí, a resposta também é um não veemente, razão pela qual julgamos que o trabalho deve ser visto como um *direito* que se pode exercer *ou não*, o que nos remete mais uma vez para a questão da liberdade que já abordámos. E isso obriga-nos a redefinir o trabalho, tirando-lhe o elemento de coerção. Mas vejamo-lo então como um direito.

Direito ao trabalho

A frase «o direito ao trabalho» foi usada pela primeira vez pelo líder socialista Louis Blanc no século XIX. O direito à propriedade, depois do fim da propriedade feudal, era visto como um direito essencial para garantir a liberdade e a igualdade, mas como nem todos podiam ser proprietários, o direito ao trabalho tornou-se outra forma de se conseguir um nível de vida mínimo para todos os cidadãos.[28] Depois da Segunda Guerra Mundial, o direito ao trabalho aparece na Declaração Universal dos Direitos Humanos da seguinte forma:

---

[28] Entendemos aqui o «direito ao trabalho» no seu sentido literal, o de um direito que deve ser protegido. Contudo, nos EUA muitas vezes esta expressão refere-se a leis existentes nalguns Estados que têm a finalidade de controlar o poder dos sindicatos; essas leis dizem que um empregador pode empregar um trabalhador que não seja membro de um sindicato mesmo que a maioria dos seus trabalhadores o seja.

Artigo 23.º

1 – Toda a pessoa tem direito ao trabalho, à livre escolha do trabalho, a condições equitativas e satisfatórias de trabalho e à proteção contra o desemprego.

2 – Todos têm direito, sem discriminação alguma, a salário igual por trabalho igual.

3 – Quem trabalha tem direito a uma remuneração equitativa e satisfatória, que lhe permita e à sua família uma existência conforme com a dignidade humana, e completada, se possível, por todos os outros meios de proteção social.

4 – Toda a pessoa tem o direito de fundar com outras pessoas sindicatos e de se filiar em sindicatos para a defesa dos seus interesses.

A Declaração dos Direitos Humanos foi adotada em dezembro de 1948, em parte como resposta às atrocidades que ocorreram durante a Segunda Guerra Mundial. No artigo 23.º, reproduzido acima, delineiam-se em traços gerais os princípios básicos de justiça do trabalho. Infelizmente, tal como muitos outros direitos humanos consagrados na declaração, tendo em conta a ineficácia da aplicação do direito internacional dado o poder factual que os Estados soberanos detêm, a sua implementação concreta é muitas vezes deficiente ou insuficiente. Mas isso não nos impede de apontar para a sua força normativa como garante de situações a corrigir.

Como é que podemos relacionar o direito ao trabalho com o direito a um rendimento básico incondicional? Será que são compatíveis? Antes de mais, é de sublinhar que o direito ao trabalho é um «direito», não uma obrigação. Podemos compreendê-lo por analogia com outros direitos. Por exemplo, ainda que o direito à liberdade de expressão exista, eu posso escolher não dizer nada em determinadas circunstâncias. Logo, o direito à liberdade de expressão é compatível com o direito ao silêncio. Podemos argumentar também que, *a priori*, podem existir ao mesmo tempo o direito ao trabalho e o direito a um rendimento básico incondicional. Os problemas que são apontados nas objeções que veremos ao longo deste capítulo são *a posteriori*. É, por exemplo, argumentado que, na prática, um RBI poria em causa a execução adequada de alguns dos pontos referidos no artigo 23.º. Mas retenhamos, por agora, que não existe nenhuma incompatibilidade, *de jure*, entre a proteção do trabalho e o RBI. Contudo, para perceber melhor como o RBI permitiria proteger determinados tipos de atividade que geralmente não são considerados «trabalho», temos necessariamente de pugnar pela redefinição do mesmo.

Redefinir o trabalho

Um dos pontos essenciais do RBI é que ele implica, de certa forma, uma reformulação do conceito de trabalho. Para o fazer, como vimos, temos de ir para lá da perceção moral de associação da subsistência ao mérito, inculcada na nossa cultura, e de que talvez a Bíblia dê o melhor exemplo com a exortação «ganharás o pão com o suor do teu rosto» (Gn 3, 19). Mas a verdade é que a natureza e o lugar do trabalho evoluíram muito ao longo da História e vão continuar a evoluir. Daí a necessidade de procurar soluções inovadoras.

Se olharmos, ainda que de forma muito sucinta e geral, para as últimas décadas, veremos que, nas economias desenvolvidas, as características do trabalho assalariado mudaram muito. Por um lado, a massa laboral sofreu alterações significativas e uma das características é o seu envelhecimento, fruto da inversão da pirâmide demográfica. Por outro lado, existe uma tendência para a crescente flexibilização ou desregulação do mercado de trabalho (que resulta na precarização dos vínculos laborais), para um exacerbamento da competição e do aumento da produtividade a todo o custo, e para uma instabilidade crescente da necessidade de mão de obra, tendendo geralmente para a diminuição da mesma devido à introdução em força do fator tecnológico, como veremos em maior detalhe no capítulo 6. Para mais, com a tendência para o desaparecimento das carreiras entendidas em sentido estrito e da perspetiva de se poder ter um «emprego para a vida» e o consequente surgimento do «precariado», existe inclusivamente uma fragmentação do próprio trabalho. Esta reflete-se, muitas vezes, na manutenção de várias atividades simultâneas, no crescente peso do «trabalho não remunerado» (trabalho voluntário, estágios, algum trabalho criativo dificilmente monetizável) e até numa certa descaracterização dos locais de trabalho, já que muitas pessoas trabalham em casa ou em rede, a partir de qualquer local do mundo, dada a também crescente pressão para a mobilidade. E a tudo isto se acrescenta, é claro, o trabalho produtivo geralmente não remunerado, como o trabalho doméstico.([29])

Perante tudo isto, podemos continuar a pensar no trabalho como o fazíamos antes? Acreditamos que não. A prazo, parece-nos que será impossível continuar a defender a tese de ligar apenas ao trabalho e ao rendimento do capital toda a distribuição de recursos. O que não implica, claro está, que se menospreze o trabalho como fator de socialização, de integração social. Não é disso que se trata. O trabalho, tal como outras importantes instituições da nossa sociedade, socializa e cria comunidade. Contudo, não se pode assumir que é o único fator de integração social numa sociedade em que este se encontra muito desigualmente distribuído, em que o tempo consagrado às atividades não mercantis vem ganhando peso e em que, devido a uma concorrência económica exacerbada, a vontade de trabalhar não assegura aos menos favorecidos presença suficiente no mercado de trabalho e, logo, rendimentos adequados. Acresce também que, apesar de o trabalho ser obviamente fator de socialização, não se pode dizer que ele seja sempre positivo. Isto é, para alguém que verdadeiramente trabalhe por «vocação», se «realize» no trabalho, a expressão das suas potencialidades que se verifica no trabalho será sempre positiva e essencial.

([29]) Para uma descrição mais pormenorizada das alterações no mundo do trabalho, dos problemas éticos que levantam e da forma como o sistema capitalista as tenta justificar, veja-se Marcelo (2015).

Mas, com a multiplicação dos trabalhos penosos, mal remunerados e por vezes humilhantes, não será apenas uma minoria a poder gozar de uma socialização totalmente positiva através do trabalho? E não nos levará este problema a repensar os nossos próprios modos de organização coletiva?

Esta situação atual leva-nos a considerar que estamos num ponto histórico em que é necessário olhar para a história do trabalho e encontrar formas alternativas de o definir. Segundo a definição apresentada no início do capítulo, o trabalho é: 1) uma atividade que envolve um esforço físico ou mental de forma a atingir um objetivo ou resultado; 2) uma atividade física ou mental exercitada de forma a ganhar o sustento, emprego. Só o ponto 2) desta definição liga o trabalho à forma de ganhar um sustento. O ponto 1), que é a ideia base do trabalho, define-o como sendo o esforço mental ou físico para obter um resultado. Se relembrarmos a história do trabalho, apercebemo-nos de que a remuneração só se tornou indispensável por haver necessidade de criar algum tipo de equidade numa sociedade em que cada pessoa tem uma função diferente. Se não há funções para todos os indivíduos, temos de manter uma equidade mínima. Hoje em dia todo o cidadão, quer trabalhe quer não, é durante toda a sua vida um ator económico, como produtor e/ou consumidor. Acontece que, por ser insuficiente, esta situação não assegura, como vimos no capítulo 2, condições de igualdade real.

É até evidente que o acesso ao mercado de trabalho não se faz em condições de igualdade de ponto de partida, o que condiciona, evidentemente, as hipóteses de sucesso de cada um. Por outras palavras, este sucesso não depende apenas do mérito. Depende também do estatuto e condição económica da família na qual se nasce, que condiciona o conjunto dos conhecimentos, o capital material e social acumulado, até mesmo o nível dos salários e ainda as infraestruturas e a própria cultura na qual vivemos. Convém, portanto, que pensemos não só na sociedade que resulta deste modo de funcionamento, mas também na posição relativa de cada um dentro dela como uma questão coletiva, e não meramente individual. A multiplicação das trocas, a mundialização da circulação dos bens e dos seres humanos geraram novas formas de riqueza nas quais é difícil identificar os autores que estiveram na sua origem e, em consequência, determinar a parte que verdadeiramente lhes cabe. Por outro lado, a revolução informática muitas vezes desmaterializa o trabalho e produz sinergias múltiplas e em rede. A quem pertence o produto do trabalho? Quem pode reivindicar a sua propriedade do princípio ao fim? De facto, ninguém. Neste contexto, o trabalho individual fica diluído, mas os seus efeitos são multiplicados em proporções não mensuráveis.

É neste contexto que a ideia do RBI como pré-distribuição que assegure a todos aquilo que à partida já deveria ser de todos (um pouco à semelhança da propriedade comum da terra tal como foi advogada por Paine), desligando em parte o rendimento do emprego, e permitindo valorizar outras atividades de socialização e de criação, faz sentido. A dignidade do ser humano não está apenas ligada ao trabalho. É também função do papel social da pessoa, dividido por quatro atividades: o trabalho produtivo, a participação na vida coletiva e associativa, a vida familiar e a vida relacional. Em todos estes campos, o RBI permitiria alterações significativas. Por um lado, redefiniria o trabalho no sentido de este deixar de ser apenas o trabalho produtivo e remunerado sob a forma do emprego. Assim, as atividades que mencionámos anteriormente, como o voluntariado, o trabalho reprodutivo ou o trabalho criativo, poderiam ser mais livremente exercidas sem que a subsistência da pessoa estivesse em causa. Por outro lado, isso libertaria, teoricamente, mais tempo para as outras esferas, fossem elas as da vida coletiva e associativa, ou as da vida familiar e relacional; por outras palavras, potenciaria a liberdade social, no sentido que vimos no capítulo 1.

Assim sendo, estaria a ideia de um RBI relacionada com a ideia do fim do trabalho, de que muitas vezes é acusada? De maneira alguma, porque um trabalho livremente negociado contém mais liberdade do que alienação. Torna-se, assim, necessário romper o laço demasiado estreito entre emprego e rendimento, que aliena o ser humano do salariado e o prende nas suas contradições: ter de trabalhar de forma quase contínua, ao mesmo tempo que lhe é exigido em permanência enfrentar a mudança. De qualquer modo, a regularidade de um rendimento desligado do trabalho é mais útil para aqueles cujo trabalho é mal remunerado e pouco assegurado. Mas qualquer que seja o nível de atividade económica, o trabalho remunerado, como já hoje se verifica, tornar-se-á cada vez mais intermitente, leia-se precário, e os períodos de emprego alternarão com fases de inatividade ou formação. Por conseguinte, o projeto do RBI propõe uma nova forma de ver o trabalho que dá resposta à situação atual, situação essa que é possível que piore cada vez mais. A introdução de um RBI seria, portanto, um passo essencial para entender o trabalho não só como emprego remunerado, mas incluindo muitas outras formas de participar na sociedade que não são remuneradas.

Antes de discutirmos a pressão sobre a segurança social que o contexto atual gera, vejamos com um pouco mais de minúcia a situação a que a crescente precariedade leva e a forma como ela altera os dados do jogo.

Precariado

No mundo de hoje, e com particular incidência nos países desenvolvidos como os da Europa e os EUA, assistimos à emergência de uma nova classe social que não encontra correspondência em nenhuma outra classe existente num passado próximo ou remoto. Esta nova classe, designada «precariado» (Standing, 2011), tem aumentado exponencialmente nas últimas décadas, eliminando com ela a tradicional distinção entre «classe média» e «proletariado». A expansão dessa nova classe vem associada a uma nova estrutura de classe global: no topo desta nova estrutura encontra-se uma pequeníssima elite, geralmente detentora das grandes corporações e dos *mass media* à escala global; depois surgem as pessoas ainda com salário e a seguir os «criativos», que estão sujeitos a diferentes tipos de pressão dada a atividade que exercem; em seguida temos, nesta análise, a classe a que antigamente se chamava «proletariado», que está a encolher a passos largos, e por fim o «precariado». Nesta classe incluem-se (a) pessoas que foram excluídas do mercado de trabalho tradicional; (b) imigrantes ou refugiados que lutam pela sobrevivência; (c) a juventude mais educada de sempre na Europa que não tem trabalho, nem oportunidades de carreira, nem perspetiva de futuro. O precariado vive de empregos casuais, geralmente muito mal pagos, sem nenhum benefício ou rede social que os ampare em caso de doença, desemprego ou outra dificuldade. Depara-se com a incerteza no seu horizonte, sendo vítima de novos tipos de insegurança crónica que afetam hoje, na Europa, milhões de pessoas.

O que foi que aconteceu para chegarmos a esta situação social potencialmente explosiva? A partir da década de 1980, a «flexibilidade» começou a ser considerada condição necessária para manter o nível de emprego e uma economia dinâmica; isto faz parte da chamada «revolução gerencial» e, ao mesmo tempo, daquilo a que Boltanski e Chiapello (1999) chamam o «novo espírito do capitalismo». Os mercados de trabalho tornaram-se progressivamente mais «flexíveis». Embora a flexibilidade tenha muitas dimensões (nos salários, nos empregos, no trabalho e nas competências exigidas aos trabalhadores), o seu efeito mais perturbador foi tornar os empregos mais inseguros. E, de facto, o que tem vindo a acontecer desde o início das políticas de flexibilidade é a entrada de milhões de pessoas no «precariado». O próprio termo é um neologismo que combina o adjetivo «precário» e o substantivo «proletariado». O precariado é constituído por uma nova classe de pessoas cujas relações de confiança com o capital e com o Estado social são quase inexistentes. Nem é sequer sinónimo de empregos compostos por trabalhadores pobres, pois alguns empregos de baixos salários podem ser compatíveis com a construção de uma carreira profissional.

A realidade é que o precariado é desprovido de segurança nos seguintes aspetos (Standing, 2011): no mercado de trabalho, uma vez que não possui oportunidades adequadas de captação de rendimentos pela via salarial; no emprego, pois não tem proteção contra o despedimento arbitrário, nem capacidade de negociar uma imposição de custos aos empregadores; no trabalho, pois não tem a capacidade de manter um nicho no mercado de trabalho, nem oportunidade de progressão no salário e nas funções, nem proteção contra acidentes e doenças no trabalho, nem proteção nos limites de tempo e de horários de trabalho; na formação e progresso das competências; no salário; na sua representação, visto que não possui voz coletiva no mercado de trabalho, através, por exemplo, dos sindicatos. De facto, o precariado experiencia a raiva, a anomia, a ansiedade e a alienação. A raiva decorre da frustração com os caminhos aparentemente bloqueados para avançar numa vida significativa, bem como de um sentimento de privação relativa.

Apesar da relativa escassez de dados respeitantes à dimensão real do precariado, supõe-se que, na Europa, pelo menos um quarto da população adulta se encontre nesta situação, ou seja, viva num estado que não oferece nenhuma perspetiva de carreira, nem nenhum sentido de identidade profissional. O que fazer com esta situação? A tese defendida por Guy Standing (2011, p. 13) é que para que se libertem os precários da alienação devemos alterar o trabalho, de forma que este não se reduza a um simples emprego desprovido de sentido. Há também que salvar o lazer, para que este não seja um simples divertimento, típico da cultura de massas. Ora, o precariado é explorado no sentido em que dele é esperado que seja uma força bruta de trabalho e que no seu tempo de lazer se divirta com meios de consumo de massas.

Verifica-se então uma situação de quase chantagem em que o indivíduo, numa sociedade assente no crescimento económico, é moralmente obrigado a consumir, de modo a garantir o crescimento que, hipoteticamente, gerará mais empregos. No entanto, a grande maioria destes postos de trabalho empregará trabalhadores precários, obrigados a aceitar toda e qualquer forma exploratória de emprego.

Torna-se assim necessário operar sobre a dimensão ética do conceito de trabalho, de modo que seja mais bem aceite socialmente o trabalho que mais contribui para o bem-estar da sociedade e do planeta, independentemente da remuneração ou não do mesmo. Ora, num modelo económico em que o acesso a um rendimento e a outras prestações sociais está dependente da condição de trabalhador remunerado (ou busca ativa do mesmo), esta condição será dificilmente conseguida. Assistimos, portanto, a situações em que moralmente, aos olhos da sociedade, é mais bem-visto alguém que desempenha um emprego precário – e potencialmente, até nocivo para o bem-estar comum, como seja alguma atividade de cariz poluente ou a produção de armas – do que alguém que desempenha um trabalho socialmente positivo mas fora do mercado de trabalho remunerado. Esta desvalorização moral daqueles que estão fora do mercado de trabalho remunerado contribui em grande medida para a estigmatização daqueles que, independentemente da razão, se encontrem numa situação de desemprego.

Será o RBI uma solução para o problema do precariado? Há quem considere que sim. Um exemplo é o do ex-líder do Partido Trabalhista da Nova Zelândia, Andrew Little: «Achamos que chegou a hora de criar um sistema que funcione de forma fluida, com um rendimento básico garantido, em que se possa entrar no mercado de trabalho e sair dele repetidamente.» (citado por Major, 2016) Perante uma oferta de trabalho precário, um RBI poderia capacitar os trabalhadores de forma que não tivessem de aceitar as más condições oferecidas, dando-lhes maior peso negocial, uma vez que estariam protegidos de cair numa situação em que não recebessem nenhum rendimento, não tendo assim de suportar o peso emocional e financeiro de não saber quando vão receber um salário. Em vez de precariado, passaríamos a ter mais situações de «flexibilidade voluntária», nas quais as pessoas trabalham quando querem e são livres de escolher que tipo de trabalho aceitam ou não. Supondo que o valor do RBI é realmente suficiente para uma vida digna, os fatores negativos normalmente associados ao precariado poderiam ser mitigados ou, num cenário otimista, mesmo passar a ser positivos. É claro que, por si só, o RBI não acabaria com a precariedade. Mas, como vimos, ela já existe independentemente do RBI. Acontece que a sua introdução permitiria, pelo que vimos, melhorar as condições de vida dessas pessoas. No fundo, seria um aprofundamento do Estado social, algo que exploraremos de seguida.

O RBI e o aprofundamento do Estado social

Não é possível perceber a história da organização social dos últimos séculos sem ter em conta a evolução da maior parte dos Estados-nações desenvolvidos no sentido da instituição mais ou menos sólida de esquemas de proteção social, com particular incidência no século xx. De facto, aquilo a que se costuma chamar «Estado-providência», «Estado de bem-estar» (que normalmente são traduções do inglês *Welfare State*) ou, mais frequentemente, «Estado social» (embora seja de admitir a relativa redundância desta última expressão, pois todo o Estado tem, por definição, funções sociais), expressões que nós aqui utilizamos como sinónimos, e que conjuga geralmente um modo de funcionamento capitalista com uma tentativa de proteção social dos cidadãos, sobretudo através de políticas de taxação e redistribuição de rendimentos, é uma das conquistas mais importantes da História dos últimos séculos.

É claro que existiam formas de assistencialismo prévias às formas mais fortes de Estado social que encontramos sobretudo a partir da segunda metade do século xx. E também é verdade que não existe uma só forma de Estado social mas várias, o que levou alguns autores a proporem diversas tipologias de classificação dos mesmos, sendo a mais famosa a que foi sugerida por Esping-Andersen (1990), e que classifica os diversos tipos consoante o seu posicionamento relativamente ao mercado, podendo eles ser: 1) «liberais», 2) «social-democratas» ou 3) «corporativistas». Os primeiros são mais individualistas e tendem a favorecer modalidades privadas de proteção social, sendo exemplos os EUA ou o Reino Unido; os segundos são mais universalistas e têm como exemplo o modelo nórdico; já os terceiros tendem a adotar o modelo universal, mas lidam com negociações concretas com diferentes grupos de interesse de classe (Alemanha, França) (Carreira da Silva, 2013, p. 28).

Esta variedade de tipos de Estado social (e, mais ainda, o facto de cada Estado social ser efetivamente diferente, já que qualquer tipologia é sempre uma abstração mais ou menos ideal) leva-nos a ter de prestar muita atenção ao contexto de implementação de uma medida universal como é o RBI. Este argumento foi avançado, entre outros, por Jurgen de Wispelaere (2017), e leva-nos a ponderar que forma esta medida poderia assumir em Portugal. O nosso objetivo neste capítulo não é discutir as formas de financiamento possíveis, algo que deixamos para o capítulo 7. Contudo, é possível avançar desde já, sob a forma de delimitação negativa, aquilo que a introdução do RBI *não seria* em Portugal. E isso tem tudo que ver com a forma específica que o nosso Estado social assume.

Existe um conjunto de funções básicas sem as quais nenhum Estado o é verdadeiramente (por exemplo, segurança, defesa e ordenação do território) e o mesmo se aplica aos Estados sociais; seja de que forma for, todos os Estados sociais têm de incluir alguma forma de proteção da saúde, da educação, da habitação e da velhice. Acontece é que os graus, modalidades e força dessa proteção variam muito, tal como varia também o nível de estabilidade dessa proteção que é conferido pela lei. A esse respeito, Filipe Carreira da Silva relembra que os críticos de Esping-Andersen elaboraram um quarto tipo de Estado social, característico do sul da Europa: «Além do nosso país, esta família inclui casos como o grego, o espanhol ou o italiano. Caracteriza-se por Estados Sociais relativamente recentes e pouco desenvolvidos, baseados em esquemas de protecção social anteriores criados pela Igreja Católica e/ou por regimes autoritários. Caracterizam-se igualmente por combinarem fortes compromissos políticos em matéria social (por exemplo, por terem Constituições que obrigam à concretização de direitos sociais), sistemas políticos clientelares [...] e um aparelho de Estado relativamente fraco e vulnerável.» (Carreira da Silva, 2013, p. 30)

Ora, convém ter muita atenção àquilo que esta forma do Estado social português implica quando se pensa na possível implementação do RBI. É que em Portugal, como nota Carreira da Silva, apesar de o Estado social ser recente e relativamente frágil, ele goza de proteção constitucional; e convém não esquecer o papel ativo desempenhado pelo Tribunal Constitucional português, sobretudo no auge da crise, em matéria de proteção de direitos adquiridos protegidos constitucionalmente e de reversão de medidas inconstitucionais que, aliás, estabeleceram jurisprudência no contexto da crise (Brito *et al.*, 2017). Serve este introito para contextualizar algumas das objeções que têm sido levantadas contra o RBI em Portugal e que, na nossa opinião, acabam por carecer de um pouco de sentido. E elas são aquelas que, dados os supostos custos elevados de uma introdução do RBI, apontam para esta implementação como tendo de ser uma escolha entre o mesmo e o Estado social tal como o conhecemos (Louçã, 2017; Oliveira, 2017).

Ora, esta possibilidade não é viável, como o admite Sant'Ana Moreira (2017), sobretudo se o que estiver em causa for a possibilidade de desmantelar a provisão pública de saúde ou educação, bens inestimáveis que são protegidos pelos artigos 64.º, 73.º e 74.º da Constituição da República Portuguesa. Mas, que fique claro, para nós, essa possibilidade não só não se verifica como, mesmo que fosse possível, não seria desejável. Como relembra Carreira da Silva, «para muitos portugueses, a democracia ou é social ou não é democracia. Tanto ou mais do que eleições livres e justas, é com os frutos do Estado-Providência e a criação dos direitos sociais que lhe dão expressão que os portugueses tendem a identificar a democracia.» (Carreira da Silva, 2013, p. 28)

Ora, isto significa que, por absurdo, desmantelar o Serviço Nacional de Saúde e a escola pública para que, hipoteticamente, se desse abertura total à livre iniciativa de mercado para os substituir e depois se deixasse às pessoas a responsabilidade de arcar com todos os custos inerentes à saúde e à educação seria também politicamente inviável e eticamente indesejável.

Por conseguinte, embora um RBI «ultraliberal» seja, em tese, possível, ele não o seria em Portugal (Lima Coelho e Marcelo, 2017; Marcelo e Merrill, 2017), e não nos parece desejável de todo. Assim sendo, o RBI tem de ser entendido como um aprofundamento do Estado social no sentido de lhe providenciar as medidas de que necessita para fazer face aos desafios do futuro. E para proteger as pessoas mais vulneráveis, como os pobres e os precários, num contexto de alteração radical da economia e de pressão sobre os sistemas de segurança social. Ao mesmo tempo, e como já referimos, permitiria simplificar e tornar menos estigmatizantes os apoios sociais. Todavia, para que se perceba melhor como tudo isto poderia funcionar, teremos de abordar mais diretamente uma das maiores vantagens que permitiria, a de mitigar de forma radical a pobreza, bem como algumas das alterações concretas em relação à segurança social que temos hoje em dia.

Mitigar a pobreza

Não há dúvida de que a pobreza é dos problemas mais graves que afetam as nossas sociedades. É simultaneamente um problema ético (como é possível deixar cair as pessoas abaixo desse limiar?) e social, dado que se têm de procurar os melhores mecanismos ao nosso alcance para o mitigar. Na verdade, este é um problema com que os Estados se depararam e, nalguns casos, foram tentando mais ou menos timidamente resolver, ainda antes da instituição do Estado social em sentido forte. No entanto, este é talvez um problema que não pode ser visto de maneira estática, mas evolutiva, e é nessa perspetiva que vale a pena olhar para o RBI como solução possível. Olhemos mais uma vez para a História.

A ideia de dar dinheiro diretamente aos pobres foi posta em prática pela primeira vez em Inglaterra, em 1795, na vila de Speenhamland. Foi decidido dar a todas as famílias de Speenhamland um apoio ao rendimento que lhes pudesse assegurar a subsistência. Em época de guerra, combinada com um ano em que as colheitas tinham sido más e o governo inglês temia distúrbios, pensou-se que seria uma forma de evitar a revolta. Em Inglaterra, durante o reinado da rainha Isabel I (1533-1603), já tinham existido outros programas de assistência aos pobres, mas estes estabeleciam uma distinção entre os «pobres que merecem ajuda» (os idosos, as crianças e os deficientes) e os outros, que eram forçados a trabalhar. Os primeiros eram postos em asilos e os segundos eram vendidos aos donos feudais e forçados a trabalhar, enquanto o governo pagava um suplemento do ordenado deles. O sistema de Speenhamland acabava com esta distinção e ajudava todos (Bregman, 2016a, pp. 121-124), contudo, foi muito criticado. Em 1830, começou a revolta que tinha sido prevista e o governo decidiu reavaliar a experiência de Speenhamland, concluindo que tinha sido um desastre. A conclusão a que chegaram foi que a população tinha crescido muito, os salários tinham diminuído e as condutas imorais tinham aumentado, etc. Este relatório do governo foi muito divulgado e ajudou a criar aquilo que Bregman (2016a) designa «o mito de Speenhamland». Ainda assim, há que notar que estudos mais recentes apontam para que a experiência de Speenhamland tenha tido resultados muito diferentes dos divulgados oficialmente na época, tendo até sido crucial para a expansão económica de Inglaterra (Blaug, 1964).

A ideia de que os pobres não são suficientemente responsáveis para receber subsídios em dinheiro continua presente nos dias de hoje. Contudo, aos poucos, a ideia não paternalista de uma transferência direta e incondicional que permita a todos (inclusivamente aos pobres) fazer as suas próprias escolhas tem feito o seu caminho. Como lembrámos no capítulo 1, nos EUA, nos anos 60 do século xx, personalidades tão diferentes como Milton Friedman, Richard

Nixon e Martin Luther King defendiam várias versões do RBI. A sua finalidade principal era vista como forma de evitar a chamada «Armadilha da Pobreza» («Poverty Trap» ou «Welfare Trap»). Diagnosticava-se que os americanos mais pobres, uma vez recebendo apoio da Segurança Social, acabavam por ficar «encurralados». Os empregos aos quais conseguiam ter acesso eram tão mal remunerados, que em muitos casos era (e ainda é hoje em dia) preferível não trabalharem e continuarem a receber os apoios da Segurança Social, tais como alguns cuidados de saúde, senhas de alimentação («food stamps») e habitação social. Esta situação faz com que muitas famílias fiquem presas numa situação de pobreza, sem perspetivas de mobilidade social ou realização pessoal. Já que as transferências são condicionais, para estas pessoas aceitar um emprego muitas vezes acaba por não compensar; e assim encontram-se presas num círculo vicioso do qual não conseguem sair.

Ora, esta situação é emblemática de grande parte do problema das transferências condicionais e da dificuldade que têm em fazer verdadeiramente sair as pessoas da pobreza. No entanto, há várias experiências com atribuição incondicional de dinheiro que mostram como funciona esta alternativa. Por exemplo, em Londres, em 2009, fez-se uma experiência em que se atribuiu dinheiro a 13 homens sem-abrigo que viviam já há muito tempo na rua. Estes homens tinham causado tantos distúrbios e problemas, que os gastos com eles, entre custos com a polícia, tribunais, assistência social, saúde, etc., já tinham chegado a cerca de 600 000 euros. Decidiu-se atribuir a cada um deles cerca de 3500 euros sem condições em relação à forma como os poderiam gastar. Quando queriam gastar dinheiro, os assistentes sociais ainda tinham de aprovar a despesa, mas faziam-no imediatamente. O resultado desta experiência foi surpreendente. Em primeiro lugar, os indivíduos gastaram pouco dinheiro, em média 900 euros. Por exemplo, um homem que era viciado em heroína usou o dinheiro para reabilitação e para fazer um curso de jardinagem. Passado um ano e meio, sete destes homens tinham casa. Por fim, os custos deste programa foram muito mais baixos do que os que decorriam dos problemas que estas pessoas tinham nas suas situações anteriores.

E acontece que a pobreza não afeta só os sem-abrigo e os mais desamparados de forma permanente. Por vezes, a forma como se pensa nisto quase pressupõe uma distinção radical entre «nós» e «eles», sendo eles os pobres para quem se discutem os subsídios. Mas propor algo como o RBI, visto como um direito a atribuir a toda a gente e a nós mesmos como parte beneficiária dessa rede de segurança, leva-nos a pensar na possibilidade de qualquer pessoa, incluindo nós próprios, poder vir a encontrar-se um dia em situação de pobreza. Para dar apenas um exemplo, George Orwell, um dos maiores autores do século XX, teve um período da sua vida em que foi apanhado em tal situação e dela ofereceu uma descrição contundente. No livro *Na Penúria em Paris e em Londres* (1933), Orwell escreve no Capítulo III: «Pensam que seria simples, mas é muito complicado. Pensam que seria terrível, mas é meramente miserável e aborrecido.» Orwell diz que passava os dias deitado na cama porque nem valia a pena levantar-se. O problema da pobreza, diz ele, é que ela «aniquila o futuro». Os pobres só se podem preocupar com a sobrevivência. Este é o problema crucial para o qual o RBI pode propor uma solução consistente. Para poder planear um futuro, temos de ter alguma garantia mínima de subsistência, e é isso que o RBI permite.

Mas, para isso, é preciso eliminar a armadilha da pobreza. Por todo o mundo, há apoios sociais que são perdidos logo que o indivíduo obtém algum rendimento. E Portugal não é exceção. Olhemos para o exemplo do rendimento social de inserção (RSI). Para se poder beneficiar dele, as pessoas têm de, nas próprias palavras da Segurança Social, «estar em pobreza extrema». Em 2017, as condições eram que os beneficiários não podiam ter rendimentos mensais superiores a 183,84 euros nem ter património mobiliário (depósitos bancários, ações e afins) superior a 25 279,20 euros (60 vezes o indexante de apoios sociais) e teriam de, obviamente, celebrar o contrato de inserção, o que pressupõe a total «disponibilidade para o trabalho» (sendo o RSI retirado se a pessoa recusar os empregos oferecidos ou se por algum motivo o seu rendimento ou património aumentar para lá dos montantes estabelecidos). Este tanto pode ser, nesta definição, «emprego conveniente» (sendo que o «conveniente» não é definido pelo próprio beneficiário), «trabalho socialmente necessário», «atividade socialmente útil» ou «formação profissional.»[30] Tendo uma condição de recursos, e a condicionalidade da inserção no mercado de trabalho, importa dizer que todas estas condições são coercivas. Cabe perguntar se, neste caso, e quando estamos a falar de limiares tão baixos, não existe até algum incentivo sub-reptício à fuga da declaração de atividade, para se poder manter algum pequeno rendimento acima do apoio social.

Mas o que nos dizem os dados sobre a pobreza em Portugal e a que distância estão estas pessoas de um «rendimento adequado»? A situação é, infelizmente, mais preocupante do que aquilo que possa parecer à primeira vista. É que a própria definição oficial de «pobreza» é talvez insuficiente para se perceber as dificuldades com que as pessoas se deparam. Em Portugal, a pobreza é definida por um limiar, que corresponde a 60% do valor monetário líquido mediano por adulto. Em 2017, esse valor correspondia a 439 euros. Contudo, um estudo recente, o «Rendimento Adequado em Portugal» (RAP) (Pereirinha *et al.*, 2017), mostra que esse valor está muito subestimado. Por um lado, os dados do Instituto Nacional de Estatística (INE) revelados no Inquérito às Condições de Vida e Rendimento (2017) mostram que, em 2016, 2,6 milhões de portugueses se encontravam em risco de pobreza ou exclusão social, o que corresponde a mais de um quarto da população. Por outro lado, os dados do RAP apontam para que o limiar mínimo para se ter um «nível de vida digno» em Portugal esteja bem acima do limiar oficial da pobreza. Importa salientar que este inquérito teve em conta não só a opinião de peritos

---

[30] Para uma descrição mais pormenorizada, veja-se o «Guia Prático do Rendimento Social de Inserção» (2017).

mas também de cidadãos comuns; e que o padrão de vida digno, tal como o definiram, «inclui, além da alimentação, habitação e vestuário, tudo o que é necessário para uma pessoa poder ter saúde, sentir segurança, relacionar-se com os outros e sentir-se respeitada e integrada na sociedade. Permite realizar escolhas livres e informadas sobre coisas práticas da vida e formas de realização pessoal, nomeadamente no acesso à educação e ao trabalho, à cultura e ao lazer.» (Pereirinha *et al.*, 2017, p. 5)

Ora, o que é surpreendente, pelo menos se nos ativermos aos números oficiais do limiar da pobreza, é que, para que o tal rendimento seja «adequado» à satisfação destas necessidades do «padrão de vida digno», o estudo RAP conclui que, para um indivíduo em idade ativa (18 a 64 anos) a viver sozinho, esse rendimento deveria ser de nada menos do que... 783 euros; várias morfologias familiares são analisadas, consoante os orçamentos de referência que o estudo construiu, mas, a título de exemplo, para um casal de indivíduos em idade ativa esse rendimento teria de ser de 1299 euros, e se tiverem um filho menor sobe para 1796 euros. E lembremos que este rendimento é obviamente o do «mínimo adequado» e que, já agora, tendo o salário mínimo em 2017 (ano de referência do estudo) sido fixado em 557 euros (600 euros em 2019), podemos constatar quão longe muitas pessoas ainda estão de conseguir aceder a este padrão de vida adequado. Por outro lado, não seria a tal capacidade de «realizar escolhas livres e informadas sobre coisas práticas da vida e formas de realização pessoal» incluída na definição do padrão de vida digno facilitada pela introdução de um RBI, como temos vindo a defender neste livro? Não seria esta uma das garantias da «liberdade real», tal como advogamos desde o início?

O RBI tem a vantagem de ser uma solução simples, eficaz e não degradante para a questão da pobreza. Cria uma rede de segurança para todos os cidadãos sem implicar nenhum pedido de ajuda à Segurança Social, visto que é universal e incondicional. Permite que todos procurem caminhos mais satisfatórios para a sua vida sem por isso terem de perder essa rede de segurança básica. Possibilita também fazer mais planos a longo prazo, essenciais para a construção de uma vida saudável e adequada para os indivíduos e para as famílias.

Além disso, e voltando ao exemplo dos sem-abrigo, um dos melhores argumentos a favor do RBI é que ninguém sabe melhor do que os indivíduos em situação de pobreza como usar o dinheiro para planear e investir nas suas vidas. Para uma família pode ser mais importante e imediato investir numa casa com condições mínimas, para outra a formação pode ser mais importante, cada um ou cada família sabe melhor do que ninguém como melhorar a sua vida. A presunção de que a Segurança Social sabe aquilo de que os pobres precisam melhor do que eles próprios é absurda, cara e ineficaz. Voltaremos às objeções do RBI sobre as supostas más escolhas dos pobres, mas por agora é de sublinhar que elas derivam de um preconceito *contra* os pobres. Em vez de travarem uma guerra contra a pobreza, muitas vezes as sociedades parecem incentivar uma *guerra contra os pobres*. Isto é outro ponto essencial cuja atitude poderia ser completamente alterada com um RBI.

Segurança social

Como é evidente, não podemos desligar uma análise dos Estados sociais de uma avaliação das instituições que lhes dão corpo. E estas obviamente passam, embora com diferentes nomes e funções abrangidas, por um sistema de segurança social. Também aqui a variedade é a regra. Se, para o caso do Estado social, mencionámos a tipologia de Esping-Andersen e as suas omissões, no que diz respeito aos sistemas de segurança social, normalmente a grande distinção que se estabelece é entre o modelo «beveridgiano» e o «bismarckiano»: «Existem dois grandes modelos: o beveridgiano, financiado por impostos, que garante a todos os cidadãos, na velhice, uma pensão que assegure um nível mínimo de bem-estar, por vezes sujeita a condição de recursos; e o bismarckiano, no qual as pensões são financiadas, numa lógica de repartição, por contribuições de trabalhadores e empregadores no ativo.» (Mendes e Albuquerque, 2014, pp. 140-141) Como é óbvio, estes modelos acabam por ter diferentes modalidades que, na prática, muitas vezes os misturam e se cruzam entre si, o que é o caso da segurança social portuguesa. Outras propostas de classificação existem, mas adotemos esta e, para simplificar, apontemos que o modelo beveridgiano tem por base uma conceção universalista da proteção social, enquanto o modelo bismarckiano assenta num princípio contributivo.

Um pouco por todo o mundo desenvolvido, a sustentabilidade da segurança social é um problema discutido de forma recorrente há várias décadas. Isto porque, tendo a maior parte dos Estados sociais desenvolvidos (sobretudo os europeus) sido implementada na sua forma mais forte após a Segunda Guerra Mundial (e durante os chamados «30 gloriosos anos do capitalismo»), e tendo em conta todas as alterações da economia global e da demografia desde então – com a inversão da pirâmide demográfica em muitos destes Estados, a precarização dos vínculos e a dificuldade em manter taxas de desemprego muito baixas –, prevê-se que estes sistemas possam não ter robustez para ser viáveis no futuro. O cálculo, esteja certo ou errado, é fácil de fazer: se o sistema assenta largamente nas contribuições dos trabalhadores, e se paulatinamente se vive cada vez mais tempo e há menos empregos disponíveis, pode ser cada vez mais difícil angariar as contribuições suficientes para financiar uma massa de pensionistas potencialmente cada vez maior.

Sendo este um tema sensível, é também um assunto altamente politizado. E embora haja exceções, pode dizer-se, de forma geral, que tem cabido a um discurso político de esquerda fazer a defesa do Estado social existente e pugnar pelo seu alargamento e, muitas vezes, tem sido o discurso neoliberal ou ultraliberal de direita a insistir com maior veemência na falta de sustentabilidade da segurança social, quem sabe se com isso visando a oportunidade de tentar criar um «Estado mínimo». Portugal não é, a este respeito, exceção. E se o resgate financeiro de 2011 e o conjunto de medidas impostas pela troica como consequência do memorando de entendimento foi pretexto para liberalizar o mercado de trabalho e lançar dúvidas também sobre a Segurança Social (incluindo, por exemplo, as tentativas falhadas de corte nas pensões), também foi um momento de defesa do Estado social e da sustentabilidade da Segurança Social por parte do discurso e das análises académicas de esquerda (Varela, 2013a e 2012; Carmo e Barata, 2014).

A nossa posição, reiteramo-lo, é de que o RBI em Portugal nunca poderia significar um desmantelamento do Estado social ou da Segurança Social. E também não está em causa dizer que a Segurança Social é insustentável *hoje*, o que, aliás, seria simplesmente falso. A Segurança Social portuguesa, tal como definido pela sua lei de bases, está dividida em três sistemas, o contributivo, o não contributivo (ambos públicos) e o complementar (privado). No contributivo encontra-se o sistema previdencial (pensões), sendo que o sistema não contributivo inclui o «sistema de proteção social de cidadania» e outras «prestações de natureza especial». O regime complementar não faz parte do orçamento da Segurança Social, enquanto os sistemas contributivo e não contributivo sim. Este último é financiado por receitas fiscais, enquanto o regime contributivo inclui o sistema de repartição (isto é, das contribuições dos trabalhadores no ativo que financiam as pensões dos ex-trabalhadores que fizeram descontos no regime contributivo) e o sistema de capitalização, que é gerido pelo Fundo de Estabilização Financeira da Segurança Social. Este último aplica os excedentes do sistema de repartição, com a perspetiva de os poder usar no futuro, quando a sustentabilidade do sistema de repartição estiver em verdadeiro risco. É claro que o sistema de repartição não é excedentário todos os anos e, por isso, recorre-se várias vezes a transferências do Orçamento do Estado para a Segurança Social, para fazer face às necessidades do momento. Por exemplo, de 2012 a 2017 o Sistema Previdencial recebeu sempre estas transferências, sendo que tal não sucedeu em 2018. Aliás, nos anos de 2017 e 2018 a Segurança Social apresentou um excedente muito significativo.

Posto isto, dizer que a Segurança Social é sustentável *hoje* não quer dizer que o continue a ser indefinidamente. Tudo depende das condições estruturais da economia (e veremos no próximo capítulo as consequências possíveis do desemprego tecnológico) e das opções de políticas públicas que forem tomadas. Por outro lado, reiterar que a nossa perspetiva é a do aprofundamento do Estado social não significa que não se possa olhar para as componentes que são burocráticas, humilhantes e desnecessárias e apontar para a sua melhoria. Ora, é nesta perspetiva que a proposta do RBI se insere.

A implementação do RBI permitiria a eliminação de muitas prestações menores do que o valor que ele alcançasse. Assumindo que este rendimento teria o valor do limiar de pobreza, algumas prestações tornar-se-iam redundantes. Seria o caso, por exemplo, do abono de família ou do rendimento social de inserção. O RBI, sendo universal e incondicional, não necessita de burocracia interminável, dispensa a administração de qualquer investigação prévia, de qualquer justificativo, de qualquer controlo, excetuando a apresentação de uma certidão de nascimento. Também é benéfico por razões de transparência. Como o rendimento assim atribuído se substitui à multiplicidade de ajudas alocadas à pessoa, a coletividade conhece perfeitamente o modo de redistribuição dos seus recursos; além do mais, este procedimento limita os privilégios e as vantagens particulares. O RBI permite ainda maior perceção da justiça social, pois todos têm direito e recebem uma soma idêntica, por isso não incita à fraude e ninguém terá vantagem em se manter numa situação de assistência. A incondicionalidade trava a extensão indefinida do assistencialismo.

Mas o RBI não substitui todos os outros modos de assistência social. Por exemplo, existindo um RBI não temos de excluir a existência de centros de emprego. O rendimento básico incondicional não elimina o subsídio de desemprego;

nos casos em que os desempregados têm um subsídio superior ao RBI, o seu valor pode ser fixado na diferença entre o RBI e o valor do subsídio, sendo que no fim do subsídio de desemprego se pode passar automaticamente ao RBI sem nenhum procedimento burocrático adicional. O rendimento básico incondicional não elimina apoios à maternidade ou apoios adicionais que sejam necessários para ajudar pessoas em situação de maior fragilidade, como possam ser as pessoas que sofram de invalidez por motivos físicos ou psíquicos.

Sendo acumulável com outros rendimentos, nunca ninguém perderia o RBI se começasse a trabalhar, ao contrário do que acontece com o RSI. E qualquer cêntimo de rendimento (fosse de trabalho, capital, ou outro) acima do RBI seria obviamente taxado. Além disso, e tendo em conta a necessidade de manutenção de um mínimo de reciprocidade nas relações das pessoas com o Estado, estamos em crer que o impacto do RBI na Segurança Social incidiria sempre no sistema não contributivo, e muito menos no sistema previdencial. Pensões que resultem de descontos dos trabalhadores devem ser mantidas, e taxadas, tal como acontece hoje, podendo, em tese, ser acumuláveis com o RBI, como o são os rendimentos do trabalho (ou, em alternativa, mantidas no mesmo valor que teriam antes do RBI, mas assegurando que o valor equivalente a este rendimento seria isento de impostos). Contudo, o RBI permitiria alterar significativamente o sistema não contributivo, simplificando-o e, claro, sendo mais vantajoso e menos humilhante para a generalidade das pessoas que dele beneficia (e também para todos os outros cidadãos). Ao mesmo tempo, isto permitiria efetivamente chegar a todas as pessoas, incluindo aquelas que se encontram fora das estatísticas, inativas, por vergonha ou desconhecimento. De facto, em todo o mundo, existem pessoas que poderiam beneficiar dos apoios sociais mas não o fazem; são despedidas e não se inscrevem nos centros de emprego, ou encontram-se de facto em situação de pobreza mas têm vergonha de pedir ajuda ou de se submeter a todas as condicionalidades existentes nos sistemas atuais. Como já explicámos, sendo universal e incondicional, o RBI permitiria *de facto* ajudar todas essas pessoas.

Neste ponto da nossa argumentação, em que já mostrámos como, na nossa opinião, o RBI permitiria redefinir o trabalho e valorizar aspetos do mesmo que normalmente são ignorados, proteger e aprofundar o Estado social, mitigar de forma mais eficaz a pobreza e reformular a Segurança Social, é chegado o momento de enfrentar algumas das objeções mais recorrentes a esta proposta. Algumas são sólidas, outras nem tanto. Algumas advêm de um certo grau de desconhecimento sobre o que o RBI poderia ser, outras forçam-nos a precisar com clareza e profundidade a nossa proposta. Porém, num espírito de abertura e honestidade de debate, todas têm de ser confrontadas.

Objeções sobre a segurança social

Uma das objeções mais típicas ao RBI é dizer que ele faz parte do projeto neoliberal de desmantelamento do Estado social. A resposta a esta objeção já a demos anteriormente, ao mostrar de que forma esse projeto, ainda que possível em tese, seria inviável em Portugal. Seja como for, a ideia de base dessa objeção é dizer que, como não há dinheiro para tudo, o RBI vai implicar, de uma forma ou de outra, a perda de vários apoios e serviços sociais aos quais hoje temos acesso. Chamemos-lhe a objeção dos recursos finitos. Um dos críticos mais recorrentes do RBI em Portugal, e que tem discutido este assunto de forma crítica e animada, é Francisco Louçã. A objeção resume-se ao seguinte: «A política neoliberal procura reduzir a segurança social e encontrou este filão: prometendo tudo a todos, e será pouco pois a restrição orçamental é mais dura do que a ideologia, reduz os rendimentos dos desempregados, abate os salários, poupa nas pensões e anula as despesas públicas com a saúde e educação. O mercado, portanto, ganha em todos os campos.» (Louçã, 2017) Por conseguinte, para a objeção da escassez de recursos, esta aparente escolha entre o RBI e a segurança social acaba por redundar, em caso de aplicação do primeiro, numa vitória do mercado sobre o Estado social. Isto é, remete para a objeção de que o RBI é uma liberdade somente de mercado, como defende Sant'Ana Moreira (2017), algo a que se pode responder, como o fizemos, advogando que o RBI também permite a desmercadorização. E isto porque, ao libertar mais tempo livre para as pessoas, também lhes permite um maior exercício da democracia, ou de dedicação às causas que para elas são importantes, tornando a cooperação voluntária mais viável.

Outra objeção comum é dizer que não faz sentido dar rendimento a todos para depois o tirar aos que têm rendimentos mais elevados. A metáfora mais elucidativa para explicar o sentido de uma medida deste tipo foi proposta por um ativista americano do RBI, Scott Santens, e publicada num artigo do Fórum Económico Mundial (Santens, 2017): «Para alguns pode parecer um desperdício. Porquê dar dinheiro a alguém que não precisa e depois tirá-lo através dos impostos? Pensem nisto nestes termos: será um desperdício de recursos pôr cintos de segurança em todos os carros em vez de os pôr só nos carros que tiveram acidentes e que demonstraram que precisam deles? Os bons condutores nunca têm acidentes, certo? Por isso pode parecer um desperdício. Mas não é, porque reconhecemos que os custos de tentar determinar quem precisa e quem não precisa de cinto seriam absurdos e os custos de nos enganarmos teriam consequências terríveis. Também reconhecemos que os acidentes não acontecem apenas a "maus" condutores. Eles acontecem a qualquer um, em qualquer momento, muitas vezes por acaso. Por isso, todos temos cintos de segurança.»

Ora, seguindo esta metáfora, podemos afirmar que o RBI pode funcionar como esse hipotético cinto de segurança. Quem tem um rendimento alto e faz uma gestão prudente das suas finanças se calhar até pode viver toda a vida sem nunca ter necessidade de recorrer a ele. E se, de facto, uma taxação progressiva sobre os rendimentos anulasse, na prática, o facto de o receber, o impacto nas contas públicas seria nulo. No entanto, caso as vicissitudes da vida colocassem essa pessoa numa situação de aperto financeiro, o «cinto de segurança» sob a forma de RBI estaria lá para a proteger. E na prática também protege toda a sociedade, porque os resultados da pobreza têm sempre graves custos sociais, custos de saúde, custos no sistema penal, na educação, etc. Assim, uma medida simples e de atribuição universal pode a longo prazo poupar mais a todos do que uma atribuição complexa, burocrática e muitas vezes ineficaz.

Uma questão adicional é a do próprio financiamento da Segurança Social. Assumindo que o RBI seria financiado pela Segurança Social, e mesmo que ele não implicasse o desmantelamento do Estado social, não colocaria isso um problema muito concreto de saber onde ir buscar o dinheiro? No capítulo 7 vamos explorar algumas possibilidades, mas podemos deixar aqui já uma nota sobre esse problema. Como já mostrámos, neste momento, a Segurança Social é financiada, em parte, pelas contribuições dos trabalhadores e, em parte, pelos nossos impostos através do Orçamento do Estado. Helena Matos, por exemplo, parece tomar esse dado contingente como uma situação inelutável: «Por mais estranho que possa parecer face às declarações de muitos protagonistas que parecem acreditar que algures nascem euros a favor dos pensionistas, só existem duas fontes significativas de receita da Segurança Social: o dinheiro dos contribuintes via as contribuições dos beneficiários e empregadores, e o dinheiro dos contribuintes via impostos.» (Matos, 2015)

Mas não deixa de ser curioso assinalar que, logo após esta constatação de facto, Matos note que apesar de tudo há quem considere alternativas: «Nos últimos anos a hipótese de financiamento da Segurança Social através da tributação das mais-valias tem ganho adeptos. Por outras palavras, as empresas com poucos trabalhadores e um grande volume de negócios pagariam mais para a Segurança Social do que aquelas que, para um volume de negócios idêntico ou inferior, empregam mais trabalhadores.» (Matos, 2015) Este mero exemplo serve apenas para mostrar que existem de facto diferentes possibilidades de financiamento do sistema

não contributivo da Segurança Social. A tributação das mais-
-valias é uma delas, entre outras. Mas manter este campo
de possibilidades aberto é condição indispensável para se
encontrar as soluções mais adequadas. É claro que a crítica
neoliberal a um aumento de impostos, mesmo concentrado
em determinados tipos de empresa (como as que usam
mais a automatização, como mencionaremos no próximo
capítulo), é que isto iria impedir as empresas tecnológicas
de crescer, mas essa crítica é pouco credível. Qualquer taxação deste género pode ser progressiva, pode haver isenções
parciais para *start-ups* que lhes permitam maior margem de
manobra para correr riscos numa fase inicial, etc.

No capítulo 7, dedicado ao financiamento do RBI, discutiremos algumas formas de financiamento e como isso
poderia ter impacto na Segurança Social. Mas o elemento
a reter aqui é que a procura de fontes adicionais de receita
poderia claramente tornar a própria Segurança Social mais
sustentável a longo prazo.

Incentivo ao trabalho

Outra das objeções muito frequentes é a de que com um
rendimento básico atribuído «a troco de nada» as pessoas
deixariam de ter incentivo para trabalhar. Uma versão desta
objeção é a do incentivo à preguiça, que veremos já a seguir.
Mas é preciso que nos lembremos de que qualquer afirmação
deste tipo é especulativa, porque, como na verdade um RBI
suficiente para assegurar a subsistência nunca foi posto em
prática em lado nenhum, as afirmações deste género revelam
mais sobre os nossos preconceitos culturais do que sobre os
efeitos sociais empiricamente comprovados.

Aliás, se há algo que as experiências-piloto já feitas sobre
o RBI demonstram (como veremos no capítulo 8), é que as
pessoas não deixam de trabalhar por receberem um RBI.
Qualquer que seja o seu modo de cálculo, o montante do
rendimento incondicional será modesto. Assegurará apenas
ao seu beneficiário a possibilidade de ter a sua subsistência

garantida. Por isso, não faz muito sentido que ele eliminasse para uma grande parte das pessoas o incentivo para aumentar os rendimentos e usufruir de um melhor nível de vida através do trabalho. Mais, as experiências já realizadas mostram que a segurança dada por um RBI encoraja os seus beneficiários a arriscarem a criação do seu próprio emprego, pelo que o argumento do desincentivo do trabalho é, no mínimo, contestável.

Outra hipótese é a de um RBI que evolua consoante o PIB, aumentando ou diminuindo de acordo com a maior ou menor atividade económica do país. Nesse cenário, obviamente, se menos pessoas trabalhassem e gerassem riqueza, não só o PIB como o RBI diminuiriam. Esta baixa penalizaria em primeiro lugar aqueles que, recusando-se a participar no esforço coletivo, se contentassem apenas com o RBI, o que seria um incentivo adicional ao trabalho. Contudo, é nossa convicção, suportada igualmente pelos resultados das experiências-piloto, que apenas uma pequena minoria da população se contentaria com o RBI de forma permanente, minoria que aliás deve ser menor do que a percentagem de pessoas que vive hoje em dia em pobreza extrema e muitas vezes fora das estatísticas, por ser totalmente incapaz de sair da armadilha da pobreza.

De facto, como o RBI é acumulável com qualquer outro rendimento, ele evita o efeito de limiar da proteção social segundo o qual abaixo de um certo nível de rendimento é melhor não trabalhar ou trabalhar não declaradamente para não perder o benefício das prestações sociais, inconveniente que afeta formas como o imposto negativo e a maior parte das outras formas de assistência.

Objeção da preguiça

Como vimos no início deste capítulo, o trabalho produtivo impôs-se, nos últimos séculos, como o paradigma último da realização moral. Por contraposição, tudo o que não for «trabalho» arrisca-se a parecer falha moral. Os Antigos faziam o elogio do ócio e consideravam que poder gozar dele era condição de possibilidade de dedicação a algumas das atividades mais nobres da vida. Hoje, tudo o que não entra nos cânones estritos da definição de «trabalho» é conotado como preguiça, de forma pejorativa. E isto apesar dos discursos de exceção, que aparecem como sendo chocantes, nos quais poderíamos incluir não só o do Grupo Krisis, evocado acima, como o do «direito à preguiça» defendido por Lafargue (2016 [1883]). Imagine-se, portanto, uma sociedade em que grande número de pessoas não tem trabalho remunerado e vive numa preguiça e inatividade social destrutivas, tanto para elas como para o progresso social em geral. O RBI, diz-se, poderia promover este tipo de atitude, porque não tem um requisito de trabalho incorporado, ao contrário da maior parte dos programas de apoio social.

Pode responder-se de várias formas a esta objeção da preguiça. Por um lado, como indicámos acima, as experiências-piloto mostram o contrário. No entanto, mesmo que algumas pessoas deixassem de trabalhar, é um preconceito dizer que isso levaria maioritariamente à preguiça. A ideia de que certos beneficiários do RBI não saberão utilizar o seu tempo livre de forma produtiva não é de todo justificada, e é paternalista. Em primeiro lugar, é de lembrar que esta objeção já existia aquando da primeira redução do tempo de trabalho, ou na introdução de férias pagas. Ela implica a ideia de que o ser humano é incapaz de gerir o seu tempo de forma produtiva. Ainda existe amiúde a tendência para se confundir tempo livre com ociosidade. Mas, na verdade, tempo livre bem empregado é gerador de uma atividade formativa e enriquecedora, tanto para si próprio como para os próximos e para a coletividade.

Por exemplo, muitas descobertas na história da humanidade só foram possíveis porque as pessoas que as fizeram não precisavam de ter um trabalho remunerado tradicional. Por exemplo, Charles Darwin admitiu que só pôde viajar no HMS *Beagle* porque vinha de uma família rica e «não teve de ganhar o seu próprio pão». Muitos outros pensadores, filósofos e cientistas, como Descartes, Adam Smith e Galileu, vinham de famílias privilegiadas, o que lhes permitiu viver uma vida dedicada à ciência e ao pensamento sem preocupação de obter um rendimento (Dodge, 2016). Numa sociedade democrática e mais igualitária, será mais justo que a oportunidade de que estes grandes pensadores puderam beneficiar seja concedida a todos, o que poderia potenciar mais criatividade, descoberta e inovação. Imagine-se o progresso possível ao garantir que as pessoas tenham um controlo muito maior sobre as suas próprias vidas. Deste ponto de vista otimista, o RBI não só permite uma posição de negociação mais forte para os trabalhadores, eliminando a pobreza, como também pode ser uma ferramenta que possibilitará muito maior inovação e criatividade, levando a um progresso mais acelerado.

Objeção do salário mínimo

Se, por um lado, as objeções da preguiça e da diminuição do incentivo ao trabalho vêm muitas vezes de uma perspetiva de direita, seja ela neoliberal ou conservadora (neste caso com um pendor mais fortemente moralizante), por outro lado, existe outro grupo de objeções, mais tipicamente de esquerda, que deploram o enfraquecimento dos direitos laborais que a introdução de um RBI alegadamente causaria. Estas objeções dizem respeito ao salário mínimo, à redução do horário de trabalho e à busca do pleno emprego, a qual é um dos objetivos principais das políticas tradicionais de esquerda. Além disso, ele é alegadamente visto como forma de «pacificar» os conflitos sociais. Ora, invocar este último argumento é curioso, porque, mais uma vez, esta é uma objeção que acompanha a própria história do Estado social. No momento da fundação das formas mais fortes do Estado social no século xx, a acusação era de que, alegadamente, o capital teria comprado o proletariado, através das benesses introduzidas pelo Estado social. Ora, a mesma objeção é feita neste momento, *mutatis mutandis*, em relação à possibilidade do RBI. Mas o que é evidente é que, com ou sem revolta, com ou sem revolução, a melhoria das condições de vida da generalidade das pessoas é um objetivo de esquerda. E é nesse contexto que faz sentido pensar na possibilidade do RBI. Vários destes pontos são apresentados de forma integrada por Raquel Varela. Numa entrevista dada ao site *Dinheiro Vivo* e intitulada «Sou contra o Rendimento Básico Incondicional» (Varela, 2013b), Varela apresenta várias objeções ao RBI, que podem resumir-se a três, e formula um quarto ponto que não é uma objeção:

1) o RBI pode pressionar os salários de todos para baixo;
2) o RBI é uma forma de amenizar as revoltas sociais;
3) o RBI pode substituir a reivindicação do direito ao trabalho;
4) deveria haver uma petição europeia pela redução do horário de trabalho para todos sem redução salarial.

Foquemo-nos primeiro no ponto (1), a ideia de que o RBI pode pressionar todos os salários para baixo e até afetar negociações sobre o salário mínimo. O problema de o RBI se poder tornar um subsídio para as empresas manterem os salários baixos é real, e pensamos que um RBI que funcione em benefício dos trabalhadores deve ser acompanhado por medidas que evitem este tipo de abuso. Poder-se-ia criar, por exemplo, regras para o salário mínimo ser indexado ao volume de negócios e ao tamanho das empresas, de forma que as grandes empresas não possam ser indiretamente subsidiadas pelo RBI.

Por outro lado, o rendimento incondicional pode ajudar a negociar as condições de trabalho, visto que elimina o problema da pobreza e da necessidade de assegurar a sobrevivência com rendimentos de trabalho, problema esse que tem historicamente funcionado em benefício das empresas e dos patrões, desfavorecendo os trabalhadores. É difícil, se não impossível, negociar um salário quando se vive sob a ameaça de perder o trabalho e não ter o suficiente para sobreviver. De facto, muitas das relações de poder das sociedades capitalistas desde a Revolução Industrial se baseiam nesta ameaça. Se os trabalhadores tiverem um mínimo garantido, têm uma rede de segurança a partir da qual podem reivindicar melhor rendimento e melhores condições de trabalho. Neste sentido, um RBI seria uma ferramenta ideal para as organizações de esquerda conseguirem a colaboração de grande parte dos trabalhadores na luta por melhores condições de trabalho, incluindo um aumento do salário mínimo.

O RBI é uma base económica que permite não apenas aumentar a resistência dos trabalhadores, como o seu poder de negociação com as entidades patronais e governamentais. Passaremos a expor as razões que sustentam esta afirmação. Dependendo da quantia do RBI implementado, parte desta pode ser atribuída para fazer greve. Podemos até supor que os sindicatos poderiam taxar uma parte do rendimento incondicional de cada trabalhador para servir esse objetivo. Mas mesmo sem essa taxa, o RBI pode permitir que as greves durem mais tempo, exercendo maior pressão para o estabelecimento dos acordos necessários à satisfação das suas reivindicações, já que os trabalhadores têm a garantia de um rendimento que cobre, pelo menos, as suas necessidades básicas. Esta possibilidade de exercer o direito à greve de modo tão eficaz quanto o permitido por períodos de greve mais longos aumenta definitivamente o poder coletivo de negociação dos trabalhadores, com vista a aumentar os salários, melhorar as condições de trabalho e tornar os empregos mais atrativos.

Todavia, é de salientar que o RBI não aumenta apenas o poder coletivo dos trabalhadores, mas também o poder individual de cada um, já que com um rendimento incondicional cada indivíduo tem sempre uma opção de saída do seu emprego, o que lhe permite negociar individualmente um aumento de salário, mesmo sem o poder de negociação coletivo. Este ponto não deve de modo algum ser entendido como desvalorização da negociação coletiva, tão importante hoje como no passado, mas é de particular importância para o precariado, a nova classe social cujos interesses são ainda hoje mal representados pelas estruturas sindicais existentes.

Objeção do horário de trabalho

Uma das consequências da visão neoliberal do trabalho remunerado foi a de retirar tempo livre aos indivíduos. Como nota White (2008), a falta de tempo livre promovida pelo capitalismo faz com que estes tenham não só menos tempo, mas também menos energia para poderem participar nos processos deliberativos e políticos da sua comunidade. Assim, White conclui que, atendendo às condições de emprego atuais, a preservação e promoção de uma vida democrática mais saudável passa pela limitação legal do número de horas laborais. No nosso entender, políticas de redistribuição do trabalho que passem pela redução do horário de trabalho são em si mesmas positivas e provavelmente necessárias, tendo em conta a tendência para a diminuição da necessidade de mão de obra.

Acontece, porém, que outra das críticas muitas vezes lançada contra o RBI é que, em vez de se tentar atribuir um rendimento incondicional a todos, dever-se-ia lutar pela redução do horário de trabalho. Esta crítica é particularmente estranha, visto que o RBI permite estabelecer uma rede de segurança que pode ser usada precisamente para cada um reduzir o seu horário de trabalho como achar melhor. A maior dificuldade em reduzir o horário de trabalho é que a diminuição do vencimento resultante de uma redução no número de horas pode não ser algo possível para os trabalhadores, visto que dele dependem para a sobrevivência, sobretudo em países, como Portugal, em que os salários já são baixos. Um RBI poderia incentivar cada trabalhador a ajustar o seu horário de trabalho, adotando um que funcione para ele e para a empresa onde está empregado. Paralelamente, o Estado poderia limitar pela via legal o número máximo de horas de trabalho por semana, reduzindo substancialmente as mesmas.

A redução do horário de trabalho está ligada a um aumento de produtividade. No início do século XX, Henry Ford fez uma série de experiências na sua fábrica e concluiu que os trabalhadores eram mais produtivos trabalhando 40 horas por semana. Ao tentar aumentar as horas de trabalho, a produtividade subia durante quatro semanas, mas depois descia. W. K. Kellogg, nos anos 30, introduziu um dia de trabalho de seis horas na sua fábrica de Battle Creek, Michigan. Foi um sucesso, conseguiu contratar mais 300 empregados e os acidentes diminuíram 41%, conseguindo pagar por seis horas o mesmo montante que pagava por oito (Bregman, 2016b, pp. 42-43). A redução do horário de trabalho é então do interesse das empresas, visto que tem o potencial de aumentar a produtividade.

E esta redução do horário de trabalho é também do interesse dos trabalhadores, principalmente daqueles que se encontram em condições de trabalho menos apelativas e com salários baixos. A vida de um trabalhador que tem um vencimento perto do ordenado mínimo resulta, muitas vezes, na necessidade de ter mais de um emprego, trabalhando sem limite de horas semanais e criando uma situação em que o trabalhador não tem tempo livre para sequer pensar em melhorar as suas circunstâncias de vida. Neste tipo de contexto, os trabalhadores conseguem ganhar apenas aquilo de que precisam para pagar as suas despesas básicas e as das suas famílias, não têm tempo livre e não conseguem poupanças, vivendo numa situação muito próxima da escravatura. O RBI beneficiaria principalmente estes trabalhadores, sendo na prática um complemento ao salário mínimo que daria aos trabalhadores a segurança de que precisam para poderem fazer planos de vida e de futuro, que até agora lhes estão vedados.

Assim sendo, a conclusão óbvia é que o RBI e as políticas de redução ou flexibilização do horário de trabalho são, na verdade, complementares. E o rendimento incondicional até as facilitaria, claro, uma vez que, se tomada por si só, uma redução coerciva muito significativa dos horários legais de trabalho poderia não ser benéfica ou produtiva. Pelo contrário, uma redução complementada pelo RBI permitiria um ajuste mais de acordo com as necessidades de cada trabalhador.

Objeção do pleno emprego

Por fim, é comum apresentar-se o RBI como sendo incompatível com o objetivo do pleno emprego e encarar a desistência deste último objetivo como algo intrinsecamente negativo. Um exemplo desta posição encontra-se no artigo de Daniel Oliveira «O admirável mundo sem emprego», no qual defende que, embora existam boas razões a favor do RBI, este deve ser rejeitado por entrar em conflito com o objetivo do pleno emprego: «A questão é se este rendimento desincentiva a sociedade a ter como meta o pleno emprego.» (Oliveira, 2017) Acontece que, como veremos no próximo capítulo, a revolução tecnológica atual leva à diminuição da necessidade de mão de obra. A ser assim, com ou sem RBI, o facto é que o objetivo do pleno emprego se afigura cada vez mais difícil de alcançar.

Coloca-se também a questão de saber se precisamos de emprego a tempo inteiro para todos. Será isso possível ou desejável? Hoje em dia, estamos a chegar a uma situação em que a produtividade é tão alta, que se os seus lucros forem bem distribuídos tal não é necessário. A nosso ver, o RBI permite a quem não tenha vontade de «trabalhar» num emprego remunerado experimentar outras formas de atividade. Por outro lado, também abriria portas para os que querem trabalhar e não podem. Como vimos anteriormente, seguindo Van Parijs, quem opta por não trabalhar acaba por facilitar a entrada no mercado de trabalho de quem efetivamente o quer fazer.

Portanto, a introdução do RBI acaba por potenciar a possibilidade de um «pleno emprego», mas na condição de «pleno» ser aqui entendido como abrangendo todas as pessoas que *querem* realmente trabalhar. E quem trabalhasse provavelmente fá-lo-ia com horários menores e trabalhos alternativos que podem não ter remuneração imediata, mas que podem vir a produzir grande riqueza para todos. Um exemplo é o trabalho feito pela Y Combinator, aceleradora de *start-ups*, que apoia o RBI. A Y Combinator investiu em entre 400 e 500 *start-ups*, mas 75% do valor resultante do investimento deles é lucro de duas companhias de grande sucesso, a Dropbox e o Airbnb. O RBI é algo do mesmo género, embora mais democrático. Apoiando todos os cidadãos, o rendimento incondicional está literalmente a investir em todos eles, e basta que apenas alguns acabem por produzir algo com grande sucesso financeiro, cultural ou artístico para que o investimento tenha valido a pena.

Por conseguinte, o RBI permitiria não só o pleno emprego, o horário reduzido e a eliminação da pobreza, mas também um acesso verdadeiramente democrático de todos às condições mínimas para tentarem cumprir o potencial do que têm para oferecer à sociedade. O pleno emprego que se pretende não é, assim, coercivo, é um emprego escolhido, com tempo para se fazer escolhas informadas. Mas para se perceber até que ponto isto se poderá verdadeiramente tornar uma necessidade, teremos de abordar o RBI no contexto da quarta revolução tecnológica, algo que faremos no próximo capítulo.

6.
RBI E QUARTA REVOLUÇÃO INDUSTRIAL

> Haverá cada vez menos empregos que um robô não possa fazer melhor [do que uma pessoa]. Quero ser claro. Isto não são coisas que eu desejo que aconteçam; são coisas que eu acho provável que venham a acontecer. E se a minha avaliação estiver correta e, provavelmente, acontecerem... então teremos de pensar: que vamos nós fazer quanto a isso? Penso que algum tipo de rendimento básico universal se tornará necessário.
>
> Musk, 2017

O debate sobre a interação dos seres humanos com a tecnologia e a forma como ela pode ter consequências positivas ou negativas consoante o uso que dela se fizer é antigo; na verdade, se entendermos «tecnologia» em sentido lato, esta é uma discussão que adquire direito de cidade na filosofia pelo menos desde Platão e o célebre mito da invenção da escrita, reportado no *Fedro* (Platão, 2009, 274c–275e); sendo um *pharmakon*, a escrita tanto poderia ser útil como perniciosa. E em concreto, era acusada de poder levar a um efeito cognitivo indesejado: por se apoiarem na fixação pela escrita, os seres humanos perderiam a memória. De igual forma, o receio de que as pessoas pudessem vir a ser substituídas por máquinas e, assim, perdessem o emprego é também ele tão antigo quanto pelo menos a Primeira Revolução Industrial. E os movimentos que se lhe opuseram, por vezes de forma violenta, têm um exemplo concreto e elucidativo no ludismo. Hoje em dia, com a chamada Quarta Revolução Industrial em curso e as previsões de uma mudança sem precedentes na estrutura do emprego por causa de uma massificação ainda maior da automatização, da robótica e da inteligência artificial, não restam grandes dúvidas de que a forma como a sociedade e as políticas sociais se adaptarão a estas alterações é uma das questões mais decisivas para o nosso futuro.

Prova disso é não só o aumento de relatórios especializados sobre o assunto, provenientes de instituições internacionais (WEF, 2016), empresas multinacionais e grupos de reflexão (Manyika *et al.*, 2017) e da academia (Frey e Osborne, 2013; Karabarbounis e Neiman, 2013), como também a crescente atenção que os *mass media* lhe têm dedicado. Resta acrescentar que a tarefa de prever o futuro é uma arte hermenêutica com resultados muito incertos. No domínio da tecnologia e potenciais impactos sociais da mesma, esta é, aliás, uma discussão profundamente atravessada pelas divergências entre «tecnófilos» (Brynjolfsson e McAfee, 2014) e «tecnófobos» (Carr, 2010; Ford, 2015), e que apresentam cenários diametralmente opostos, ora mais catastrofistas, ora mais idílicos. Acresce que este é também um domínio no qual a referida tarefa de previsão é particularmente propensa a erros. O caixote do lixo da História está cheio de previsões relativas a avanços tecnológicos que pecaram ou por excesso de confiança ou de modéstia. Qualquer análise deste género é, por conseguinte, arriscada; mas não é por isso que deve deixar de ser tentada. Pela nossa parte, concentrar-nos-emos, neste capítulo, na análise do impacto da Quarta Revolução Industrial na reestruturação do emprego e da organização social. Argumentaremos que grande parte desta transformação radical é provavelmente inevitável, mas que a forma como ela mudará as sociedades à escala global admite cenários radicalmente diferentes, consoante as políticas públicas que forem adotadas. Assim, parte da nossa tarefa será discorrer sobre os cenários desejáveis ou indesejáveis, de um ponto de vista normativo.

Uma das consequências mais referidas nos meios de comunicação social é o desemprego tecnológico, que, a acontecer, e mantendo os esquemas de proteção social atuais, seria altamente penalizador não só para a sustentabilidade da segurança social como também para as próprias pessoas, visto poder agravar sobremaneira a desigualdade. No entanto, a automatização também tem um potencial emancipatório e libertador, já que, assegurando determinado tipo de tarefas menos desejáveis (as mais árduas, penosas ou repetitivas), pode criar oportunidades de maximização de liberdade, redução dos horários de trabalho e melhores condições de vida. A tese principal que defendemos é que uma forma simples e eficaz de potenciar esta consequência positiva do fenómeno da automatização é a implementação do RBI. Uma opção política e social pelo RBI, não combatendo nem querendo reverter as alterações que advirão da automatização (o que, de resto, não parece possível), permitiria, se acompanhada pelas medidas fiscais adequadas, à generalidade da população beneficiar das mudanças introduzidas pela revolução tecnológica em curso.

Assim, traremos à colação os diversos dados e evidências recentes que levam a generalidade dos especialistas a acreditar que a inteligência artificial e a robótica conduzirão a um impacto sem precedentes na estrutura dos empregos disponíveis; e em seguida voltaremos à questão da desigualdade, problema cujo possível agravamento por via da inovação tecnológica faz parte dos cenários a evitar; nesse contexto, apresentaremos o RBI como medida que ajudará a que o impacto da revolução tecnológica se direcione mais para a emancipação generalizada da população (por potenciar as liberdades que vimos no primeiro capítulo) e menos para a exacerbação das desigualdades (algo que acontecerá se a revolução tecnológica não se fizer acompanhar por significativas alterações nas políticas públicas atualmente em vigor).

Quarta Revolução Industrial e desemprego tecnológico

Em 1930, John Maynard Keynes publicou um artigo, frequentemente citado na literatura especializada, intitulado «Economic Possibilities for Our Grandchildren», no qual via os desenvolvimentos tecnológicos da altura como uma ameaça para o trabalho. Nesse artigo, Keynes usava a expressão «desemprego tecnológico» para referir o que se passava na época, mas concluía que essa situação seria apenas temporária e que daí a 100 anos «o problema económico poderia estar resolvido, ou pelo menos perto de estar resolvido» (Keynes, 1963 [1930], p. 361). Para Keynes, resolver o problema tecnológico significava que a prosperidade iria ser tal, que as necessidades básicas estariam garantidas para todos. Contudo, faltando neste momento pouco mais de uma década para 2030, encontramo-nos numa sociedade em que as desigualdades aumentam exponencialmente e na qual a visão de Keynes de que o problema económico estaria resolvido parece ser apenas uma quimera. Hoje, estamos perante uma nova revolução industrial, que volta a causar preocupações a curto prazo, em termos de supressão de empregos, e a longo prazo, pois a automatização parece poder criar um nível de desigualdade ainda maior.

Nos dias que correm, o ritmo do desenvolvimento tecnológico é de tal forma acelerado, que se torna difícil prever com exatidão quando é que determinado limiar será ou não ultrapassado, ou qual o nível de complexidade das tarefas nas quais as máquinas poderão assumir funções que até agora eram da competência exclusiva das pessoas. Um exemplo elucidativo é o da condução autónoma. Ainda há pouco mais de dez anos se acreditava que esta seria uma tarefa complexa, dada a quantidade de fatores em jogo, que muito dificilmente seria assegurada por robôs a breve trecho. Porém, o projeto de carro autónomo da Google (hoje em dia entregue à Waymo, uma empresa do mesmo grupo criada para o efeito) foi anunciado logo em 2009, tendo circulado pela primeira vez na via pública em 2015 de forma totalmente autónoma, transportando um homem cego.

Hoje, com a Tesla e outras grandes empresas na corrida à comercialização de modelos deste género, já se acredita que na próxima década os carros autónomos estarão à disposição dos consumidores, com impactos óbvios para o emprego na indústria dos transportes.

Com efeito, a Quarta Revolução Industrial em curso é caracterizada por um complexo conjunto de avanços interligados em áreas como a inteligência artificial, a genética, a robótica e a biotecnologia; juntas, as inovações que trarão significam que esta revolução tecnológica será provavelmente mais profunda do que as anteriores, como argumenta o relatório «The Future of Jobs», produzido pelo Fórum Económico Mundial (WEF, 2016, p. v). Isto significa que a transformação na estrutura do emprego disponível será radical, à medida que os avanços tecnológicos tornarem algumas profissões redundantes, alterarem a produtividade e a forma de gerar riqueza, e forçarem as sociedades a adaptar-se. Parte desta adaptação será tradicional: criação de novos empregos que respondam diretamente às novas oportunidades geradas pela transformação tecnológica (provavelmente sobretudo no domínio da supervisão e interação com a própria robótica e inteligência artificial) e reforço da formação que permita uma reconfiguração da força de trabalho e uma capacitação para os novos empregos. Porém, tudo leva a crer que algumas alterações mais radicais serão também necessárias, nomeadamente no domínio da taxação e da reformulação dos esquemas de proteção social, sobretudo devido ao problema, que parece inescapável, do «desemprego tecnológico». Vejamo-lo em maior detalhe.

Segundo o relatório do McKinsey Global Institute, escrito por Manyika *et al.* (2017), é possível que a economia global perca até 2055 metade dos empregos agora existentes. O relatório da McKinsey, *A Future that Works: Automation, Employment and Productivity*, analisa o potencial de substituição de trabalho em 50 países pela robótica e pela inteligência artificial. Este relatório inclui a análise de muitas áreas, afirmando que a inteligência artificial e a robótica vão conseguir um melhor desempenho em diversas atividades, incluindo as que requerem capacidades cognitivas (e que, tradicionalmente, têm sido apontadas como as que estão mais a salvo de ser substituídas pela tecnologia). Esta constatação é preocupante porque significa que, em última instância, não se sabe que tipos de tarefa poderão escapar por completo à ameaça de substituição. Recentemente, Frey e Osborne argumentavam que quanto mais a tecnologia for introduzida, mais os trabalhadores terão de ser realocados a tarefas mais suscetíveis de resistir a esta tendência, como aquelas que requerem criatividade e inteligência social (Frey e Osborne, 2013, pp. 44-45). Porém, os mesmos autores admitem que, à medida que a computação entra cada vez mais no domínio cognitivo, a capacidade de adaptação dos trabalhadores será cada vez mais dificultada (Brynjolfsson e McAfee, citados por Frey e Osborne, 2013, p. 13). Se a isto acrescentarmos a recente tendência, registada na última década (tão marcada, como sabemos, pela crise económica global), de um declínio na procura de trabalho altamente qualificado – devido à escassez de emprego que já se faz sentir, e que levou muitos trabalhadores altamente qualificados a aceitar empregos abaixo do seu nível de formação, ocupando vagas que correspondem a tarefas tradicionalmente desempenhadas por trabalhadores menos qualificados e, portanto, empurrando estes últimos ou para trabalhos ainda menos qualificados ou mesmo para fora do mercado de trabalho (Beaudry *et al.*, citados por Frey e Osborne, 2013, p. 13) –, apercebemo-nos não só de que é realmente difícil prever que tipos de profissão escaparão à «invasão» tecnológica, como também, e em consequência, que a ameaça de desemprego é bem real.

Outro fator a ter em conta é que a utilização da inteligência artificial e da robótica permite, em muitos casos, aumentar a produtividade, reduzindo erros e melhorando a qualidade e a velocidade, de uma forma que, amiúde, ultrapassa em muito as capacidades humanas. Segundo a McKinsey, a automatização pode aumentar a produtividade entre 0,8% e 1,4% por ano. De acordo com este relatório, embora menos de 5% das atividades profissionais sejam suscetíveis de ser completamente automatizadas, cerca de 60%

de todas as profissões têm o potencial de ser automatizadas até 30%. As atividades mais suscetíveis de automatização no muito curto prazo são as fisicamente repetitivas, assim como as que envolvem processamento de dados. Nos EUA, por exemplo, estas atividades representam 51% dos empregos, incluindo a manufatura, turismo, restauração e lojas de comércio tradicional. No entanto, dada a quase impossibilidade de prever onde se traçará a fronteira da impenetrabilidade tecnológica que referimos acima, grande parte da questão poderá prender-se com o tempo que estas alterações demorarão até surtir efeito, cálculo que, embora difícil de fazer, se torna crucial.

A velocidade da implementação da robótica e inteligência artificial será determinada por vários fatores, sendo o processamento da linguagem natural um fator-chave. Além disso, os avanços também dependem da medida em que o custo e o benefício das novas tecnologias sejam entendidos pelas empresas. Temos, no entanto, razões para acreditar que este será um fenómeno exponencial. Como explica Alec Ross, a escolha entre empregar pessoas ou comprar e utilizar robôs envolve uma decisão relativa à aplicação do investimento e à gestão da despesa ao longo do tempo. O trabalho feito pelas pessoas implica geralmente despesas de capital (Capex, *capital expenditure*) reduzidas, mas despesas operacionais (Opex, *operational expenditure*) elevadas, tais como o salário, incentivos, despesas com segurança social, etc. Já os robôs implicam uma despesa exatamente inversa: requerem um investimento inicial elevado, mas, em geral, têm despesas operacionais reduzidas – ou seja, a manutenção requerida fica geralmente mais barata do que o custo da massa salarial dos trabalhadores. Ora, à medida que a robótica se for massificando e os custos de produção diminuírem, tornando, por conseguinte, os produtos da robótica e da inteligência artificial mais acessíveis do que são hoje, o provável é que as despesas operacionais dos trabalhadores se tornem comparativamente mais caras do que as despesas de capital requeridas para o investimento na robótica/
/inteligência artificial e, por isso, cada vez mais empresas

tendam a investir nestas últimas. E assim se entende como será provável que muitos empregos sejam eliminados neste processo (Ross, 2016, pp. 99-100).

Embora a McKinsey sustente que até 2055 este fenómeno abrangerá cerca de metade das profissões, outro dos cenários possíveis é que isso aconteça 20 anos mais cedo, dependendo do entusiasmo das empresas e do estímulo às mesmas. O relatório do Fórum Económico Mundial, centrado em 15 economias (incluindo os EUA, China, Japão, Brasil, Alemanha e França), especifica ainda mais os resultados da destruição de emprego no curto prazo. Segundo este relatório, o impacto da destruição de emprego pode fazer-se sentir já nos próximos anos. Na verdade, e só nas economias abrangidas por este estudo, estima-se que se percam 7,1 milhões de empregos (sobretudo em áreas administrativas ou de funções repetitivas e facilmente automatizáveis), enquanto, em contrapartida, serão criados cerca de dois milhões de novos empregos (WEF, 2016). O resultado, de cerca de menos de cinco milhões de empregos disponíveis, pode, assim, colocar sob pressão os sistemas de proteção social existentes, sobretudo em sociedades, como as nossas, em que o crescimento económico está muito ligado à capacidade de criação de emprego e em que a forma primária de garantir a subsistência da maior parte das pessoas é a da obtenção de rendimentos do trabalho.

Apesar de todos os dados que trazemos aqui à colação, como a questão central que nos ocupa aqui tem sempre que ver com a discussão de cenários futuros, não podemos ignorar que as teses que avançamos podem sempre ser sujeitas a objeções, com maior ou menor grau de plausibilidade. Examinaremos duas, a da refutação do cenário do desemprego tecnológico e a da negação do carácter excecional da presente revolução industrial (e que, no fundo, se resumem a uma: advogar que a situação presente é trivial e comparável ao passado, não devendo por isso levar a nenhum cenário particularmente negativo quanto à criação de emprego), antes de deixarmos mais alguns exemplos concretos de transformações já em curso e de concluirmos esta secção com um resumo das recomendações feitas a propósito da forma como a economia global se deve preparar para esta transição.

É um facto que todas as revoluções industriais causaram grandes alterações na distribuição do trabalho. Por exemplo, como refere Bregman (2016b, p. 75), «no início do século XX as máquinas já estavam a tornar obsoleta uma ocupação tradicional. Em Inglaterra ainda existia mais de um milhão de trabalhos deste tipo, mas décadas depois tinham desaparecido quase completamente. O advento dos veículos motorizados acabou com os seus rendimentos de tal forma, que nem conseguiam pagar a sua própria comida.» Bregman conclui dizendo: «Estou a referir-me, naturalmente, aos cavalos.» As pessoas não são, obviamente, cavalos; mas a analogia mantém-se. Muitos dos trabalhos executados pelas pessoas podem passar a ser mais bem cumpridos por máquinas, tornando-se o uso destas mais rendível, como vimos, e criando-se o risco de tornar as suas ocupações obsoletas. Contra o argumento do desemprego tecnológico, muitas vezes também se apela à História, dizendo que nas passadas três revoluções industriais já tivemos grandes alterações do mercado de trabalho e elas não acabaram com os empregos. Por exemplo, em 1800, 74% dos americanos eram agricultores, enquanto em 1900 esse número desceu para 31%, sendo em 2000 apenas 3% (Bregman, 2016b, p. 82). Avançando alguns exemplos, pode verificar-se que, na Terceira Revolução Industrial: a caixa Multibanco e os serviços de *homebanking* não acabaram com os empregados dos bancos (embora tenham reduzido o seu número); os códigos de barras, patenteados em 1952, não acabaram com os empregos nas mercearias; os correios continuam a existir, mesmo havendo *e-mails*, SMS, Facebook Messenger, etc. Seguindo esta linha de raciocínio, argumenta-se então que com esta revolução tudo se manterá na mesma: a estrutura do emprego mudará, as pessoas trabalharão com as máquinas e surgirão novas profissões que, com a persistência da maior parte das antigas, serão mais do que suficientes para manter um nível de emprego muito elevado.

Parece-nos que esta previsão é demasiado otimista por várias razões. Em primeiro lugar, quanto mais «revoluções industriais» temos, mais terreno ganham as máquinas nas atividades que passam a desempenhar. Na Primeira Revolução Industrial, nos séculos XVIII e XIX, deram-se os primeiros passos da mecanização; na segunda, nos séculos XIX e XX, começou a produção em massa, o que permitiu um aumento exponencial da produtividade; na terceira revolução, na segunda metade do século XX, deu-se a automatização, e agora, na quarta, com a robótica e a inteligência artificial (bem como com os avanços na genética, na biotecnologia ou na impressão 3D, para mencionar apenas as áreas mais representativas), a presença da tecnologia parece poder aumentar para níveis sem precedentes. Assim, sendo que, no futuro, ela provavelmente será capaz de assegurar a esmagadora maioria da produção de que os seres humanos necessitarão, a existência de «desemprego tecnológico» parece ser muito difícil de refutar.

Para se aferir melhor o nível de penetração tecnológica já em curso, por meio da introdução da robótica e da inteligência artificial, atente-se nos seguintes exemplos (e quão triviais não arriscam eles parecer, se lidos daqui a alguns anos): existem firmas de investimento que dão conselhos relativos a aplicações financeiras baseados em algoritmos, como a Schwab; a Contour Crafting cria placas de cimento com uma impressora 3D, podendo construir uma casa em 24 horas; a loja de ferragens Lowe's está a testar um robô que possa receber os clientes e levá-los ao corredor certo para encontrarem o que procuram; há um hotel japonês, o Henn na, com dez empregados que são robôs e que falam chinês, japonês, coreano e inglês, fazem o *check-in*, carregam as malas dos hóspedes, fazem café, limpam os quartos e entregam roupa lavada; a Momentum Machines, em São Francisco, construiu uma máquina que cozinha hambúrgueres e consegue fazer o trabalho de três empregados de cozinha, grelha o hambúrguer, adiciona alface, tomates, *pickles* e faz até 400 hambúrgueres por hora; o *Los Angeles Times* foi o primeiro jornal a dar a notícia de um terramoto graças a um jornalista robô; além disso, neste momento já há programas para escrever pequenas peças sobre atividades desportivas, movimentos da bolsa ou outros acontecimentos – aliás, segundo a *Wired*, 90% dos artigos vão ser gerados por computador dentro de uma década; no navio de cruzeiro *Quantum of the Seas* há um empregado de bar robô que consegue preparar qualquer *cocktail* na perfeição, e até existe uma empresa, a True Companion, que está a criar robôs para serem parceiros sexuais (veja-se Stern, 2016, pp. 54–55).

Pode-se com isto concluir que, se os trabalhos de produção agrícola, de construção e de infraestruturas podem ser todos automatizados, e se mais tarde os trabalhos de índole intelectual e de serviço ao cliente também o poderão ser, será de facto muito difícil criar novos empregos para uma grande parte da população. Ressalve-se, já agora, que não é preciso ter uma visão idílica dos efeitos da tecnologia para admitir os seus frutos potencialmente benéficos. Voltando à questão do *pharmakon* platónico que evocámos atrás, é possível encontrar diagnósticos contemporâneos semelhantes. Por exemplo, Nicholas Carr (2013) argumenta que quanto mais dependemos da tecnologia mais ficamos reféns dela; de forma muito concreta, o uso da automatização conduz a uma diminuição das competências das pessoas, o que, nalguns casos, pode ter efeitos nefastos: no caso dos pilotos de avião, o uso sistemático dos sistemas automáticos pode levar a uma erosão da capacidade de concentração e, logo, a uma pior capacidade de reação quando a intervenção humana se torna realmente necessária. Não haja dúvida de que com a massificação e proliferação da tecnologia haverá sempre algo que se perde; mas, por outro lado, também pode haver muito a ganhar... se forem tomadas decisões no sentido certo.

Independentemente de terem uma visão mais otimista ou mais pessimista do impacto das mudanças provocadas pela Quarta Revolução Industrial, a maior parte dos especialistas que se debruçam sobre estes assuntos converge na ideia de que esta revolução será mais profunda do que as anteriores e, por isso, as sociedades terão de fazer um esforço proativo de adaptação ainda maior do que no passado. Como nota o relatório do Fórum Económico Mundial, a reconstrução dos sistemas de formação e das instituições ligadas ao desenvolvimento do mercado laboral como resposta às revoluções industriais precedentes tendeu sempre a ser um processo moroso que, muitas vezes, demorou décadas. Porém, acrescenta o mesmo relatório, dada a escala e o ritmo da revolução em curso, isso pode nem ser uma opção neste momento (WEF, 2016, p. 20). Isto é, tudo está a acontecer tão rapidamente que as reações têm de ser imediatas e a prospetiva a longo prazo é altamente recomendada. Isto porque, a título de exemplo, a transferência de competências que eventualmente permita a realocação da força de trabalho a novas atividades nunca será imediata, já que, prevê este relatório, os sectores nos quais se verificará maior crescimento – por exemplo, sectores altamente qualificados ligados à computação, à matemática ou à engenharia (WEF, 2016, pp. 13–14) – não poderão ver as novas vagas abertas diretamente ocupadas pelos trabalhadores cujos sectores de atividade se encontrarão mais afetados, uma vez que a primeira massa laboral a ser atingida será a menos qualificada. Esse fator, acoplado ao provável aumento do desemprego global no curto prazo, «elimina qualquer possibilidade de complacência» (WEF, 2016, p. 14) e obriga a que a reação seja muito proativa.

Por tudo isto, «antecipar e preparar a transição atual é uma tarefa de suma importância» (WEF, 2016, p. 3). A McKinsey sugere que os governos devem ser entusiastas em relação ao potencial da automatização e apoiar o investimento nas novas tecnologias, mas, ao mesmo tempo, criar políticas que ajudem os trabalhadores e as instituições a adaptarem-se ao impacto que elas vão ter na empregabilidade. Estas políticas incluem, como referimos, uma reestruturação da política educativa, assim como o «apoio ao rendimento e redes de segurança» (Manyika *et al.*, 2017, p. 3) para os trabalhadores em transição. A verdade é que nos encontramos num momento de viragem que, dependendo das políticas públicas adotadas, pode correr muito bem ou muito mal.

Desigualdade ou emancipação? O RBI como solução possível

Como mostrámos na secção precedente, os ganhos que podem advir da introdução maciça da inteligência artificial e da robótica são potencialmente enormes. O aumento da produtividade pode, com certeza, ser um motor de crescimento económico. Porém, a forma como a população será afetada depende, em grande medida, das políticas públicas que forem adotadas neste domínio. Como nota Alec Ross, «os ganhos económicos vindos da robótica [...] serão distribuídos de forma desigual entre aqueles que estão bem posicionados para criar ou adotar estas inovações e aqueles que podem ser deixados ainda mais para trás. Em resposta, as sociedades terão de encontrar novas formas de se adaptar.» (Ross, 2016, p. 38) Esta necessidade de adaptação terá ainda de ter em conta outro fator, a possibilidade de resistência por parte dos trabalhadores. Como argumentam Frey e Osborne: «É expectável que os trabalhadores resistam às novas tecnologias, desde que elas tornem as suas competências obsoletas e reduzam os seus rendimentos. Assim, o equilíbrio entre a conservação do emprego e o progresso tecnológico reflete, em grande medida, o equilíbrio de poder na sociedade e a forma como os dividendos do progresso tecnológico são distribuídos.» (Frey e Osborne, 2013, p. 6) Este problema não pode ser menosprezado. É que, como qualquer análise social não ingénua facilmente revela, a desigualdade reflete dinâmicas de poder socialmente ancoradas e que, por vezes, se reificam e são extremamente difíceis de mudar. Nesse sentido, a tecnologia tem tido um papel histórico a desempenhar e que tem de continuar a ser sopesado.

O problema é que a Quarta Revolução Industrial surge num contexto de agravamento das desigualdades nas últimas décadas. Com efeito, é preciso não esquecer que, se é verdade que a globalização diminuiu o nível de pobreza à escala global (sobretudo nos países em desenvolvimento), também o é que agravou bastante a desigualdade, sobretudo nos países desenvolvidos, criando um problema que a presente revolução, e a perspetiva de agravamento do desemprego tecnológico, podem tornar mais agudo. Na verdade, é preciso notar que o problema não é novo. Como Keynes previu de forma certeira, a produção aumentou exponencialmente no século após a publicação do seu artigo (Keynes, 1963 [1930]). No entanto, os frutos dessa produção não foram adequadamente colhidos por todos. Como recorda Thompson: «Há 50 anos, quatro das maiores empresas dos EUA empregavam em média 430 000 pessoas com um valor de mercado de 180 mil milhões [de dólares]. Este ano [2011], as quatro maiores companhias dos EUA empregam 120 000 pessoas com um valor de mercado de 334 mil milhões. Os titãs de 2011 têm o dobro do valor que tinham os seus congéneres de 1964 com um quarto dos seus empregados.» (Thompson, 2011)

Por outro lado, não só a quantidade de pessoas necessárias para produzir o mesmo desceu radicalmente, como também os salários não têm acompanhado a produtividade. O Economic Policy Institute publicou um relatório em 2015 no qual analisa a progressão da produtividade e dos salários, afirmando que nos EUA os salários têm estagnado, mesmo quando concomitantemente a produtividade das empresas aumenta (Bivans e Mishel, 2015).

Além disso, como vimos, as empresas precisam de cada vez menos pessoas e esta tendência tende a agravar-se; por outro lado, a produtividade tem aumentado, mas sem que isso seja transposto para o salário dos quadros médios e baixos (embora o tenha sido, e em grande medida, para os gestores de topo). Há, portanto, desigualdade no acesso ao trabalho, dado que, como já mencionámos, há uma exigência cada vez maior de qualificação da massa laboral, empurrando os trabalhadores menos qualificados para o desemprego; desigualdade também, como acabámos de explicar, na distribuição dos produtos do trabalho sob a forma de remuneração, com grande disparidade entre os gestores de topo e os restantes trabalhadores, já para não falar, como referimos no capítulo 2, da diferença de remuneração entre o capital e o trabalho, com vantagem evidente para o primeiro (Piketty, 2014); e a isto acresce ainda uma desigualdade que, em grande medida, é geracional, mas também, até certo ponto, distribuída por diferenças entre ocupações: a do binómio estabilidade/instabilidade laboral, como vemos no problema do precariado, aludido no capítulo anterior.

Esta fragilidade e a simples dureza desta condição, sobretudo em sociedades nas quais, repitamo-lo, a remuneração do trabalho ainda é a principal forma de obtenção de rendimentos que permitam a sobrevivência, gera um potencial de revolta elevado e, nalguns contextos, pode ser suscetível de manipulação, digamo-lo usando um termo novamente em voga, «populista». As eleições de 2016 nos EUA são disso prova. Parte da vitória de Donald Trump pode ser atribuída ao ressentimento dos «deserdados da globalização» e, nomeadamente, dos operários brancos da «cintura de ferrugem» que foram dos maiores «perdedores» das transformações económicas das últimas décadas.

Dado todo este contexto atual, o primeiro cenário, nada agradável para a esmagadora maioria dos trabalhadores, é aquele em que, não havendo grandes alterações aos esquemas de proteção social atuais nem às regras de redistribuição de rendimentos e riqueza, a entrada em força da inteligência artificial e da robótica, acoplada a uma possível lentidão na requalificação da massa laboral, cria pressão ocupacional de uma magnitude tão grande, que simplesmente expulsa do mercado de trabalho os trabalhadores menos qualificados e permite cada vez maior concentração de riqueza num número cada vez menor de privilegiados. Porém, repitamo-lo, caminhar em direção a este cenário ou evitá-lo é uma questão de escolha política coletiva.

No fundo, este cenário aparece-nos como sendo indesejável porque fere a nossa convicção básica de que todos os seres humanos devem poder ter acesso aos meios suficientes para poderem exercer livremente as suas opções de vida sem ver em perigo a sua subsistência. No contexto atual, de grande desigualdade entre a remuneração do trabalho, pode falar-se de injustiça ou exploração, que seria obviamente agravada no cenário do desemprego tecnológico generalizado. Contudo, esta objeção ética só funciona se, de facto, estivermos a falar de relações entre pessoas (deixemos de fora, neste caso, e para efeitos de simplificação, a questão dos animais não humanos). Isto é, pelo menos enquanto não atribuirmos aos seres tecnológicos o estatuto de consciência de si, autodeterminação e capacidade de nutrir sentimentos (e, logo, de sofrer), provavelmente não estaremos em condições de falar de injustiças cometidas contra as máquinas. Como nota Alec Ross, «os robôs representam essencialmente a fusão de duas tendências duradouras: o uso da tecnologia para que ela faça o nosso trabalho por nós e o uso de uma classe de servos que possa providenciar trabalho barato para as classes mais altas da sociedade. A esta luz, os robôs são um sinal de avanço tecnológico, mas também uma versão atualizada do trabalho escravo, que, em séculos passados, as pessoas usavam para explorar outros seres humanos.» (Ross, 2016, p. 96) Falar do uso tecnológico usando o símile do trabalho escravo pode ser chocante, mas simplesmente porque a nossa sensibilidade ética contemporânea evoluiu o suficiente (pelo menos assim o esperamos) para atribuir a qualquer outra pessoa o estatuto de detentora de direitos (aos quais chamamos, precisamente, humanos, e que são universais). A ser assim, não parece absurdo falar da possibilidade do uso da tecnologia para *emancipar* os seres humanos em geral, sem que isso seja eticamente problemático, já que, e explicando esta questão em termos kantianos, não atribuindo às máquinas o estatuto de «pessoa», também não parece errado que elas sejam usadas simplesmente como meios, reservando para os seres humanos o estatuto de «fins em si mesmos». É claro que isto pressupõe a diferenciação de estatuto moral, e mesmo ontológico, entre os seres humanos e as máquinas – pressuposto que talvez seja filosoficamente atacável, mas ao qual aderimos neste momento.

Se, de facto, não é descabido conceber que a tecnologia poderá evoluir, massificar-se, tornando-se extremamente acessível, e ser utilizada para libertar as pessoas das tarefas mais árduas ou penosas, e se, para mais, isto permitir aumentar a produtividade e, pelo menos em teoria, gerar maior produção de riqueza... que passo falta dar para que este cenário se torne benéfico para a generalidade das pessoas? Na nossa opinião, a chave passa pela adoção do RBI.

E, neste contexto, podemos já avançar com uma das soluções possíveis de financiamento do mesmo. Como a maior parte das previsões evocadas indica, parece óbvio que as economias, os sectores de atividade e as empresas que mais e melhor consigam tirar partido da robótica e da inteligência artificial verão a sua produtividade aumentar e, logo, criar mais riqueza à custa da destruição gradual de postos de trabalho; assim, parece evidente que taxar as próprias máquinas e aproveitar esse excedente pode ser uma forma adequada de assegurar aos Estados receita suficiente para poder ser redistribuída pelas pessoas.

Se, de facto, o sistema evoluir no sentido de haver muito menos empregos disponíveis e se, por outro lado, nas sociedades desenvolvidas se der, em determinado momento, até um envelhecimento significativo da população e, por conseguinte, uma menor capacidade de trabalho, a não ser que de repente adotássemos uma espécie de darwinismo social e aceitássemos de bom grado a condenação de uma vasta camada da população à indigência... uma solução radicalmente diferente teria sempre de ser encontrada. É neste contexto que, como defendemos no capítulo 3, o RBI permitiria mitigar a desigualdade. Reiteremo-lo: continuará provavelmente a haver desigualdade de remuneração entre trabalho e capital e não deixará de haver, de forma comparativa, pessoas mais ricas e mais pobres. Todavia, no que ao RBI diz respeito, passaria a haver uma igualdade de condições do ponto de partida que, com quase toda a certeza, potenciaria muito a mobilidade social.

Sendo uma ideia antiga, a excecionalidade da Quarta Revolução Industrial e as alterações sociais radicais a que esta obriga fazem talvez que, muito em breve, o RBI possa ser uma ideia cujo tempo tenha chegado. Como afirma Reich, «criar-se-ia um futuro no qual os robôs fariam a maior parte do trabalho e em que seriam as pessoas a colher as recompensas» (Reich, 2016, p. 215). A ser assim, o RBI e a inovação tecnológica criariam a sociedade que Keynes imaginou. Será isto uma quimera? Não nos parece. Citando Friedman, Guy Standing comenta: «No prefácio à edição de 1982 de *Capitalismo e Liberdade*, originalmente escrito em 1962, quando o monetarismo e o neoliberalismo ainda eram gozados, o arquimonetarista Milton Friedman comentou: "A nossa função básica é desenvolver alternativas às políticas existentes, mantê-las vivas e disponíveis até que o politicamente impossível se torne o politicamente inevitável." É neste ponto que o pensamento progressista está hoje.» (Standing, 2011, p. 156) A política é o exercício da vontade coletiva. Haja essa vontade, e talvez possamos caminhar no sentido de menor desigualdade e maior emancipação.

Contudo, para que se perceba exatamente como financiar uma medida deste género, temos evidentemente de olhar para as várias soluções ao dispor, tendo em conta a possibilidade da sua aplicação. Esta é uma tarefa sempre difícil, mas à qual os proponentes do RBI não se podem obviamente furtar. Levá-la-emos a cabo no próximo capítulo.

7.

FINANCIAMENTO DO RBI([31])

> Aquilo que hoje parece impossível tem o hábito de se tornar não só possível como praticável.
>
> Standing, 2011, p. 156

Neste livro, temos tido o cuidado de distinguir a desejabilidade do RBI da sua exequibilidade. E, na verdade, o percurso do livro tem tentado ser um aprofundamento da concretização da proposta, da sua justificação em termos dos princípios de justiça que permite realizar e da interação com o Estado social e a Segurança Social, tal como eles existem atualmente. Porém, quando o assunto é a exequibilidade concreta do financiamento, *hoc opus, hic labor est*. E esta dificuldade muitas vezes torna-se em si mesma uma objeção.

([31]) Agradecemos ao Pedro A. Teixeira os comentários e sugestões feitos a este capítulo, os quais permitiram melhorar alguns pontos do mesmo. Uma versão anterior de partes deste capítulo – e do próximo – foi publicada na *Revista Portuguesa de Filosofia* (veja-se Merrill e Marcelo, 2018), sendo aqui parcialmente reproduzida e expandida, com atualizações. Agradecemos igualmente à *Revista Portuguesa de Filosofia* pela permissão para republicar aqui esse texto, atualizado.

Para os detratores do RBI, esta política seria impossível e insustentável.

Para fazer face a esta objeção, neste capítulo vamos analisar vários modelos de RBI e os diferentes aspetos de financiamento que eles implicariam. O nosso objetivo não é apresentar uma proposta elaborada de como financiar um RBI[32], pretendemos apenas mostrar várias soluções de financiamento, fazendo um mapeamento das possibilidades existentes. As decisões sobre o financiamento e os modelos a escolher são decisões políticas complexas. Assim sendo, caso uma proposta deste género viesse a ser adotada, em Portugal ou noutro lado qualquer, estas decisões deviam ser alvo de um debate público alargado e, em última instância, da responsabilidade dos órgãos legislativos e executivos de cada país. O RBI não é uma decisão política de somenos importância e, como já afirmámos antes, os pormenores são decisivos para se julgar da bondade da sua adoção. Por essa razão, um processo político complexo e democrático será necessário para delinear uma versão que consiga o apoio da maioria das pessoas. O nosso objetivo, neste capítulo, é tão-somente o de chamar a atenção para algumas destas

---

[32] Não sendo essa a nossa opção, importa, no entanto, mencionar que têm sido desenvolvidos importantes estudos em Portugal que fazem esse esforço, elaborando os cálculos para a possível introdução de um RBI no país. O estudo pioneiro é o de Pedro A. Teixeira, «Sobre o financiamento de um RBI em Portugal» (no prelo), sendo também de mencionar o estudo de Mariana Castro (2018). Sobre a posição de Teixeira, veja-se também Aguiar (2018). Ambos os estudos apontam para a possibilidade de implementar um rendimento incondicional parcial em Portugal sem recorrer a financiamento externo e sem alterar dramaticamente a estrutura dos impostos existente hoje em dia. Embora a introdução de um rendimento de «meros» 100 ou 200 euros nunca tivesse, é claro, as vantagens de um rendimento apropriadamente básico. Caso a opção fosse, um dia, a da implementação gradual de um RBI, é extremamente importante ter em conta estes estudos, porque eles mostram que, não havendo impossibilidade económico-financeira em sentido estrito, a decisão da introdução de um RBI é sempre política.

possibilidades, discutindo ao mesmo tempo algumas das vantagens e desvantagens relativas de cada uma das opções.

Modelos de financiamento de um RBI

Existem várias formas de conceber possibilidades para se financiar um RBI. Philippe van Parijs e Yannick Vanderborght, por exemplo, dividem-nas na reformulação do imposto sobre os rendimentos (como o IRS), na taxação do capital, na taxação dos recursos naturais comuns, na criação de moeda, na imposição ou reformulação de impostos sobre o consumo (como o IVA) ou na criação de impostos sucessórios, sendo também uma possibilidade a criação de um rendimento que não seja suficiente para ser «básico», e por isso seja apenas «parcial», bem como a introdução gradual (um montante que vá aumentando ao longo do tempo) ou dirigida primeiro a alguns segmentos da população (veja-se o capítulo 6 de Van Parijs e Vanderborght, 2017, pp. 133–169). Pela nossa parte, e para efeitos de simplificação, vamos concentrar-nos sobretudo nalguns tipos diferentes, abordando depois a possibilidade de implementação em Portugal, mostrando que fontes de financiamento poderia ter e, por exemplo, o que isso poderia alterar, de forma mais concreta, no funcionamento da Segurança Social.

Os modelos de financiamento do RBI dependem, em primeiro lugar, do tipo de rendimento que pretendemos instaurar. Uma primeira forma de fazer a distinção é ligar as fontes de financiamento à forma como pretendemos definir e defender o RBI. Assim, um RBI como dividendo comum seria financiado por recursos comuns, um RBI como rede de segurança poderá ter um financiamento semelhante ao da Segurança Social, um RBI como imposto negativo poderia ser financiado por receitas do IRS, e um RBI como fundo de investimento pode ter financiamentos mistos. É claro que, na prática, qualquer tentativa de implementação do RBI pode (e talvez até deva) recorrer a fontes de financiamento mistas, como, aliás, já é o caso da Segurança Social portuguesa, que, como vimos no capítulo 5, tem uma estrutura tripartida e, além de incluir as receitas do sector contributivo, conta também regularmente com transferências do Orçamento do Estado.

O valor necessário para instaurar um RBI é tão variável quanto os diferentes conceitos. Tipicamente, quando o RBI é um dividendo, a quantidade atribuída é pouco elevada e depende dos recursos específicos cujos lucros permitem o seu financiamento. Se o RBI for visto como uma política de segurança social, o seu valor pode ser variável, indo de um complemento salarial bastante pequeno a uma quantia que permita a todos um nível de vida básico decente, ou seja, pelo menos o nível de subsistência. A ideia de um RBI não está, pois, necessariamente vinculada a nenhuma forma específica de rendimento incondicional, nem a nenhuma quantia específica a ser atribuída. Como vimos no capítulo 5, aliás, é necessário adaptar a exigência universal que faz parte da ideia do RBI aos contextos específicos de cada Estado social atualmente existente. Cada governo e cada país devem ter a discussão necessária para decidir que modelo de RBI querem implementar e que tipo de financiamento melhor se lhe adequa.

Relativamente às fontes de receita para constituir um fundo RBI, existem várias hipóteses. Dentro do sistema de financiamento já existente, o RBI pode ser subsidiado de diversas formas. Através do sistema de segurança social, acompanhado de uma reforma da mesma que permita transformar todos os subsídios de valor mais baixo do que os existentes em RBI, reduzindo a burocracia envolvida. Através do IRS, eventualmente por meio de uma reforma fiscal que permita taxar de forma eficaz os rendimentos mais altos. Um RBI, pelo menos parcialmente financiado através de uma reforma fiscal do IRS, poderia ter como consequência que, a partir de certo limiar de rendimento, os trabalhadores não estariam efetivamente a receber RBI em termos líquidos, isto é, não teriam um verdadeiro aumento do rendimento disponível, pois, embora o recebessem, os impostos cobrados poderiam recuperá-lo. Desta forma manter-se-ia a universalidade do RBI, o qual seria atribuído sem condições, e poder-se-iam fazer ajustes ao rendimento de cada um *a posteriori*, depois do salário recebido. Um modelo deste género permitiria que todos tivessem um mínimo garantido a qualquer altura, de forma que, se a sua situação laboral se alterasse, esse mínimo estaria, de todo o modo, sempre presente.

Cabe, no entanto, assinalar que, embora o RBI possa ser parcialmente financiado por uma reforma da Segurança Social e por uma reforma fiscal do IRS, isso não é suficiente. Como vimos, uma acusação comum por parte da esquerda é dizer que o RBI não é sustentável sem desmantelar completamente o Estado social. Contudo, esta acusação é infundada, porque, além do tipo de financiamento referido acima, os paladinos progressistas do RBI defendem que esta política poderia ser acompanhada de novos tipos de imposto ou taxas que permitissem constituir um fundo RBI forte e sustentável. Fontes de financiamento muitas vezes referidas são, entre outras, impostos sobre a emissão de carbono, taxas sobre o consumo, taxas sobre recursos naturais comuns, imposto sobre lucros resultantes de tecnologias que substituem postos de trabalho, impostos sobre transações financeiras, impostos sobre o património, aumento da receita tributária por via do combate à evasão fiscal.

Uma grande vantagem do RBI é, aliás, a de ser uma política tão original e diferente que poderá permitir que se fortaleça a discussão acerca da forma como o Estado consegue angariar fundos. Novos impostos podem ser criados com o intuito de criar um fundo RBI, a Segurança Social pode ser reformulada com a intenção de instaurar um RBI, os escalões de IRS podem ser reestruturados. O RBI tem a vantagem de ser uma política clara cujos benefícios são fáceis de entender para todos os cidadãos. Como temos visto ao longo deste livro, é uma política que tanto pode ser de esquerda (algo que assumidamente defendemos neste livro) ou de direita, dependendo de como é aplicada e das medidas que a acompanham. Mesmo dizer «esquerda» ou «direita» são simplificações, mas com consequências muito concretas. Como defendemos no capítulo 5, uma versão ultraliberal de RBI seria, na prática, impossível em Portugal. Por isso, concentramo-nos em discutir possibilidades que nos parecem mais interessantes e que, de facto, permitissem aumentar o bem-estar da generalidade da população. Por fim, é uma política na qual os cidadãos que pagam impostos podem ver o resultado imediato do seu contributo. Assim, no contexto do nosso Estado social, além da provisão pública no domínio da saúde e da educação, poderíamos ter também um mínimo garantido de forma a evitar a miséria social e a incerteza financeira em que vive grande parte dos cidadãos nos dias de hoje.

Outra possível justificação de financiamento de um RBI pode ser encontrada nas ideias de James Meade (2013). A ideia dele é que, com o progresso, o capital se torna um substituto do trabalho (com a automatização, o trabalho torna-se cada vez menos necessário para gerar rendimento). Esta ideia de Meade teve grande influência sobre Rawls, levando-o à ideia de uma «democracia de proprietários» (Jackson, 2012), como vimos no capítulo 4. A ideia é que no futuro o capital será substituto do trabalho, colocando menos pressão na necessidade de trabalhar. O RBI poderia ser uma forma de reajustar esta situação ao providenciar maior capacitação aos indivíduos e, por conseguinte, maior capacidade de exercício da liberdade, como defendemos no capítulo 2. Mas vejamos então agora algumas das principais formas possíveis de RBI.

Financiamento de um RBI como dividendo

Um dos modelos principais de RBI baseia-se na ideia de um dividendo que é distribuído por todos, como nos casos do Alasca e de Macau. No Alasca o dinheiro distribuído é fruto da exploração petrolífera, e em Macau é fruto dos rendimentos dos casinos. Em ambos os casos, temos um recurso cuja exploração é de alguma forma onerosa para os residentes e, por isso, eles são recompensados com a distribuição por todos dos frutos dessa exploração. O montante distribuído é igual para todos, independentemente do rendimento de cada um, já que a exploração dos recursos afeta todos, independentemente do seu rendimento ou situação social. A exploração onerosa de recursos não é, no entanto, a única forma de justificar um RBI como dividendo para todos. Se seguirmos, por exemplo, a ideia de Thomas Paine apresentada no livro *Agrarian Justice* (1995 [1797]), quem cultivava a terra devia à sociedade uma renda por esse solo, porque a Terra é propriedade comum. A ideia da Terra como propriedade comum é dos raciocínios mais fortes para se argumentar a favor do RBI. Nesse sentido, os recursos naturais pertencem à Terra e, como tal, pertencem a todos. Assim, qualquer tipo de exploração que use esses recursos pode ser redistribuída por todos. Neste sentido, o RBI continua a ser visto como um dividendo ao qual todos têm direito, quer se seja rico ou pobre.

Neste modelo, cada país terá de identificar que recursos podem ser considerados recursos comuns (Bollier e Helfrich, 2014; Merrill, 2017b; Hahnel e Olin Wright, 2016). Por exemplo, em Portugal a energia solar ou eólica, as praias, o mar, a cortiça. Se todos estes elementos fossem considerados recursos comuns, haveria uma justificação simples e clara para criar uma taxa de forma a estabelecer um fundo de investimento de propriedade da comunidade, e utilizar o retorno sobre o fundo para pagar a todos os cidadãos uma renda, o dito dividendo (ver Meade, 2013; White, 2009). Embora no modelo de RBI como dividendo social os valores tendam a ser baixos e, por isso, não se aproximem do objetivo de assegurar o nível de subsistência, no Alasca ele tem permitido manter uma taxa de pobreza relativamente baixa em relação ao resto dos EUA e tem ajudado a reduzir as desigualdades sociais. Além disso, o dividendo do Alasca é muito popular e, portanto, goza de um consenso político alargado (Widerquist e Howard, 2012a e 2012b).

Podemos perguntar se o modelo de dividendo do Alasca pode ser utilizado noutros países que não tenham, por exemplo, grandes reservas de petróleo. Segundo Widerquist e Howard (2012a e 2012b), é possível criar um fundo para dividendos semelhantes com outros recursos, visto que o modelo do Alasca não explora totalmente o que poderia ser feito com a riqueza do petróleo disponível. Podemos usar outros recursos da Terra como, por exemplo, os espectros de radiodifusão ou licenças de emissão de gases causadores do efeito de estufa. No caso de Portugal, com as condições de exposição solar e ampla costa com possibilidade de uso dos recursos do mar, o turismo poderia participar significativamente nesse fundo RBI. Quando um país permite a exploração privada de recursos, pode pensar-se nos moldes em que seria possível rendibilizar a venda do direito de exploração desses recursos, em vez de os entregar de forma totalmente gratuita, ou a muito baixo custo, aos privados. E, de resto, é preciso ressalvar que o Alasca não é um caso excecional: nos últimos anos, muitos Estados têm desenvolvido fundos soberanos. Existem, segundo Cummine, 60 países com fundos soberanos (Cummine, 2016). Cummine argumenta que é preciso fazer uma reflexão mais cuidadosa, tanto sobre a governança dos fundos soberanos como sobre a forma de utilizar estes rendimentos. Permanece em aberto a questão de saber se estes fundos soberanos poderiam e deveriam ser a base para o desenvolvimento de modelos de dividendos noutros países.

Outro fundo que existiu recentemente e que pode ser considerado dividendo foi o Child Trust Fund (CTF), do Reino Unido, que o governo britânico introduziu em 2004. No CTF cada criança recebia um montante no momento do nascimento que era colocado numa conta de investimento pessoal (um fundo fiduciário ou CTF) e que se ia acumulando à medida que a criança crescia. A concessão era de 250 libras para a maioria das crianças e de 500 libras para as de famílias de baixos rendimentos. O governo fazia um pagamento suplementar aos sete anos. A família da criança podia contribuir com até 1200 libras para a conta por ano. Os fundos ficavam bloqueados na conta até a criança atingir 18 anos. Atingida essa idade, a criança tinha acesso à conta.

O governo de coligação de 2010 acabou com o CTF. Este fundo foi muito criticado por ter uma grande componente de poupança familiar, tendo assim destruído a motivação igualitária que estava na sua origem. Propostas alternativas apareceram, tal como a ideia de que as famílias mais pobres poderiam ter uma ajuda do governo na poupança: por exemplo, por cada libra economizada, o Estado acrescentaria uma libra. Este exemplo serve apenas para ilustrar outra ideia de uma possível versão de um dividendo social, neste caso parcialmente financiado pelas famílias e tendo por alvo as crianças.

Outra proposta de RBI como dividendo é o *stakeholder* proposto por Ackerman e Allstot (1999) de 80 000 dólares por pessoa. Também aqui não se trata de um RBI como «rede de segurança», mas de um RBI como dividendo a ser distribuído por todos. Acresce que, neste e noutros casos de rendimentos «parciais», como lhes chamam Van Parijs e Vanderborght, o montante para que se aponta, sendo baixo, é na verdade um rendimento incondicional (RI) [33], mas que dificilmente pode ser considerado «básico», já que, na prática, não é suficiente para obter um padrão de vida «digno» acima do nível de subsistência. É óbvio que, quando discutimos estas diferentes formas de atribuição de rendimento, nem todas satisfazem a definição do RBI, nos seus termos canónicos, tal como a apresentámos ao longo do livro. Porém, e como voltaremos a referir no final deste capítulo, isso não significa que elas sejam necessariamente indesejáveis, se aquilo para que se apontar for uma estratégia prudente de implementação faseada.

Financiamento de um RBI como «rede de segurança»

Outra forma de entender o RBI é como medida que tem a finalidade de criar uma «rede de segurança» que

---

[33] Agradecemos ao Pedro A. Teixeira a sugestão relativa ao uso desta nomenclatura.

determina um limiar abaixo do qual nunca ninguém se encontrará, independentemente das suas escolhas pessoais e da sua contribuição para a sociedade. Este RBI pode apoiar-se parcialmente na ideia exposta acima, segundo a qual todos temos direito aos frutos da Terra na forma de um dividendo, mas vai mais longe. Este RBI acrescenta uma obrigação de responsabilidade social que acompanha as sociedades cuja produtividade é suficientemente alta para conseguir manter todos os seus membros fora da miséria. Esta forma de RBI como solução de solidariedade social, que temos vindo a defender ao longo deste livro, exige uma justificação robusta, uma vez que encontra diversas objeções às quais temos vindo a dar resposta. Muitas vezes, a fonte destas objeções reside precisamente no facto de o valor de um RBI deste género ser muito mais elevado do que o valor do RBI como dividendo. No Alasca e em Macau, o rendimento que é atribuído como resultado dos dividendos é baixo, entre os 800 e 1500 euros anuais. Um RBI que funcione como uma «rede de segurança» teria de assumir um valor superior ao limiar de pobreza. Ou seja, em Portugal, em 2018, seria sempre, no mínimo, um valor um pouco superior aos 5600 euros anuais.([34])

A ideia de um RBI como «rede de segurança» é mais alargada do que a de um RBI como dividendo, visto que o objetivo seria garantir condições de vida decentes de acordo com os padrões sociais e culturais dos países onde fosse introduzido. As condições de vida «decentes» podem, em teoria, ir de um RBI acima do limiar da pobreza e abaixo do salário mínimo até um RBI máximo em que seja realmente possível viver apenas dele numa situação que não apenas de sobrevivência – no entanto, sublinhamos, a ideia do RBI é ser apenas «básico».

Existem vários modelos de RBI enquanto rede de segurança, e podemos dividi-los em vários grupos. Um dos grupos

---

([34]) Tendo em conta os dados de 2017, que fixaram o risco de pobreza em 468 euros mensais, o que corresponde, segundo as regras europeias, a 60% do rendimento mediano por adulto no país.

é a ideia de um «*negative tax income*» (NIT), ou imposto negativo. O imposto negativo é um mínimo garantido, mas que só é pago àqueles que ou não têm rendimento ou têm um rendimento abaixo de um determinado limiar a ser decidido pelos indicadores de qualidade de vida existentes. O imposto negativo foi proposto, por exemplo, por Milton Friedman e também no Plano de Assistência às Famílias de Nixon. O NIT é semelhante ao RBI, já que comporta a ideia de um rendimento mínimo que deve ser garantido a todos, mas é diferente porque só é pago quando são analisados os rendimentos mensais dos trabalhadores, que depois têm de ser reforçados com o NIT para chegar a uma quantia mínima de subsistência. Neste sentido, é um mero complemento salarial, ou complemento de rendimentos. Assim, apresenta a desvantagem de continuar a ser necessário testar os rendimentos de cada um, mensalmente, para decidir se e quanto de imposto negativo cada um deveria receber. Mas, para assegurar um rendimento de base, o imposto negativo também é eficaz.

Contudo, sedutor à primeira vista, apresenta o grave inconveniente de incitar ao trabalho clandestino. Com efeito, para os indivíduos com rendimentos inferiores ao limiar de referência, não é interessante declarar recursos suplementares que serão taxados a 100%, uma vez que isso os levará a perder o benefício da sua prestação. Essa é mesmo a razão pela qual a experiência do imposto negativo teve de ser abandonada nos EUA, onde tinha sido testada. Em contrapartida, o RBI, atribuído a todos sem nenhuma justificação ou condição de recursos, não é afetado por este inconveniente significativo, desde logo por ser, em teoria, inteiramente acumulável com os outros rendimentos. Por outro lado, o imposto negativo, ao fazer distinção entre ricos e pobres, mantém a lógica assistencialista. Por fim, não contribui para maior transparência na distribuição do rendimento, nem para o aligeiramento dos custos administrativos.

Um rendimento participativo modesto

Finalmente, é possível tomar como base sistemas existentes de licença de maternidade/paternidade, para estudos ou para tratamentos, e integrá-los, com créditos fiscais para pessoas que estão empregadas, num rendimento básico sujeito a uma condição muito geral de contribuição social, conhecido como «rendimento participativo» (RP). Um rendimento participativo seria um subsídio não sujeito à verificação da situação financeira dos beneficiários, pago a todas as pessoas que participem ativamente numa atividade, quer ela seja remunerada ou não. As pessoas que cuidam de jovens ou de idosos, realizam trabalhos voluntários reconhecidos ou são inválidas em consequência de uma doença ou de uma incapacidade também teriam direito a este rendimento.

No livro *Desigualdade: Que Fazer?* (2015), o economista inglês Anthony Atkinson defende um rendimento participativo e rejeita um RBI. Segundo Atkinson, para ter direito a um RP, cada cidadão deve contribuir de alguma maneira para o bem comum da sociedade. Entre as diferentes contribuições possíveis, Atkinson refere: um emprego pago a tempo inteiro ou a tempo parcial; alguma forma de autoemprego; algum tipo de formação educativa; procura ativa de emprego; alguma forma de atendimento domiciliário para crianças ou idosos em situações vulneráveis; ou algum trabalho voluntário numa associação reconhecida. É, pois, evidente que esta condição que regula o direito a um RP é interpretada de maneira muito ampla por Atkinson, e quanto mais amplamente o for, menos visível se torna a diferença entre um RP e um RBI. No entanto, uma vantagem clara do RP sobre o RBI é o seu potencial de sedução de um eleitorado mais abrangente, dada a sua proximidade ideológica com as medidas apologistas do trabalho. A sua desvantagem reside, contudo, no pesadelo burocrático que implica a introdução de um RP. Portanto, de um ponto de vista pragmático, devem os partidos portugueses que defendem o RBI pelas vozes de alguns dos seus representantes, como o PAN ou o LIVRE, optar pela defesa de um rendimento participativo ou de um rendimento básico incondicional? A resposta a esta pergunta não é fácil, mas nada impede que um rendimento participativo se torne, mais cedo ou mais tarde, um rendimento incondicional.

Quanto à segunda objeção apresentada por Atkinson, De Wispelaere e Stirton (2007) opõem-se a ela apresentando um caso hipotético. Concordando com a opinião de que um rendimento participativo é politicamente mais apelativo, defendem que há um argumento, do ponto de vista da administração pública, para se oporem a um rendimento que assuma tal forma. Apresentam o exemplo hipotético de um indivíduo que no espaço de alguns meses termina os seus estudos universitários, trabalha durante algum tempo como entregador de pizas, viaja pela América Latina, onde também se voluntaria nalgumas associações locais, voltando depois ao seu país de origem, no qual aceita um emprego temporário antes de se deslocar para um festival de verão em que, durante alguns dias, também trabalha. De Wispelaere e Stirton concluem dizendo que não gostariam de estar no papel do funcionário público encarregado de decidir quais os períodos em que este indivíduo tem direito ao rendimento participativo. Em resposta a esta crítica, Atkinson (2015, pp. 220–221) afirma estar ciente desses riscos, em particular quando envolvem um elemento transfronteiriço, mas defende que, ainda assim, este rendimento não envolveria a avaliação da condição de recursos, pelo que seria de qualquer das maneiras menos burocrático do que os sistemas atuais.

A melhor crítica a um rendimento participativo encontra-se, porventura, em André Gorz. O pensador francês confessa ter-se oposto durante muito tempo a um rendimento incondicional, mas explica as razões que o levaram a mudar de opinião (Gorz, 1999, pp. 85–88). A sua oposição à incondicionalidade prendia-se com o facto de o trabalho ser um elemento importante de cidadania, que tira os indivíduos da sua solidão pessoal e oferece reconhecimento social. Como já referimos neste livro, este é efetivamente um dos principais riscos de um rendimento básico incondicional e que deve ser acautelado. Mas Gorz mudou de opinião, pois veio a admitir que, numa fase pós-fordista, esse trabalho pode simplesmente desaparecer ou ser substancialmente reduzido – e é de notar que, como já mencionado, estamos a assumir que esta «revolução tecnológica» irá destruir substancialmente mais postos de trabalho necessário e útil do que aqueles que irá criar. Nas palavras de Gorz, «quando a inteligência e a imaginação se tornam a principal força produtiva, o tempo de trabalho deixa de conseguir medir o trabalho realizado; aliás, o trabalho deixa de poder ser medido» (Gorz, 1999, p. 85). E prossegue, afirmando que apenas um rendimento incondicional convenceria os indivíduos a reduzirem a sua atividade laboral no mercado de trabalho clássico, experienciando uma vida de «multiatividades».

Gorz apresenta ainda outras razões que importa referir. Em primeiro lugar, se o trabalho disponível for reduzido de forma substancial – ou, num cenário extremo, deixar de existir –, fará sentido obrigar o beneficiário de um rendimento básico a desempenhar algum tipo de trabalho que pura e simplesmente não existe? E mais, obrigando o beneficiário a desempenhar alguma forma de trabalho «voluntário», não perderá este o seu aspeto central de ser realizado de livre e espontânea vontade? Como refere corretamente Gorz, esta situação poria em conflito os voluntários «voluntários» e os voluntários «forçados». Assim, conclui, se aquilo que pretendemos for promover as formas voluntárias de colaboração, a cultura, as artes, a família e a entreajuda, um rendimento básico tem de ser atribuído de forma incondicional.

Financiamento de um RBI em Portugal

Em Portugal, até hoje a experiência mais próxima de um RBI foi alcançada com a criação de um rendimento mínimo garantido, introduzido pelo governo socialista de António Guterres. E note-se, de passagem, que Guterres, hoje em dia secretário-geral das Nações Unidas e político desde sempre reconhecido pelo seu humanismo, expressou tacitamente uma opinião favorável à introdução futura de um RBI quando, num discurso recente proferido em 25 de setembro de 2018, reconheceu, perante a forma como a automatização está a transformar radicalmente o mercado de trabalho, a necessidade de os governos mundiais reforçarem as suas redes de proteção social e eventualmente aplicarem formas de RBI.

Hoje, o rendimento mínimo garantido (RMG) tem outro nome: chama-se rendimento social de inserção (RSI) e consiste no pagamento de um rendimento mínimo a todos os indivíduos que não se integrem no circuito do trabalho e da subsistência social. A grande diferença entre o RSI e o RBI, claro, é que o RSI é condicional, implicando todos os problemas que temos vindo a mencionar neste livro.

Também existiu durante o governo socialista de José Sócrates a intenção de implementar uma medida de incentivo à natalidade, a «Conta Poupança Futuro», atribuindo um cheque-bebé de 200 euros por cada criança nascida. Mas esta medida não chegou a ser aplicada, apesar de ter sido aprovada no Conselho de Ministros, e de medidas semelhantes terem sido implementadas em Espanha (aí, o «cheque-bebé», atribuindo aos pais de cada criança nascida 2500 euros, foi introduzido em 2007, mas viria a ser revogado em 2011), assim como na Grã-Bretanha (através do já referido Child Trust Fund). Estas medidas, apesar de terem um valor mais modesto, estão mais próximas de um RBI do que do RSI, já que neste último não existe incondicionalidade no pagamento.

Assim, como já referimos antes de forma geral, e também aplicável ao caso português, é importante ter em mente que existem visões diferentes quanto à estrutura de financiamento, sendo assim útil considerar algumas das possíveis fontes de financiamento de um RBI. Estas incluem:

1) poupança em gastos atuais na Segurança Social, decorrente de transferências sociais abaixo do valor do RBI;

2) alterações às taxas nominais e aos escalões de IRS, IRC e IVA;
3) aumento do IMI, incidindo sobre toda a propriedade (móvel e imóvel);
4) imposto especial sobre o património mobiliário e imobiliário;
5) impostos «verdes» (e.g., sobre a emissão de carbono);
6) taxas sobre os recursos naturais, às quais se poderá acrescentar ainda a taxação sobre a utilização de bens comuns, como o espaço aéreo e o espaço marítimo;
7) reforma da arquitetura do sistema financeiro, permitindo a distribuição direta (e.g., através de créditos fiscais) da expansão da base monetária para os cidadãos, sendo esses montantes usados para financiar parcialmente um RBI.

Aconteça o que acontecer, estas possibilidades de financiamento nunca poderão desrespeitar a especificidade do nosso Estado social, tal como ele se encontra protegido na Constituição da República Portuguesa (CRP), como mostrámos no capítulo 5. Mas há também outros elementos a ter em conta no que diz respeito à situação portuguesa atual. É que, se, por um lado, a CRP coloca um tipo de constrangimento específico, por outro, as obrigações atuais do Estado português, no contexto da União Europeia, colocam outros.

Hoje em dia, como membro da União Europeia e parte integrante da Zona Euro, Portugal goza de uma autonomia económico-financeira bastante restrita. Como é sabido, a União Europeia (UE) é um projeto político cujo grau de entrosamento financeiro é incompleto. A Zona Euro tem uma moeda comum, mas não tem orçamento comum e as transferências entre Estados são bastante limitadas, pelo menos se comparadas com uma opção federalista muito mais profunda, como é o caso dos EUA. Os problemas deste estado de coisas são evidentes, e foram postos a nu durante a recente crise financeira. Sendo composta por economias muito diferentes entre si, a Zona Euro está mal preparada para reagir a choques assimétricos, e a probabilidade de, caso aconteçam, deixar as economias mais frágeis em situação delicada é muito grande. Além disso, a resposta à crise, marcada pelas políticas de austeridade e por uma aposta na tentativa de contenção dos défices e das dívidas públicas, acabou por redundar na criação do Tratado Orçamental (TO), que é vinculativo e que obriga todos os países a objetivos de médio prazo que são muito exigentes, sobretudo para os países com dívidas públicas elevadas. Mais especificamente, o TO aponta para um nível ótimo de dívida que não exceda os 60% do PIB de cada país, o que é claramente problemático para Portugal, cuja dívida pública tem rondado, nos últimos anos, 120–130% do PIB.

Isto significa, na prática, e se nada se alterar dramaticamente (isto é, sem se pressupor um «cisne negro», como a saída de Portugal do euro ou da UE, ou mesmo uma inflexão muito grande na política económica e financeira europeia que implique grande relaxamento destes objetivos), que a margem de liberdade orçamental de Portugal é muito reduzida. Mesmo em contexto de recuperação económica, e com saldos primários positivos, com o nível de dívida atual, ainda que se cumpra o serviço da dívida e o PIB vá crescendo, muita da folga orçamental eventualmente obtida vai sendo necessariamente canalizada para a redução da dívida. Portanto, e tendo em conta que um RBI introduzido a um nível acima do limiar de pobreza poderia talvez representar, *ceteris paribus*, cerca de 30% do PIB português, torna-se evidente que tentar implementá-lo de forma imediata a este nível e recorrendo *exclusivamente* ao Orçamento do Estado (OE) seria impossível.

É óbvio que isto não seria assim, até porque, claro está, a tal reformulação do sector não contributivo da Segurança Social estaria incluída e reduziria estes custos. Mas isto implica várias delimitações negativas que, mostrando aquilo que o RBI não poderia ser em Portugal (nem um desmantelamento do Estado social, nem uma solução exclusivamente financiada pelo OE), também nos indicam, pelo menos, alguns caminhos alternativos mais prudentes, quer relativamente à exequibilidade a médio ou curto prazo, quer relativamente às fontes de financiamento. Vamos ainda mencionar alguns desses caminhos que talvez sejam válidos para Portugal, bem como para outros países. Mas antes façamos uma análise do que poderia mudar no sector não contributivo da Segurança Social em Portugal.

Impacto da introdução do RBI na Segurança Social

Olhemos para os serviços da Segurança Social portuguesa para entender melhor quais poderiam ser substituídos por um RBI. Para efeitos de cálculo, meramente hipotéticos, assumamos um RBI que fosse de facto «básico», ou seja, que colocasse as pessoas a viver a um nível acima do limiar da pobreza. Digamos que ele seria de 450 euros. A Segurança Social portuguesa tem apoios no que respeita à família, à saúde, ao desemprego, à reforma e à pobreza (esta última na forma do rendimento social de inserção). Tomando como referência os valores de 2016, nos apoios à família, a Segurança Social atribuía abonos de família, que se podiam transformar num apoio ao estudante quando as crianças faziam 16 anos. O valor máximo atribuído pela Segurança Social era de 140,76 euros no caso dos bebés que tinham até um ano de idade, possivelmente adicionando 20% no caso das famílias monoparentais. Imaginemos o caso em que o abono de família é o mais elevado possível. Consideremos uma família com cinco filhos com menos de 16 anos, por exemplo com filhos gémeos com menos de um ano. No escalão um, teríamos dois filhos, sendo atribuídos 140,76 euros por cada um deles, mais 105,57 pelos outros três filhos, o que perfaz um total de 387,09 euros. Se considerássemos, para meros efeitos de cálculo, um RBI de cerca de 450 euros (um pouco abaixo do salário mínimo), nenhum destes subsídios é acima deste valor e poderiam, assim, ser eficazmente substituídos por ele. Sendo o subsídio de maternidade de 11,18 euros por dia durante um máximo de 120 dias, a 30 dias este subsídio perfaz 335,40 euros por mês, abaixo do tal RBI que, por hipótese, seria de 450 euros. Por isso também poderia ser substituído. Note-se que há versões do RBI que assumem um valor para cada adulto e um valor adicional para cada criança, o que obviamente aumentaria muito estas contas. Mas assumamos aqui, para todos os efeitos, que o RBI não seria atribuído, como tal, às crianças.

No caso dos apoios a doenças profissionais, incapacidades temporárias ou permanentes, pensões e desemprego, poder-se-ia aplicar uma fórmula simples, a de o valor do RBI ser retirado a esses subsídios, sendo apenas pago o remanescente do que se decide ser o subsídio de desemprego, de incapacidade, pensão de reforma ou outra. Isso implicaria, por um lado, que o princípio contributivo não seria afetado (não sendo reduzidas pensões de reforma nem subsídios de desemprego com correlação direta com os descontos feitos pelos trabalhadores) e que, portanto, na pior das hipóteses, essas prestações ou pensões ficariam, em termos brutos, no mesmo valor que tinham antes da introdução do RBI (ressalvando, no entanto, que, caso a implementação fosse feita sobretudo com base no IRS, e pelo efeito redistributivo que a medida teria, provavelmente os escalões mais elevados, sendo mais taxados, veriam o seu rendimento líquido diminuir). No caso dos desempregados, quando o prazo do subsídio de desemprego terminasse, e se, por opção ou não, a pessoa não reentrasse no mercado de trabalho, aí ficaria simplesmente a receber o RBI. Da mesma forma, o RBI não implicaria que as pessoas em especial situação de fragilidade e que necessitassem de apoios especiais, como nos casos de invalidez, deixassem de receber estas prestações.

Analisemos agora o RSI, outra prestação que obviamente seria substituída. Em 2016, o RSI atribuía 178,17 euros ao adulto que o requeria, mais 80,09 euros por cada adulto dependente e 53,44 euros por cada indivíduo menor, pelo que uma família com dois adultos e dois filhos recebia 365,14 euros por mês, ainda abaixo do valor do RBI. No caso de uma família com dois adultos, se cada um recebesse 450 euros de RBI, mesmo com muitos filhos, a prestação de

900 euros nunca seria atingida pelo RSI, por isso também este subsídio se tornaria redundante.

Estes são apenas exemplos, e assumindo, claro, que a curto prazo um RBI, tal como defendido na sua fórmula estrita, seria possível. Não quer dizer que o seja. Mas não é despiciendo fazer este exercício para mostrar como, mesmo numa situação-limite de introdução na forma ideal, a reformulação das prestações atribuídas pela Segurança Social permitiria, por um lado, poupar algum dinheiro na implementação e, por outro, não deixar ninguém que antes recebia prestações sociais em pior situação. E a vantagem, reiteremo-lo, além da potenciação de todos os princípios de justiça a que aludimos nos primeiros capítulos deste livro, seria a de eliminar a «subsídio-dependência» e as armadilhas da pobreza.

Este microexercício não reflete tudo o que seria ou poderia ser alterado na Segurança Social em virtude da introdução do RBI. E é evidente que, tal como uma solução totalmente baseada no OE não seria suficiente, por maioria de razão uma mera reformulação da Segurança Social também não o seria, até porque está fora de questão ser a taxação sobre os trabalhadores a cobrir a totalidade da despesa feita com o RBI. Na verdade, aquilo para que se aponta será uma solução mais plural e que neste momento ainda está, e provavelmente tem de estar, parcialmente em aberto, algo que tentaremos explicitar agora.

Uma abordagem agnóstica à questão do financiamento

Tal como referimos no início deste capítulo, é importante distinguir o que é desejável daquilo que é exequível. Assumindo que os leitores que nos seguiram até aqui são pelo menos parcialmente favoráveis à ideia de um RBI, tal como a apresentámos até agora, então é clara a forma que seria desejável que o RBI assumisse: a de um rendimento pago regularmente, de forma incondicional e individual e que, fixando-se pelo menos no nível de subsistência, fosse suficiente para garantir a todos uma vida digna. Em condições ideais, esse rendimento seria introduzido amanhã.

Como, no entanto, nem sempre é possível ter tudo imediatamente, parece-nos que não é sensato, nem inteligente, ser demasiado dogmático em relação às fontes de financiamento, nem ao montante que se atingiria no início, nem sequer à possibilidade de, nalguns aspetos, a forma que se adotasse não obedecer totalmente à pureza da ideia. É claro que temos a nossa ideia sobre uma forma possível de RBI, que passa por defender uma versão ecológica do mesmo, como veremos no capítulo 9. Mas aqui o que se trata é de apresentar alternativas de financiamento. E, portanto, importa bem distinguir o que é «essencial» do que é «opcional». Geralmente, para o caso português, talvez convenha ressalvar duas cláusulas verdadeiramente essenciais, que já referimos: 1) a manutenção, no essencial, do Estado social tal como o conhecemos, sobretudo nos domínios da saúde e da educação; 2) a garantia de que, apesar das reformulações levadas a cabo na Segurança Social e nos esquemas de proteção social como um todo, ninguém que dependesse de prestações sociais ficaria pior, isto é, com menos rendimento disponível, do que estava antes da introdução do RBI.

Salvaguardadas estas duas condições, parece-nos que o importante, a seguir, seria ser pragmático, pelo que não está sequer posta de parte a possibilidade da adoção de uma abordagem gradual, solução a que são favoráveis, por exemplo, Van Parijs e Vanderborght (2017) e Standing (2017). Por um lado, como assinalam Van Parijs e Vanderborght, o provável é que, numa solução adotada no plano nacional (e entenda-se, quer no caso português quer da generalidade dos outros países), na maior parte dos casos o grosso do financiamento viesse de reformas que visassem tornar mais progressivos os impostos sobre o rendimento – ou seja, concretamente, o IRS. Porém, ainda que isto seja provavelmente verdade, também o é que é muito expectável que esta fonte de financiamento fosse complementada por um cabaz de outros impostos. No futuro, é provável que a taxação sobre a automatização ou sobre as empresas que a ela recorram seja uma hipótese muito viável. No presente, as taxas sobre emissões de carbono ou sobre as transações financeiras (taxa Tobin) talvez fossem hipóteses mais viáveis, ainda que, obviamente, o montante que elas angariariam não fosse muito elevado, até porque introduzir uma taxa Tobin com montante muito elevado pode acabar por ser um incentivo à economia paralela.

O nosso argumento é que o que vai funcionar em concreto não pode ser decidido *a priori*, requerendo estudos adicionais. Além disso, como defendem Van Parijs e Vanderborght, embora um RBI «parcial» – ou, se quisermos, incondicional, mas não ainda suficiente para ser básico, portanto, um rendimento incondicional – não seja o modelo ideal, a verdade é que, se fosse introduzido a um nível que ainda assim fizesse a diferença na vida das pessoas, isso seria equivalente, na prática, à forma como os anteriores esquemas de proteção social surgiram, o que implicaria que seria apenas um primeiro passo: «Isto é, afinal de contas, aquilo que foi feito no caso dos outros dois modelos de proteção social. Os esquemas públicos de proteção social que existem nalguns países europeus e até na América do Norte são faustosos se comparados com aqueles que foram introduzidos pela primeira vez em cidades flamengas no início do século XVI, e os esquemas atuais de previdência social para os reformados são sumptuosos se comparados com o pioneiro sistema de pensões de velhice de Bismarck.» (Van Parijs e Vanderborght, 2017, p. 168) Ora, o primeiro passo ainda não é a caminhada total. No entanto, nenhuma caminhada tem lugar sem que se dê um primeiro passo.

Além disto, a generalidade das propostas que temos estado a analisar aqui parte do esquema tradicional, vestefaliano, do paradigma do Estado-nação. Contudo, mesmo isto pode causar alguns problemas. Num contexto de fronteiras abertas como o do Espaço Schengen, caso um país implementasse, de repente, um RBI elevado e os seus vizinhos não, isso poderia colocar pressões migratórias significativas, caso a atribuição fosse feita automaticamente a todos. É claro que há formas de minimizar este problema, tal como só atribuir o rendimento aos residentes permanentes. Porém, todas estas questões levam a considerar hipóteses diferentes, que teriam lugar num quadro supranacional ou mesmo global. Uma primeira hipótese é considerar o quadro europeu. Dentro da União Europeia, ou da Zona Euro, várias hipóteses existiriam. Uma delas, muito simples, mas também limitada, seria aplicar simplesmente um *«quantitative easing»* (alívio quantitativo). Isto é, pôr o Banco Central Europeu (BCE) a financiar diretamente um RBI entregue às pessoas, em vez de o fazer para aprovisionar os bancos para que possam cumprir os rácios de capital exigidos. O problema é que uma medida deste género poderia ser inflacionária e, por isso, teria de ser gerida com parcimónia.

Contudo, ainda dentro do quadro europeu, existem alternativas mais credíveis a médio prazo. Van Parijs e Vanderborght, por exemplo, propõem aquilo a que chamam um «eurodividendo». O objetivo é introduzir um RBI a nível europeu, ou pelo menos na Zona Euro, com um montante variável consoante o custo de vida de cada Estado-membro. A proposta seria implementar um RBI que fosse de 200 euros em média (cerca de 7,5% do PIB *per capita* da UE em 2015), que seria mais alto nos países com custo de vida mais elevado e mais baixo nos países com custo de vida inferior (Van Parijs e Vanderborght, 2017, p. 236). A forma que consideram mais apropriada para o introduzir é por meio de uma reformulação do IVA. Uma vantagem é que a definição do IVA, ao contrário de outros impostos, é uniforme a nível europeu, visto que o orçamento da UE já é parcialmente financiado por este imposto indireto, sendo que as taxas de IVA de cada Estado-membro dependem em parte da legislação europeia. Segundo Van Parijs e Vanderborght, para obter um RBI que fosse em média de 200 euros a nível europeu, seria necessário aplicar, para esses efeitos, uma taxa de IVA de 19% na UE (Van Parijs e Vanderborght, 2017, p. 239).

É claro que também não seria exequível simplesmente aplicar este aumento às taxas de IVA já existentes, sob pena de paralisar a economia. Mas parte da solução poderia ser diminuir o IVA já existente a nível nacional para que o impacto não fosse tão grande. Ou, explicam os autores, começar com uma aplicação parcial, que favorecesse determinados escalões etários (por exemplo, as crianças, como medida de apoio à natalidade numa Europa envelhecida), e depois ir alargando gradualmente o seu domínio de aplicação (Van Parijs e Vanderborght, 2017, p. 239). Um dos argumentos é que uma política deste género poderia funcionar como estabilizadora automática das migrações no seio da Europa. Neste momento a Zona Euro está muito mal preparada para lidar com choques assimétricos, como a crise bem mostrou. Nesse sentido, o eurodividendo poderia mitigar até certo ponto o aumento de fluxos migratórios de países mais atingidos pela crise para os países que normalmente até se fortalecem em tempo de crise. Uma rede de segurança como o RBI evitaria, por um lado, a fuga de cérebros dos países mais frágeis (tipicamente os países periféricos) e, por outro, eventuais problemas de acolhimento nos países de receção, que podem acontecer quando o fluxo migratório é maior. Pode pensar-se que, sendo financiado a nível europeu, alguns países seriam sempre contribuintes líquidos muito maiores do que outros (tipicamente, a Alemanha) e que, num quadro de divisão e ressentimento na UE (como a crise, mais uma vez, deixou claro), isso poderia ser não só politicamente inviável como gerador de um ressentimento muito maior. Mas o que acontece é que, no quadro de um aprofundamento da União Económica e Monetária europeia, alargando-a para lá do domínio estritamente monetário, isso aconteceria sempre. Isto é, se algum dia a UE avançar para uma solução mais fortemente federalista, em que, por exemplo, exista um verdadeiro orçamento europeu que se sobreponha de modo mais significativo aos orçamentos nacionais, independentemente da alocação desses recursos, os países mais ricos serão sempre os maiores contribuintes.

Nesse cenário, não há porque não argumentar a favor da instauração de um RBI que, ao mesmo tempo, poderia contribuir para a simplificação e desburocratização de alguns dos sistemas de proteção social europeus. Simultaneamente, e tendo em conta o carácter excedentário da Zona Euro, e a força de algumas das suas economias, a introdução de um RBI a um nível razoável pode até ser mais exequível do que a nível nacional, sobretudo quando se equaciona esta possibilidade em economias relativamente pouco produtivas, endividadas e obrigadas a políticas não expansionistas. Portanto, seria sempre, como é óbvio, uma questão de escolha política. Mas, a ser aplicado, poderia até ser uma forma de fazer os cidadãos europeus sentirem-se mais genuinamente europeus e ligados a um projeto comum, já que, na prática, todos conseguiriam perceber em termos muito concretos, monetários, uma das vantagens universais da pertença à comunidade europeia.

Finalmente, sendo ambiciosos quanto às possibilidades de uma verdadeira reformulação da regulação da economia global, isto é, de uma inflexão da crescente desregulação dos mercados financeiros que levou à crise de 2007, podemos ser otimistas e pensar em medidas que de facto poderiam tornar muito mais exequível um RBI para todos. Caso fosse verdadeiramente possível eliminar os paraísos fiscais (os *offshores*), embora não seja possível calcular com exatidão, por motivos óbvios, a verdadeira dimensão do capital que neles se esconde, e fazê-lo à escala global – já que, evidentemente, fechar alguns não impede o capital, que cruza todas as fronteiras, de se ir instalar noutros –, não é muito difícil de imaginar que os ganhos de receita fiscal que isso permitiria seriam provavelmente suficientes para atribuir um RBI em diferentes partes do mundo. E isto corresponderia a uma pré-distribuição universal e democrática, mais consentânea com o ideal de uma sociedade justa do que os níveis de concentração de riqueza e de fuga ao fisco que temos nos dias de hoje.

Como se pode verificar, algumas destas possibilidades e medidas são provavelmente de longo prazo, como a taxação das máquinas; outras até poderiam, em teoria, ser aplicadas já, mas, infelizmente, não se antecipa que haja vontade política para tal a breve trecho e, por isso, também devem ser encaradas como uma possibilidade que, a verificar-se, acontecerá igualmente no médio a longo prazo, como a eliminação dos paraísos fiscais ou a taxa Tobin; no mesmo quadro incluem-se as reformulações no contexto europeu: caso, por exemplo, se evoluísse para uma situação mais vincadamente federalista na qual houvesse um orçamento comum europeu e medidas redistributivas ou pré-distributivas entre Estados europeus, o eurodividendo seria de facto possível; e outras, finalmente, poderiam ser aplicadas de forma imediata, como a reformulação do IRS, a nível nacional, e um desenho diferente do regime não contributivo da Segurança Social.

Ora, o nosso agnosticismo pragmático acaba por resultar em, por um lado, não perdermos de vista o objetivo final de introdução de um RBI a um nível digno, mas, por outro, não negarmos à partida qualquer modelo ou possibilidade de financiamento (garantidas que estejam, como vimos acima, as duas condições para o caso português), mesmo que isso implique uma implementação faseada e gradual. Adicionalmente, é preciso não esquecer a resistência que esta proposta por vezes ainda encontra no espaço público e que, por isso, por vezes a melhor via, ainda que ela possa não nos dizer muito sobre uma aplicação a larga escala, é a da experimentação. Assim, e embora, por princípio, não se possam considerar direitos matéria de experimentação de implementações que mais tarde possam ser revogáveis, a verdade é que tem interesse olhar para os projetos-piloto e experiências de RBI tentadas em diversos pontos do mundo, pelos elementos que nos podem dar em relação aos efeitos do mesmo. Talvez haja alguma coisa a aprender com eles. E isso leva-nos ao nosso próximo capítulo.

8.
IMPLEMENTAÇÃO DE PROJETOS-PILOTO

> Como a experiência é a mãe de todas as coisas, por ela soubemos radicalmente a verdade.
>
> Pacheco Pereira, 1892 [1506], p. 99

A implementação de um RBI, seja ele completo ou parcial, implicaria uma mudança profunda do nosso sistema de proteção social, e várias experiências feitas nalguns países podem ser de grande utilidade para perceber e avaliar os benefícios potenciais deste tipo de rendimento. Por essa razão, e dado que, apesar de algumas experiências atuais (Murray e Pateman, 2012), não existem provas de que de facto um RBI pode atingir os objetivos a que se propõe, o mais prudente poderá ser começar por uma experiência-piloto. Antes de nos debruçarmos sobre algumas dessas experiências, referimos quatro potenciais críticas e limitações dos projetos-piloto.

Em primeiro lugar, é claro que, mesmo obtendo resultados positivos num projeto-piloto, não se granjeará automaticamente o apoio popular ou político para a concretização de um rendimento básico permanente e universal. Desde logo, um projeto-piloto será feito a uma escala reduzida – tendo uma cidade ou um grupo de indivíduos como objeto de experimentação e uma duração limitada –, pelo que a transposição das conclusões do piloto para uma escala maior e permanente não será linear. Mas poderá ser, é claro, um ponto de partida.

Igualmente, tratando-se de um tema que toca nalguns dos pontos centrais do modo como atualmente nos organizamos enquanto sociedade, nomeadamente em relação ao papel desempenhado pelo emprego remunerado e ao acesso a um rendimento sem nenhuma condição, não é de todo irrealista pensar que, mesmo que as experiências-piloto mostrem a viabilidade de um RBI e que as vantagens se sobreponham imensamente às desvantagens, continuará a haver oposição ao mesmo. Pense-se, por exemplo, nas críticas muitas vezes feitas ao rendimento social de inserção, pese embora o facto de este representar uma ínfima parte do orçamento público e ser atribuído em boa parte a pessoas que não estão em condições de ter um emprego. Acontece é que, nesse caso, a sustentação empírica dessa oposição seria menor.

Uma terceira crítica que pode ser feita aos projetos-piloto é o facto de estes se referirem forçosamente a um modelo (ou, no limite, a uma gama reduzida de modelos) de RBI. Assim, enquanto esse modelo é testado, dificilmente se conseguirá avançar com a discussão sobre modelos alternativos. E no limite, caso essa experiência particular seja malsucedida, há o sério risco de se fechar a janela de discussão sobre a implementação de um RBI durante vários anos, da mesma maneira que, quando uma proposta é rejeitada em referendo, não volta a aparecer tão cedo na agenda pública.

Finalmente, uma outra possível crítica à execução de um projeto-piloto de instauração de RBI seria a de dizer que, se for entendido como um direito, então o RBI não deve ser sujeito a essa experiência. A instituição da educação pública, gratuita e universal não foi sujeita a nenhuma experiência. O mesmo aconteceu com o Serviço Nacional de Saúde. Sendo sobretudo uma questão política, caso o RBI seja visto como um direito, então, em tese, poderia ser aplicado diretamente

– apesar de a questão da sua exequibilidade financeira ser sempre o «pormenor» mais importante a estabelecer. Apesar da legitimidade das dúvidas quanto às experiências-piloto, a verdade é que estas permitem uma análise mais esclarecida do papel que o RBI pode desempenhar (Caputo, 2012). Desde logo porque, entrando na discussão pública como algo que de facto está a ser feito, poderá levar a que muitas das críticas espontâneas e pouco refletidas que são feitas ao RBI desapareçam. Complementarmente, este tipo de experiências permite um debate público abrangente e – sendo otimista – participado, em que todas e todos possam esclarecer as suas dúvidas em relação ao rendimento básico e aos impactos que este poderá ter nas suas vidas.

Um dos objetivos deste capítulo é desenvolver algumas reflexões sobre as condições de possibilidade da introdução de um projeto-piloto em Portugal. Contudo, para isso, vamos primeiro expor e avaliar algumas das experiências-piloto mais significativas, começando por aquelas que foram levadas a cabo entre 1969 e 1980 na América do Norte, passando pelas feitas recentemente na Índia e na Namíbia, assim como as atuais no Alasca e em Macau, terminando com as experiências em curso nos Países Baixos, a recentemente concluída na Finlândia e as preparadas pela ONG GiveDirectly. Devemos, no entanto, utilizar os dados destas experiências com prudência, visto que estas não permitem validar empiricamente os efeitos potenciais de um projeto deste tipo em Portugal. Na realidade, cada caso é um caso, mas, ainda assim, o conhecimento dos diversos resultados obtidos é sempre útil.

Experiências já feitas e em curso

Experiências dos anos 60–70 nos EUA e no Canadá

Entre 1969 e 1980, algumas experiências de RBI foram realizadas nalgumas cidades dos EUA e do Canadá (Widerquist, 2005), para estudar os seus efeitos possíveis na luta contra a pobreza, assim como nos incentivos ao emprego. A experiência americana de um «rendimento anual garantido» (*guaranteed annual income*) foi elaborada para testar os efeitos sobre o emprego, as condições de acumulação de capital, assim como a educação e a família. O governo federal dos EUA comprometeu-se com as seguintes quatro experiências, entre 1968 e 1972.

Uma primeira experiência aconteceu em Nova Jérsia e na Pensilvânia numa população urbana (cf. Pechman e Timpane, 1976). Uma segunda ocorreu na cidade de Gary, no Estado do Indiana, com o objetivo de avaliar os efeitos do RBI nas famílias monoparentais. Uma terceira foi realizada na Carolina do Norte e no Iowa para estudar o impacto de tal medida sobre a população rural. Finalmente, uma quarta experiência, muito mais significativa, pois de maior escala, conhecida pela sigla SIME-DIME (*Seattle Income Maintenance Experiment-Denver Income Maintenance Experiment*), foi posta em prática nas cidades de Seattle e de Denver.

Infelizmente, os efeitos destas experiências nunca chegaram a ser seriamente avaliados, pois os programas de investigação não foram realizados sob condições cientificamente satisfatórias, devido a um financiamento insuficiente. No entanto, segundo Evelyn Forget (2011), alguns dados estatísticos recolhidos revelaram um declínio significativo, embora limitado, no esforço de trabalho dos beneficiários. Este declínio era, todavia, distribuído de forma diferente: assim, verifica-se que, se para aqueles que ocupavam a posição de «chefe» de família (isto é, de principal provedor de sustento da mesma), com horários de trabalho geralmente mais pesados, o declínio em horas de trabalho foi baixo (menos de 5%), no entanto, no caso do cônjuge, a diminuição foi mais significativa (25%), sendo substituído por um aumento em tarefas domésticas e familiares. No caso dos beneficiários adolescentes, principalmente do sexo masculino, a redução de horário de trabalho foi mais pronunciada, traduzindo-se num aumento da duração dos seus estudos antes do exercício de uma primeira atividade profissional.

De maneira geral, segundo Forget, os resultados desta experiência foram positivos em relação ao aumento do nível de educação dos beneficiários, já que este aumentou em todas as experiências feitas nesta altura. Note-se que esta experiência é várias vezes apresentada como prova de que um RBI pode fazer que haja uma saída em grande escala do mercado de trabalho. No entanto, como ficou demonstrado com uma análise mais minuciosa dos dados disponíveis, essa saída deveu-se em grande medida ao facto de muitos adolescentes e jovens adultos terem optado por um regresso à escola, razão pela qual esta «fuga» do trabalho dificilmente poderá ser vista como negativa.

Na década de 1970 foram feitas duas outras experiências no Canadá. Na província de Manitoba, ocorreu entre 1974 e 1979 uma experiência realizada em duas cidades, Winnipeg e Dauphin, conhecida pela sigla MINCOME. Em Winnipeg, a experiência foi executada numa escala reduzida, essencialmente focada nos efeitos sobre o emprego, de modo que apenas os beneficiários em idade ativa foram abrangidos, para os comparar com outras pessoas que não receberam o subsídio. Os resultados foram semelhantes aos das experiências realizadas nos EUA.

A experiência na cidade de Dauphin foi o único projeto-piloto realmente abrangente, incorporando toda a população urbana e rural circundante, ou seja, cerca de 10 000 pessoas. Um rendimento de cerca de 60% de um «limiar de baixos rendimentos» foi atribuído a cada família sem rendimento, sendo o seu montante reduzido 50 centavos por cada dólar de rendimentos vindo de outras fontes. É de notar que este rendimento era o equivalente ao nível de rendimento pago às famílias que já beneficiavam de assistência social, mas representou uma melhoria substancial dos rendimentos das famílias não elegíveis para receber assistência social, sendo estas compostas em grande parte por agricultores ou pessoas com trabalhos independentes. Embora a avaliação estatística desta experiência seja incompleta, Evelyn Forget chegou à conclusão de que o MINCOME trouxe benefícios ao nível de saúde da população afetada.

Estas experiências norte-americanas permanecem, até à data, as únicas realizadas em países ocidentais com o desejo genuíno de beneficiar de uma avaliação científica concreta, de modo a avaliar os potenciais efeitos sobre os beneficiários do pagamento de um RBI. No entanto, por razões orçamentais e devido a um crescente desinteresse político no final da década de 1970 pelo conceito do RBI como arma de luta contra a pobreza, não foi possível demonstrar plenamente os efeitos benéficos nem as possíveis desvantagens de tal medida.

Experiências recentes na Índia e na Namíbia

O Estado indiano está entre aqueles que maior interesse têm demonstrado na adoção de um RBI. A esse interesse não serão certamente estranhas as três experiências que ocorreram entre 2008 e 2013. A primeira realizou-se em 2008, num bairro da capital, Nova Deli, tendo o rendimento sido atribuído a algumas famílias que, por se encontrarem abaixo do limiar da pobreza, eram já abrangidas por programas públicos que lhes permitiam adquirir produtos essenciais (por exemplo, arroz, cereais, combustível) a preços subsidiados. Podendo optar entre manter o acesso a esses produtos a preços subsidiados ou ao rendimento na forma de dinheiro vivo, esta experiência mostrou que os hábitos alimentares melhoraram entre as famílias que optaram pelo novo sistema, enquanto nas famílias que mantiveram os produtos com preços subsidiados não houve alteração. Uma segunda experiência aconteceu numa pequena aldeia, tendo o rendimento sido atribuído a todos os residentes de forma individual.

Porventura, a experiência realizada em várias aldeias no Estado de Madia Pradexe, na Índia, em 2012 e com duração de cerca de 18 meses, foi a que maior impacto teve. A experiência consistiu no pagamento incondicional de um subsídio mensal em dinheiro a cada beneficiário, o equivalente a 200 rupias por adulto (2,74 euros por mês, sendo o salário médio na Índia rural de 40 euros), e 100 rupias por criança. No total, 6000 pessoas foram beneficiadas por este programa. Os resultados desta experiência foram avaliados estatisticamente pela ONU (Unicef), permitindo demonstrar que, graças a um rendimento básico sem nenhuma limitação no seu uso, os beneficiários conseguem satisfazer as suas necessidades básicas, incluindo a melhoria da dieta, saúde, educação, ou, quando aplicável, adquirir ferramentas de produção. Desta maneira, trata-se de uma experiência que obteve resultados pertinentes no sentido em que a objeção potencial a este tipo de rendimento de que este seria desperdiçado ou mal utilizado não foi demonstrada empiricamente.

Tendo feito parte da equipa que acompanhou este projeto-piloto em Madia Pradexe, Guy Standing (2017) resume os resultados do mesmo em quatro dimensões: 1) efeitos positivos no acesso ao saneamento, melhorias na saúde, educação e nutrição, bem como aumento da frequência escolar; 2) melhorias na equidade social, nomeadamente através da capacitação das mulheres e dos membros das castas consideradas inferiores; 3) aumento do trabalho, com exceção dos jovens que regressaram à escola; 4) contributo para a emancipação dos indivíduos, dando-lhes maior controlo sobre as suas vidas.([35])

Também decorreu na Namíbia uma experiência que merece ser citada, nem que seja como exemplo do que não se deve fazer. Entre 2008 e 2012, várias ONG e igrejas protestantes alemãs envolveram-se num programa de distribuição de um RBI a 1200 habitantes de uma aldeia na Namíbia chamada Otjivero. O valor pago mensalmente foi o equivalente a 6,30 euros, o que correspondia a cerca de um terço do limiar da pobreza. De acordo com os seus organizadores, até ao final do primeiro ano a partir deste pagamento puderam ser observados os seguintes efeitos benéficos: redução drástica do número de crianças subnutridas, aumento da taxa de

---

([35]) Para mais referências sobre experiências feitas na Índia, cf. Davala *et al.* (2015).

educação e desenvolvimento de novos negócios. Tal como aconteceu na experiência indiana, os resultados indicaram que o subsídio mensal não levou os beneficiários a adotarem um comportamento ocioso.

Um aspeto interessante desta experiência foi a observação da dinâmica económica na comunidade, na qual a redução da pequena criminalidade (por exemplo, o roubo de gado e plantações) fez que mais habitantes se dedicassem à agricultura e pecuária, aumentando assim a produção. No entanto, ao contrário das outras experiências, a de Otjivero foi fortemente criticada, pois os resultados apresentados não foram avaliados de maneira científica. Ainda assim, num gesto que poderia indicar o interesse pela implementação de um RBI em todo o país – algo que, até ao momento, ainda não se verificou –, o bispo Zephania Kameeta, um dos principais impulsionadores do projeto-piloto em Otjivero, foi nomeado ministro para a Segurança Social e para a Erradicação da Pobreza.

Em todo o caso, quaisquer que sejam os resultados reais de experiências na Índia e na Namíbia, não é claro que estas possam oferecer uma garantia de efeitos potencialmente benéficos para a introdução de um RBI nos países ocidentais, dadas as dificuldades em comparar países com diferenças sociais, económicas e culturais tão significativas.([36])

Alasca e Macau: dois exemplos atuais

O Estado federal americano do Alasca e a região administrativa de Macau, a qual pertence desde dezembro de 1999 à República Popular da China, são os dois exemplos mais bem-sucedidos de atribuição generalizada de uma forma de RBI, distribuída anualmente. O financiamento destes rendimentos é feito graças a lucros provenientes do petróleo, no primeiro caso, e do jogo, no segundo – o que

---

([36]) Para mais referências sobre as experiências feitas em África, cf. Ferguson (2015).

torna estes modelos dificilmente replicáveis em Estados que não têm uma fonte de riqueza nacional específica.

No final dos anos 60, o orçamento do Estado do Alasca recebeu 900 milhões de dólares, como resultado da alocação de direitos de exploração de campos de petróleo em Prudhoe Bay, no nordeste do Estado. Em 1976, o governo tomou a decisão de alocar esse montante a um fundo público, sendo uma parte das receitas provenientes desse fundo distribuída pelos cidadãos do Alasca. A Constituição do Estado foi alterada para estipular que pelo menos 25% de todas as receitas geradas pela exploração estadual das riquezas naturais do solo seriam colocadas num fundo permanente – o Alaska Permanent Fund –, com o objetivo de gerar rendimentos a ser reinvestidos na economia, assim como em benefício dos cidadãos através de um dividendo anual (Widerquist, 2012a e 2012b).

Uma estrutura *ad hoc* estabelecida por lei estadual – o Alaska Permanent Fund Corporation – ficou responsável por administrar e gerir as receitas obtidas. Desde 1976, a valorização do fundo foi exponencial. Em julho de 2015, o seu valor atingiu 52,8 mil milhões de dólares, gerando um rendimento anual líquido de 2,90 mil milhões de dólares. Em 2015, o montante disponível para financiar o dividendo foi de 1,33 mil milhões de dólares, divididos entre 644 511 beneficiários, tendo cada um recebido uma soma de 2072 dólares, ou seja, cerca de 1880 euros por ano, ou 157 euros por mês. O dividendo é pago a adultos e crianças, por cheque ou transferência para a conta bancária de cada um, embora tenha de obedecer a três condições: a obrigação de residência de pelo menos um ano a partir da data de aplicação para se receber o dividendo, a condição de residência regular, no que diz respeito aos estrangeiros, e a condição relativa à ausência, durante o ano anterior, de condenação ou prisão por um crime. É de notar que o benefício do dividendo pressupõe um pedido anual voluntário por parte de cada potencial beneficiário (para uma descrição e avaliação exaustiva do Alaska Permanent Fund, veja-se Widerquist, 2012a e 2012b).

Em 2008, o governo da região administrativa autónoma de Macau anunciou a criação de um programa de «partilha da riqueza» (*wealth partaking scheme*), que funciona como esquema de pagamento de uma soma a cada um dos seus residentes, permanentes e não permanentes. Este pagamento é feito pelas autoridades públicas com o objetivo de «partilhar com o público os frutos do desenvolvimento económico» de Macau, principalmente os relacionados com os jogos de casino, os quais constituem quase 40% do PIB de Macau. Durante a crise financeira de 2007–2008, foi também uma forma de combater os efeitos da crise na população, justificando um aumento dos valores pagos.

Desde a sua criação, os montantes anuais pagos variam de ano para ano: 5000 patacas para residentes permanentes e 3000 para residentes não permanentes em 2008, valores que atingiram, respetivamente, 9000 e 5400 patacas em 2014 e 2016, ou seja, cerca de 1020 e 610 euros por ano. Em 2018, estes pagamentos beneficiaram 707 081 pessoas, com um valor de 8738 patacas.

Os exemplos do Alasca e de Macau são ambos atípicos, já que estão diretamente ligados a uma fonte de riqueza nacional que poucos países podem reivindicar hoje. Também são exemplos com um número limitado de beneficiários e os montantes pagos, entre cerca de 100 e 150 euros por mês, são modestos. Além disso, a atribuição do rendimento de forma anual e não mensal levanta ainda outras questões, mormente no que diz respeito ao consumo e à segurança financeira, que devem ser tidas em conta.

Experiências em curso ou em avaliação na Finlândia e nos Países Baixos

O projeto experimental na Finlândia foi fruto de um processo que começou em 2015, quando o governo atual chegou ao poder após as eleições e lançou um estudo que visava o estabelecimento de uma experiência de RBI para um período de dois anos a partir de 1 de janeiro de 2017, com a avaliação a ser feita em 2019, e mobilizando um orçamento de 20 milhões de euros.

Três observações sobre os esquemas de proteção social atualmente em vigor levaram a esta iniciativa: uma mudança do modelo do emprego industrial na Finlândia, semelhante ao encontrado na maioria dos Estados-membros da União Europeia; um sistema de segurança social que não é propício ao regresso ao mercado de trabalho em caso de desemprego; e um sistema demasiado complexo de atribuições da Segurança Social (com cerca de 200 atribuições diferentes) que promove armadilhas de inatividade.

Para o projeto finlandês, o RBI foi sobretudo considerado uma maneira de promover um retorno ao emprego num país que enfrentava uma recessão económica há vários anos e uma taxa de desemprego de cerca de 8%, oferecendo um complemento salarial para o regresso a uma atividade profissional com um nível baixo de salário e com uma baixa proporção de tempo de trabalho.

Este projeto experimental foi levado a cabo através do estabelecimento de uma parceria entre a Organização Finlandesa da Segurança Social (Kela) e várias instituições académicas, grupos de reflexão e a organização patronal finlandesa. Em novembro de 2016, foi elaborado um relatório que recomendou a introdução experimental de um rendimento básico parcial – substituindo alguns dos subsídios atuais, mas sem tomar o lugar de outros benefícios da Segurança Social –, no valor de 560 euros por mês, não sujeitos a imposto, pagos a indivíduos desempregados. A possibilidade de um rendimento básico completo foi rejeitada por causa da dificuldade em financiá-lo. O princípio de um imposto negativo também foi rejeitado.

Assim, este projeto experimental foi limitado a 2000 indivíduos entre os 25 e os 58 anos à procura de trabalho e recebendo o equivalente ao subsídio de desemprego pago pela organização Kela. O subsídio de 560 euros não era sujeito a imposto e mantinha-se caso os indivíduos encontrassem um emprego nesse período. Tratava-se, na realidade, de um rendimento condicional, pois apenas era pago a pessoas em situação de desemprego que já beneficiavam do subsídio de desemprego. Comparado com o sistema dos dias de hoje, a diferença essencial residia no facto de o rendimento continuar a ser pago aos beneficiários mesmo se os indivíduos no grupo de teste entretanto encontrassem emprego. Assim, na realidade, acaba por se tratar de uma variante de um complemento salarial.

O alcance limitado desta iniciativa pode ser explicado por várias considerações: em primeiro lugar, de acordo com o seu objetivo político, o governo da Finlândia estava sobretudo interessado em avaliar as consequências deste projeto no que diz respeito aos incentivos ao emprego. É por esta razão que a maior parte dos indicadores propostos a avaliação está relacionada com as consequências sobre o emprego: o efeito sobre as declarações de pedidos de emprego, a orientação dos candidatos a emprego quanto às formações e estágios, a modificação dos rendimentos dos beneficiários, e os custos de gestão do rendimento básico em relação aos custos de gestão dos subsídios que este substitui.

Em segundo lugar, por falta de acordo sobre este assunto por parte da coligação que sustentava o governo, toda e qualquer alteração às leis fiscais foi excluída no contexto desta experiência, o que a torna muito limitada e implica a sua incapacidade de demonstrar de que maneira um rendimento básico pode ser financiado quando aplicado a toda a população, uma vez que esta medida custaria 15 mil milhões de euros por ano (sendo o Orçamento do Estado da Finlândia de 60 mil milhões de euros, e o PIB de 210 mil milhões de euros).

Em terceiro lugar, a implementação de um rendimento básico na Finlândia, longe de ser consensual, é muito discutida. Entre os partidos políticos finlandeses, é defendida por três partidos: os Verdes, o partido de esquerda (o antigo partido comunista) e o Partido do Centro. Na coligação de governo que realizou o projeto-piloto, formada pelo Partido da Coligação Nacional, pelo Partido Reforma Azul e pelo Partido do Centro, apenas este último, do qual fazia parte o primeiro-ministro, Juha Sipilä, o defendia. Os sindicatos dos trabalhadores, assim como a organização central dos patrões, opuseram-se. Na opinião pública, este princípio foi defendido pela primeira vez por jovens e, de acordo com as sondagens, apenas 35% dos finlandeses apoiam um rendimento básico de 500 euros por mês, tendo em conta o impacto no aumento de impostos que a sua introdução implicaria. Todas estas dificuldades tornam ainda mais improvável uma aplicação à escala nacional. No entanto, apesar das dificuldades, incluindo as jurídicas (Kalliomaa--Puha *et al.*, 2016), a implementação do projeto seguiu um caminho pragmático.

Ao propor um projeto-piloto, é de esperar que se os resultados forem positivos experiências mais consequentes possam decorrer a seguir, até porque, apesar das muitas oposições de princípio ao rendimento básico por parte dos participantes neste debate, ninguém se opôs à experimentação pela via de um projeto-piloto. Os responsáveis do projeto pretendiam abranger igualmente pessoas empregadas para testar os efeitos também nesse segmento da população, mas, naquilo que foi uma reviravolta quanto às pretensões dos responsáveis do projeto, o governo finlandês anunciou, em abril de 2018, que o piloto terminaria mesmo no final desse ano e, por conseguinte, não só não haveria alargamento do projeto como, em seguida, se voltaria a testar a possibilidade de um crédito universal.

Apesar de todas estas limitações e falta de capacidade política para assumir um rumo e prossegui-lo, a experiência foi levada até ao fim. E isto a despeito de a recusa em prolongar o projeto ter sido, por diversas vezes, mal interpretada por alguns órgãos de comunicação social que erradamente reportaram que a experiência tinha sido «cancelada» ou «falhara».

À data da revisão final deste livro, em março de 2019, já se podiam consultar os resultados preliminares (Kangas *et al.*, 2019) do projeto-piloto finlandês e, curiosamente, o governo que lhe dera origem apresentara a demissão (por um motivo não relacionado com o projeto de RBI, e que se prendeu com o fracasso da reforma do sistema de saúde da Finlândia).

Ora, estes resultados ainda são, certamente, preliminares, e por isso não se pode esperar extrair deles mais do que conclusões muito provisórias. O primeiro resultado a reportar é que os efeitos na inserção no mercado de trabalho foram muito pouco significativos: a diferença entre os incentivos ao trabalho nos beneficiários do RBI e no grupo de controlo foi muito baixa. E se, à primeira vista, poderia parecer que isto assinalava algum «fracasso» do efeito do RBI, parece-nos, pelo contrário, não só que este resultado seria expectável (uma vez que não houve, na Finlândia, nenhuma criação significativa de emprego neste período), como também mostra, embora para este período limitado de dois anos, que a acusação dos detratores do RBI quanto ao suposto enorme desincentivo do trabalho não se verifica.

Por outro lado, e não obstante o carácter limitado da experiência, os beneficiários do RBI apresentaram um resultado significativamente positivo no que diz respeito a parâmetros como o seu bem-estar físico e mental, níveis de confiança (nas outras pessoas, nas instituições e em relação ao seu futuro pessoal) e sentimento de segurança económica, reportando também níveis menores de *stress* e depressão, o que talvez permita concluir, ainda que de forma provisória, que o objetivo geral de simplesmente melhorar a qualidade de vida das pessoas também parece ser confirmado por este piloto.

A situação nos Países Baixos é complementar à da Finlândia, já que reflexão sobre a experimentação está a ser realizada principalmente nalgumas autarquias, e não no plano governamental. De facto, a nível nacional, nenhum partido inclui no seu programa a introdução de um rendimento básico, e a maioria dos grupos políticos nacionais opõe-se ao próprio princípio de um RBI. Numa economia que se aproxima do pleno emprego, a prioridade é o incentivo ao trabalho. Embora exista no país forte oposição de princípio à criação de uma experiência-piloto à escala nacional, a nível local, em várias cidades (mais especificamente em Deventer, Utreque, Groninga, Ten Boer, Tilburgo e

Wageningen), está a ser elaborada uma reflexão favorável à experimentação, sendo o caso mais avançado o que está a ser concebido na cidade de Utreque.

Em Utreque, o projeto experimental chama-se «*Weten wat work*» («Saber o que funciona») e é considerado uma alternativa à chamada lei de «participação», que condiciona o pagamento de certos subsídios ao cumprimento de determinadas obrigações administrativas bem como à procura de formações ou empregos, situação que gera bastante complexidade administrativa, é causa de *stress* para os potenciais beneficiários e favorece estratégias de omissão para se poder manter o direito aos subsídios.

Nesta cidade de 340 000 habitantes, 9800 pessoas recebem um rendimento social de inserção por lei (de 900 euros por mês, mas que varia em função de outros subsídios recebidos). A experiência-piloto em Utreque implica a participação de cerca de 500 pessoas escolhidas aleatoriamente entre os beneficiários do rendimento social de inserção, mas com o seu consentimento. As autoridades municipais pretendem testar por dois anos as variações de rendimento em quatro grupos de 100 indivíduos:

1) um primeiro grupo não tem nenhuma obrigação de procurar emprego;
2) num segundo grupo, cada beneficiário recebe uma quantia adicional de 125 euros por mês, desde que exerça uma das atividades disponibilizadas pela cidade;
3) num terceiro grupo, cada beneficiário recebe automaticamente uma quantia adicional de 125 euros por mês, sem ser obrigado a exercer uma das atividades oferecidas pela cidade, mas com a obrigação de exercer uma actividade;
4) num quarto grupo, cada beneficiário fica isento da obrigação de procura de emprego e poderia ganhar uma quantia que pode chegar aos 900 euros se acumulada com um emprego.

Adicionalmente, serão também considerados dois grupos de controlo. A experiência é baseada no trabalho de académicos e de estatísticos, que determinam o grupo de teste e o grupo de controlo. A avaliação será conduzida por estes especialistas graças à interpretação dos dados estatísticos e de entrevistas aos beneficiários. O objetivo é avaliar os efeitos destes dispositivos em termos de incentivos ao emprego. O custo dos testes e o dinheiro pago aos beneficiários são integralmente suportados pelo município, embora a cidade de Utreque pretenda solicitar fundos europeus para garantir o seu cofinanciamento. É de salientar que a experiência incide num rendimento condicional não regressivo, e não num rendimento incondicional, já que a experiência é limitada a beneficiários do rendimento social de inserção. Dada a oposição por parte do governo central, o início desta experiência arrancou com atraso em relação ao inicialmente previsto.

A experiência da GiveDirectly

Por iniciativa própria, algumas organizações privadas têm tentado iniciar experiências de RBI com recurso a campanhas de financiamento coletivo. Destacam-se neste campo organizações como a belga Eight, a brasileira ReCivitas, a indiana Cashrelief e ainda a americana GiveDirectly. Esta última, provavelmente a mais conhecida e com um maior universo de indivíduos abrangidos pelo RBI, foca-se no Leste africano, em particular no Quénia, onde tem planos para testar um RBI em diversas aldeias e comunidades.

O objetivo declarado da GiveDirectly é combater a pobreza extrema, razão pela qual se foca em indivíduos considerados mais necessitados, tendo por base as estatísticas oficiais dos países em causa (Quénia e Uganda), bem como missões locais que se encarregarão de verificar, com base em critérios como a dimensão das casas, o acesso ao saneamento, entre outros, quem será abrangido pelo programa. A experiência começou no final do ano de 2017, e o financiamento foi maioritariamente garantido através de donativos privados, tendo conseguido o objetivo de recolha de 30 milhões de dólares. Esta experiência pretende comparar quatro grupos de aldeias quenianas, abrangendo um total de cerca de 26 mil indivíduos:

1) 40 aldeias em que todos os adultos recebem cerca de 0,75 dólares por dia, pagos de forma mensal durante 12 anos;
2) 80 aldeias em que os indivíduos recebem o mesmo valor diário que em 1), mas apenas durante 2 anos;
3) 80 aldeias em que o pagamento é feito de uma única vez, num total equivalente ao montante que será pago em 2);
4) 100 aldeias em que não haverá nenhuma transferência, funcionando assim como grupo de controlo.

Note-se que os planos da GiveDirectly estiveram suspensos durante alguns meses, esperando a conclusão do processo eleitoral no Quénia, tendo a experiência começado no final do ano de 2017.

Este projeto vem na sequência de duas tendências que se observam cada vez mais frequentemente. Por um lado, o facto de as políticas de desenvolvimento e apoio a países e populações em situação de pobreza extrema passarem cada vez mais por um rendimento em vez de por um auxílio na forma de bens e, por outro, o facto de muitos defensores do RBI, cansados da inação dos poderes públicos, optarem por uma abordagem «faça você mesmo» (Pel e Backhaus, 2016).

As experiências no Canadá e nos EUA

A experiência no Canadá

Mais de 40 anos após a experiência em Manitoba, uma província canadiana volta a testar um modelo de RBI. A província de Ontário começou, em junho de 2017, a primeira fase desta nova experiência, que tinha como objetivo testar os benefícios na saúde, emprego e habitação entre os beneficiários. Este piloto deveria durar três anos, abrangendo um total de 4000 participantes, de áreas rurais e urbanas, de modo a ser tão abrangente quanto possível. No entanto, o novo governo local declarou o fim da experiência em julho de 2018.

Este projeto não era, no entanto, equivalente a um RBI, uma vez que, à semelhança do que acontece noutros pilotos, os participantes obedeciam a uma série de condições, nomeadamente a de viverem com um rendimento baixo (34 mil dólares canadianos para indivíduos, ou 48 mil para casais) ou de serem beneficiários de programas de assistência social. Além do grupo de beneficiários, havia também um grupo de controlo, que não recebia nenhum rendimento. É de referir que este piloto se aplicava apenas a adultos em idade laboral – entre os 18 e os 64 anos –, excluindo assim crianças e idosos.

Este projeto era bastante ambicioso em relação aos aspetos que pretendia avaliar. Era intenção do governo estudar como pode um RBI ajudar indivíduos que aufiram rendimentos baixos a melhorarem as suas condições de vida nos âmbitos seguintes: segurança alimentar, *stress* e ansiedade, saúde mental, saúde e uso dos serviços de saúde, estabilidade habitacional, educação e formação pessoal, emprego e participação no mercado laboral. A avaliação destes critérios estaria a cargo de um grupo de pesquisa que inclui um hospital e uma universidade. Em paralelo, o governo criaria também um conselho para seguir de perto o projeto, fazendo a ponte entre o grupo de pesquisa e os ministérios relevantes.

O montante a ser atribuído a todos os beneficiários seria de 16 989 dólares canadianos anuais para os indivíduos e de 24 027 dólares canadianos anuais para os casais, ambos pagos de forma mensal. Estes valores correspondem a cerca de 75% do limiar da pobreza. Outros benefícios sociais, tais como os relativos ao cuidado de menores, eram mantidos, sendo que os indivíduos portadores de alguma deficiência recebiam ainda um valor extra de 500 dólares canadianos. Um aspeto importante a realçar é o facto de este rendimento ser reduzido, 0,5 dólares canadianos por cada dólar obtido como salário, caso o indivíduo trabalhe. Este era um projeto extremamente promissor, mas que, infelizmente, foi abruptamente interrompido em julho de 2018, com a mudança de governo. Com a eleição do conservador Doug Ford, o programa foi cancelado sem que fosse possível obter resultados fidedignos, causando estupefação nos investigadores que seguiam o caso e nos beneficiários do piloto. Foi anunciado que os pagamentos continuariam até ao final de março de 2019. Este caso revela que, por melhores e mais ambiciosos que estes projetos sejam, eles dependem sempre da vontade política de manter o piloto a funcionar até que se possa obter resultados cientificamente sólidos.

As experiências nos EUA

Entre os principais entusiastas da ideia de implementação de um RBI encontram-se várias figuras de Silicon Valley, capital mundial da tecnologia. Figuras como Mark Zuckerberg, fundador do Facebook, ou Elon Musk, da Tesla, têm defendido um RBI, sobretudo como resposta ao aumento do desemprego causado pelo desenvolvimento tecnológico. É na senda deste interesse que a Y Combinator, aceleradora de *start-ups* sediada em Silicon Valley, pretende iniciar um piloto de RBI em dois Estados do país – a localização exata não foi ainda comunicada para, de acordo com a empresa, proteger a privacidade dos futuros beneficiários. Tal como Zuckerberg e Musk, também Sam Altman, presidente da Y Combinator, está interessado em estudar como reagirão os beneficiários de um RBI, assumindo que o número de empregos no futuro será drasticamente reduzido.

Após um ano de preparação e de definição do projeto-piloto, em setembro de 2017 foram avançados mais detalhes sobre esta experiência. Desde logo, a criação de uma equipa de cientistas com diferentes formações académicas, bem como a instauração de um comité de aconselhamento, em que se encontram especialistas em economia, em sociologia e em políticas de combate à pobreza. O modelo definido para estudar os efeitos do projeto-piloto é o de controlo aleatório (*randomised controlled trial*), ou seja, comparando um grupo que recebe o RBI com um grupo de controlo que não o recebe ou recebe uma soma moderada. A data de início da atribuição do RBI será durante o primeiro semestre de 2019.

Assim, o grupo beneficiário será constituído por 1000 indivíduos que receberão o montante de 1000 dólares mensais durante cinco anos, enquanto o grupo de controlo será constituído por 2000 indivíduos que receberão a quantia de 50 dólares mensais durante o mesmo período. A seleção dos beneficiários será feita de modo aleatório, tendo em conta uma série de critérios, tais como a idade – entre 21 e 40 anos – e os rendimentos, que devem estar abaixo da mediana no condado de residência do indivíduo. Outros critérios dizem respeito ao estabelecimento de quotas, de modo a assegurar a representatividade em dimensões como etnia, género e rendimento.

De acordo com Elisabeth Rhodes, diretora da equipa de investigação deste projeto-piloto, o objetivo é estudar a evolução de indicadores económicos, de saúde física e mental, bem como os efeitos nas crianças e nas redes sociais, tentando perceber qual o impacto de um RBI num período de volatilidade e incerteza económica. Assim, a empresa tem trabalhado com as autoridades públicas de modo a garantir que eventuais mecanismos de segurança social que atualmente se aplicam aos potenciais beneficiários do RBI não serão afetados quando estes passarem a integrar o projeto-piloto. Este último aspeto pode ser problemático no que concerne à validação e extrapolação dos resultados da experiência, mostrando algumas das fragilidades de um projeto-piloto assegurado por empresas privadas.

Chegados, porém, a este ponto, concentremo-nos em analisar a possibilidade de uma experiência levada a cabo na nossa própria realidade nacional, com todas as características que lhe são próprias.

RBI em Portugal? Proposta de criação de grupo de trabalho para um projeto-piloto

Ao longo deste capítulo e do anterior, vimos algumas das vantagens e desvantagens dos diversos modelos de RBI cuja implementação pode ser posta à discussão. Cabe, porém, perguntar, dentre todos os modelos disponíveis e todos os projetos-piloto que foram tentados no passado ou que estão a decorrer neste momento, será que algum deles seria adequado para transpor, sem mais, para Portugal? E aqui, parece-nos que a nota deve ser de prudência. Em última análise, se as experiências no estrangeiro constituem marcos interessantes de reflexão sobre a aplicação de um RBI em Portugal, estas não podem servir de modelos para reproduzir sem discussão. Devemos assim começar por questionar os motivos que, em Portugal, justificariam especificamente a introdução de um RBI.

As reflexões que estruturam o debate sobre a introdução de um rendimento deste tipo em Portugal são diversas. O RBI não deve ser nem demonizado nem santificado. Recusando esta falsa alternativa, devemos escolher o caminho do realismo, começando por reconhecer o evidente: não dispomos de informação suficiente que permita tirar conclusões definitivas sobre as vantagens e desvantagens do RBI. Por conseguinte, a maneira mais realista de obter essa informação é fazendo experimentação local, o que nos remete para uma observação que já fizemos antes: a universalidade da ideia do RBI deve ser sempre conjugada com uma implementação que é local e que não pode fazer abstração do modelo de Estado social em vigor em cada contexto.

Assumindo que seria possível introduzir um RBI em Portugal, fosse por via estritamente nacional ou europeia, e apesar de reconhecermos que um projeto-piloto nunca nos daria, em virtude das suas próprias limitações, informação suficiente para permitir ajuizar com rigor as consequências da implementação a larga escala, existem, como já referimos, bons motivos para se ponderar a realização de um projeto-piloto. Estes têm que ver com a possibilidade de se preparar o debate para uma possível introdução mais alargada no futuro, testar a sensibilidade da opinião pública ao mesmo e, simultaneamente, tirar pelo menos algumas conclusões provisórias em relação às variáveis que o estudo decidisse isolar.

Em relação ao contexto português, é preciso não esquecer que qualquer solução teria sempre de passar, reiteramo-lo, pela manutenção e aprofundamento do Estado social já existente. Nesta situação, cremos que o RBI, caso algum dia fosse implementado, deveria ser desenhado de forma a responder a um desafio fundamental: lutar contra a pobreza e a exclusão social. Isso implica ir para lá das estatísticas oficiais e poder responder à situação dos excluídos do sistema. De facto, a pobreza de muitas pessoas, excluídas do RSI, é particularmente alarmante (Farinha Rodrigues *et al.*, 2016). O estudo das despesas de proteção social e de educação mostra, de facto, uma distorção da estrutura da despesa a favor dos idosos e à custa dos jovens. A situação das famílias monoparentais e de desempregados de longa duração é também motivo de preocupação. Nesta perspetiva, o RBI, ainda que aplicado com uma quantia equivalente ao RSI, se considerado instrumento adicional de luta contra a pobreza, poderia ser uma maneira relevante de simplificar e tornar mais eficiente a política de solidariedade do Estado social, ajudando a aliviar as insuficiências do RSI e de outras prestações condicionais.

Para mais, o RBI teria as vantagens já referidas da redução da burocracia, diminuição da estigmatização e da intrusão na vida de quem recebe prestações sociais, facilitação da transição para dentro ou fora do mercado de trabalho e capacitação das pessoas, no sentido do exercício de uma liberdade e manutenção de uma igualdade mais reais do que aquelas de que agora dispomos. Mas para que isso aconteça, é preciso pensar nos detalhes específicos desta transição possível. E é nesse sentido que gostaríamos de apresentar a proposta de constituição de um grupo de trabalho que permitisse, em estreita colaboração com as autoridades competentes, pensar nos possíveis moldes de uma implementação futura, incluindo a possibilidade de execução de um projeto-piloto desenhado para a nossa realidade. No apêndice (intitulado «Como levar a cabo um projeto-piloto de RBI») do seu livro mais recente, Guy Standing (2017) defende os projetos-piloto pela capacidade que têm de nos ajudar a pensar nos processos de implementação do RBI, no impacto na atitude das pessoas em relação a ele e no comportamento dos indivíduos que fazem parte do projeto, bem como de testar a relação entre ele e a introdução de outras alterações institucionais ou de políticas públicas que poderiam fazer sentido adotar de forma complementar ao RBI. Adicionalmente, fornece um conjunto muito específico de indicações concretas sobre aquela que julga ser a melhor forma de desenhar, implementar e gerir um projeto-piloto que, sem que se caia no exagero de pensar que são, mais do que uma lista de tarefas, uma espécie de Bíblia dos projetos-piloto, assumem ainda assim relevo suficiente para serem consideradas com seriedade.

Para Standing, de modo que o piloto seja um teste a um verdadeiro RBI, o montante deve ser básico, pago em dinheiro individualmente e em intervalos regulares, incondicional e irrevogável (durante o tempo de duração do piloto, claro). Além disso, para que a obtenção dos resultados almejados seja fiável, convém que não haja nenhuma alteração das medidas ou políticas que são definidas no ponto de partida. E Standing indica igualmente um conjunto de características importantes no desenho do piloto:

1) o desenho deve ser claro e o piloto sustentável, o que inclui a definição de um montante razoável. O plano de trabalhos deve ser claro e o orçamento adequado;
2) o desenho deve ser mantido inalterado até ao fim do piloto, a não ser que surja algum imprevisto cuja solução se torna indispensável para o sucesso do piloto;
3) a amostra deve ser suficientemente grande, isto é, no mínimo com 1000 pessoas e, se possível, maior. Uma amostra muito grande pode ser difícil de gerir, mas

se a amostra for mesmo muito pequena nem sequer conta como uma experiência de implementação de RBI, já que não permite ver com agudeza suficiente as tendências comportamentais segmentadas entre diferentes partes da amostra;
4) o tempo de duração do piloto deve ser razoavelmente longo, para permitir estudar a variação dos resultados consoante a passagem do tempo. A duração para que Standing aponta são dois anos. Isso permite discernir as diferenças entre o primeiro impacto, quando o RBI é recebido pela primeira vez, o efeito de assimilação (gradual) do usufruto do mesmo, bem como, por exemplo, efeitos comportamentais de aprendizagem e «contágio» de alguns indivíduos da amostra (isto é, ao ver o que determinadas pessoas fazem com o RBI, alguns indivíduos podem mudar a sua própria atitude ao longo do tempo). Deve, no entanto, ter-se cuidado para não o tornar demasiado longo (por hipótese: muitos anos) para eliminar o efeito de fadiga da monitorização dos resultados (e que também é sentido pelos próprios indivíduos que constituem a amostra e prestam a informação relevante para o estudo);
5) o piloto deve poder ser reproduzido noutros contextos e «escalável», isto é, o desenho deve ser simples o suficiente para, em teoria, poder um dia mais tarde ser aplicado de forma mais alargada a nível local ou nacional (ou, acrescentamos nós, supranacional, por exemplo, no contexto europeu, caso isso fosse adequado);
6) devem ser utilizados grupos de controlo aleatórios. Isto permite comparar os efeitos (antes e depois da introdução do RBI no grupo de teste) entre quem passa a beneficiar do RBI e quem não tem, no piloto, direito a tal. O que também permite isolar as alterações (comportamentais ou outras) que são resultado direto do RBI e que não advêm da alteração de fatores exógenos, independentes do RBI;

7) devem ser aplicados inquéritos de base que possibilitem fazer um censo da totalidade da amostra em estudo e, assim, coligir todos os dados relevantes para a análise das variáveis em questão;
8) o processo de recolha de informação deve ser feito através da aplicação de questionários de avaliação distribuídos regularmente, com um intervalo que talvez possa rondar os seis meses, e que devem culminar num questionário final, a aplicar no último mês de atribuição do RBI pelo piloto;
9) deve recorrer-se a «informadores-chave». Isto é, embora o processo principal de recolha de informação deva ser feito com recurso a informação vinda dos próprios beneficiários do RBI, esta deve ser complementada por informação de terceiros, exteriores ao processo. Estes podem ser as autoridades locais, ou os profissionais de saúde e/ou de educação;
10) a análise dos dados deve ser multinível; isto é, devem poder avaliar-se os efeitos, por exemplo, quer nos indivíduos quer nos agregados familiares e na própria comunidade como um todo, levando em linha de conta os multiplicadores económicos e a forma como o RBI tem impacto na própria atividade económica da comunidade em análise;
11) as avaliações devem ter em conta efeitos quer nas atitudes quer nos comportamentos dos beneficiários. Uma hipótese para facilitar a recolha destes dados é a adoção de escalas Likert nos inquéritos por questionário;
12) as hipóteses em investigação devem ser completamente explícitas antes do lançamento do piloto e antes da aplicação do inquérito de base. Estas podem incluir, por exemplo, os efeitos do RBI na capacidade de as famílias ou indivíduos terem acesso a melhor nutrição, melhores cuidados de saúde ou serem capazes de pagar as suas dívidas;
13) o custo e o orçamento do piloto devem ser realistas;
14) a amostra deve ser tão estável quanto possível;

15) as transferências devem ser monitorizadas, passando pelo sistema bancário;
16) devem ser considerados os resultados do RBI para a capacitação das pessoas.

Talvez um eventual projeto-piloto a ser tentado em Portugal não obedecesse a todas estas características. No entanto, em nosso entender, estas indicações de Guy Standing providenciam-nos já um bom mapeamento do que pode ser desejável para efeitos de clareza do estudo e fiabilidade dos resultados. Tendo em mente esta possibilidade, a nossa intuição é que um grupo de estudo que envolva especialistas académicos (economistas, sociólogos e outros cientistas sociais), possivelmente assistentes sociais e representantes das autoridades competentes (tipicamente, por parte do Ministério do Trabalho e da Segurança Social ou da Segurança Social enquanto tal, mas também, possivelmente, membros de grupos parlamentares ou das estruturas de poder local que poderiam receber o piloto), poderia desenhar tal projeto e, havendo vontade política para tal, testar alguns dos efeitos da implementação do RBI em determinada(s) localidade(s) portuguesa(s).

Isso permitiria, por um lado, fazer um desenho adequado com várias áreas de competências envolvidas e, por outro, ter uma noção mais adequada dos efeitos no nosso país. Se o modelo fosse escalável e aparecessem modalidades de financiamento adicional que permitissem ponderar a aplicação nacional, sendo que, ao mesmo tempo, porventura a opinião pública nessa altura (também consoante os resultados do piloto) já estaria mais habituada à ideia do RBI, então, com a introdução do piloto, parte significativa do trabalho futuro para uma implementação generalizada já estaria feita.

Não cabe a nós, mas às autoridades competentes, avaliar a bondade e a pertinência desta proposta, bem como as eventuais condições de exequibilidade política (ou ausência dela) da mesma, nem sequer se o *timing* da sua implementação seria agora o adequado, ou se deveria ser adiado para o momento de uma conjuntura política e económica diferente. Contudo, se, como argumentámos no capítulo 6, a revolução tecnológica em curso e os efeitos no emprego tornarão paulatinamente mais urgente a introdução de um RBI, então mais valeria adotar uma proposta deste género (a do piloto) cedo, de forma proativa, e não tarde, de forma reativa.

No próximo e último, capítulo, voltaremos a fazer um caminho de generalização da proposta, falando já não dos pilotos locais, mas da pertinência da introdução de um RBI de forma mais alargada, no futuro, e em moldes que nos parecem interessantes, ainda que desafiantes, tendo em conta os tempos de urgência ecológica que vivemos.

9.
UM RENDIMENTO BÁSICO EM TEMPOS DE URGÊNCIA ECOLÓGICA

> O futuro da vida na Terra depende da nossa capacidade de ação. Muitos indivíduos fazem o que podem, mas só pode haver verdadeiro sucesso se houver mudança nas nossas sociedades, na nossa economia e na nossa política. Durante a minha vida, tive a sorte de poder assistir a alguns dos maiores espetáculos que o mundo natural tem para oferecer. Temos certamente a responsabilidade de deixar às gerações futuras um planeta que seja saudável, e habitável por todas as espécies.
>
> Attenborough, 2006

Num planeta em que os recursos naturais são por definição finitos, apostar num modelo de desenvolvimento que tem no crescimento económico (em grande parte dependente da extração e uso desses mesmos recursos) o seu pilar principal é o equivalente a caminhar conscientemente em direção a um precipício. No entanto, a aposta em mais e maior crescimento é uma ideia recorrente em governos de esquerda e de direita, muitas vezes usando a proteção dos mecanismos de segurança social como razão para o mesmo. Mais do que repartir melhor o bolo, defende-se que o bolo deve crescer, independentemente das injustiças inerentes à sua distribuição. Mas como os fenómenos ambientais extremos associados às alterações climáticas globais, a perda de biodiversidade e até o desaparecimento de rios e lagos nos relembram constantemente, o planeta não está preparado para que se continue com um modelo de desenvolvimento produtivista e extrativista. Poderá um rendimento básico incondicional ajudar à definição de um novo modelo de desenvolvimento?

Apesar de alguns textos ambientalistas terem sido publicados em séculos passados, os principais alertas fundamentados cientificamente para os impactos das atividades humanas no planeta começaram na segunda metade do século XX. A publicação de livros como *Silent Spring* (1962) ou de relatórios científicos – com claro destaque para o relatório do Clube de Roma, *Os Limites do Crescimento* (Meadows *et al.*, 1972) – alertando para os riscos ambientais do modelo económico e social seguido pelos países mais ricos fez com que se começasse a pensar seriamente em como fazer frente a esses problemas.

De entre as principais causas que fazem com que vários cientistas considerem a época que vivemos o Antropoceno (Waters *et al.*, 2016), encontram-se os padrões de produção e consumo associados aos países mais ricos, pelo que talvez o termo «capitaloceno» seja mais adequado. A pegada ecológica – método de cálculo simples que, *grosso modo*, indica a «área» necessária para garantir a sustentabilidade do planeta – na grande maioria dos países do Norte global está bastante acima dos limiares da sustentabilidade. De modo geral, quanto maior for o rendimento de um indivíduo, maior é o seu impacto ambiental, nomeadamente as emissões de dióxido de carbono que lhe estão associadas. Estes países vivem, portanto, acima das suas possibilidades no que à biocapacidade dos ecossistemas do planeta diz respeito.

Como já mostrámos anteriormente, a ideia de um rendimento básico incondicional tem acérrimos defensores e oponentes em ambos os lados do espectro político. Há, no entanto, uma grande família política que faz a defesa aberta do RBI: os partidos verdes/ecologistas (Birnbaum, 2009). À primeira vista, esta ligação entre rendimento básico e a busca de um futuro ecologicamente sustentável não é de modo algum trivial (Andersson, 2010). Desde logo, se a responsabilidade principal do ponto crítico, social e ambiental, a que se chegou reside num sistema assente no consumo e no crescimento económico, não irá um rendimento extra contribuir precisamente para alimentar esse sistema? Conhecendo-se os impactos ambientais de uma globalização económica e financeira pouco regrada, não poderá um rendimento básico servir para se importar produtos a baixo custo – sem os custos sociais e ambientais internalizados –, prescindindo da compra do mesmo produto produzido localmente mas a um preço superior? Estas questões não são de resposta óbvia e nem sempre são suficientemente referidas pelos defensores de um rendimento básico com justificação ecológica. Tal como as visões *fraca* e *forte* de sustentabilidade e de consumo sustentável, podemos também distinguir entre ambientalismo e ecologismo (Dobson, 2007, pp. 2-3) e, consequentemente, entre dois níveis de rendimento básico com justificação ambiental: 1) um rendimento básico «ambientalista», implementado dentro e como parte do sistema económico-social atual; 2) um rendimento básico «ecologista», implementado de modo a desafiar esse sistema (Pinto, 2018). Antes de discutirmos esses dois potenciais modelos de RBI, olhemos para o que significam estas duas abordagens de consumo sustentável e o que lhes está inerente.

Duas abordagens ao consumo sustentável

Não parecem existir grandes dúvidas de que os padrões de consumo nos países ricos são dos principais responsáveis pelo rápido e acentuado deteriorar das condições ambientais a nível global. Desde o fim da Segunda Guerra Mundial que o modelo de desenvolvimento nesses países tem assentado numa política de crescimento económico e de consumismo (Littler, 2007). Foram, na grande maioria das vezes, os próprios governos a promover o consumo, seja por parte dos cidadãos – consumo privado – seja também por parte das próprias estruturas estatais – consumo institucional –, encontrando-se esses governos presentemente numa posição complexa: por um lado, apelando à necessidade de consumir de um modo diferente e, por outro, tendo a necessidade de garantir a manutenção desse mesmo consumo, de modo a assegurar o crescimento económico.

Verifica-se assim um paradoxo entre a necessidade de consumir menos – ou, pelo menos, consumir melhor – e a necessidade de os governos conseguirem garantir o crescimento das suas economias. Não sendo o objetivo deste livro, nem havendo espaço para desenvolver tal tópico, convém referir as imensas fragilidades da utilização do crescimento económico e do aumento do PIB como finalidade principal das políticas públicas (Martin *et al.*, 2016). Desde logo, esse indicador não inclui os aspetos ambientais – tendo, aliás, os desastres ambientais um papel positivo no aumento do PIB, pelo que não é de todo claro que o crescimento económico signifique melhorias ambientais (Cole e Lucchesi, 2014; Dietz *et al.*, 2012) – nem sociais, nomeadamente as desigualdades. Este último aspeto é bastante importante, uma vez que os padrões de consumo insustentável nos países ricos vieram gerar mais desigualdades (Lorek e Vergragt, 2015), enquanto essas mesmas desigualdades contribuem para o acentuar desses padrões insustentáveis (Wilkinson e Pickett, 2009).

Sendo o consumo excessivo uma das principais causas da crise ecológica que atravessamos, não é de estranhar o número de estudos e abordagens que este tema tem recebido. Podemos dividi-las em duas grandes categorias: uma fraca e uma forte. Do mesmo modo que a principal diferença entre sustentabilidade fraca e sustentabilidade forte reside na assunção da substituibilidade do capital natural através de investimentos (Neumayer, 2013, p. 22), a diferença entre consumo sustentável fraco e consumo sustentável forte reside no facto de o primeiro defender que a evolução tecnológica, nomeadamente por meio do aumento da eficiência na fase de produção, garantirá a sustentabilidade do consumo, enquanto o segundo defende que apenas alterações nos padrões e nos níveis de consumo a poderá assegurar (Lorek e Fuchs, 2013). Trata-se, no fundo, da oposição entre uma visão otimista em relação à tecnologia (tecnófila) ou cética da mesma (tecnófoba), debate que, noutros moldes, também já vimos no capítulo 6.

Consumo e bem-estar

Embora as sociedades dos países mais ricos baseiem as suas políticas públicas no aumento do PIB e do crescimento económico assente no consumismo, são vários os estudos que desafiam a ligação entre o aumento da riqueza e o aumento do bem-estar a partir de determinado valor de riqueza (Easterlin, 1974; Jackson, 2009; Victor, 2008). Entender o paradoxo de Easterlin é fundamental para garantir um bom desenho de políticas públicas apostadas no aumento do bem-estar da população. Um elemento-chave na explicação do paradoxo parece residir, uma vez mais, no aumento das desigualdades, nomeadamente no que tange aos rendimentos: se o crescimento económico for acompanhado de um aumento da desigualdade, então a felicidade e o bem-estar poderão não aumentar (Oishi e Kesebir, 2015).

A necessidade de promover políticas não viradas exclusivamente para o aumento do crescimento económico, mas apostando em diversas áreas sectoriais (Cruz, 2016), torna-se assim premente. Brown e Vergragt (2016) defendem até que a transição para uma sociedade menos consumista se fará não por imperativo moral ou por movimentos ambientais, mas sim pela procura do verdadeiro bem-estar.

Convém notar que a função do consumo vai para lá da satisfação das necessidades básicas, tendo também uma função social, estando ele integrado noutras práticas do dia a dia (Di Giulio *et al.*, 2014). Assim, formas alternativas de consumo, não monetárias e baseadas na comunidade, contribuem também para o aumento do bem-estar; nesses casos, o aumento do bem-estar com o consumo é conseguido precisamente por não haver trocas monetárias (Albinsson e Perera, 2012). Elementos como a identificação com a comunidade, a ocupação dos espaços públicos e o prazer na partilha de bens revelam um papel importante na relação entre o consumo e o bem-estar.

Torna-se então claro que a promoção do bem-estar não está dependente de políticas que promovam o consumismo e que, pelo contrário, o aumento do bem-estar pode até estar associado à redução do consumo, designadamente através da redução do horário de trabalho (Schor, 2005; Kallis *et al.*, 2013). O «hedonismo alternativo» (Soper, 2007) pode também contribuir para uma mudança nos hábitos de consumo, tanto pela crítica à sociedade consumidorista, como pela emergência de novos critérios de qualidade de vida associados a atividades de menor impacto ambiental.

No entanto, se parece ser claro que os padrões de consumo nos países ricos são responsáveis por grande parte dos impactos ambientais a nível global e que é urgente mudar de rumo para garantir um futuro sustentável, por que razão não há mais indivíduos a alterar os seus hábitos? Várias razões ajudam a explicar este desfasamento entre as atitudes (a perceção por parte dos indivíduos do carácter social e ecologicamente nocivo dos seus hábitos) e os comportamentos (a tomada de medidas concretas na redução dos comportamentos nocivos). Desde logo, algumas razões práticas podem ser dadas: a) dificuldade na identificação e perceção das vantagens do consumo de produtos sustentáveis (Markkula e Moisander, 2012; Dendler, 2014); b) razões de conveniência; c) o custo dos produtos. Num âmbito mais estrutural, pode ser indicado o facto de os indivíduos muitas vezes consumirem não pelo simples ato do consumo, mas sim como parte das suas práticas sociais (Evans, 2011). A existência de um *habitus* consumista dificulta a prática de modos de consumo alternativos, apesar de poder haver uma atitude nesse sentido. Questões relacionadas com os valores pessoais, nomeadamente no que concerne ao universalismo e ao poder, parecem também desempenhar um papel importante (Vermeir e Verbeke, 2006).

Como já referimos, as empresas privadas e os governos que fazem do crescimento económico o seu objetivo principal têm pouco interesse na redução do consumo. Verifica-se, pois, uma chantagem moral (Battistoni, 2014) a que os cidadãos são sujeitos: se não consumirem, ou consumirem menos, estarão a contribuir para um menor crescimento e para o aumento do desemprego. Este facto poderá também contribuir para o desfasamento entre atitude e comportamento, impedindo que alterações radicais ao sistema consumista sejam postas em prática.

Podemos, contudo, estar a iniciar a entrada numa fase de pós-consumismo (Cohen, 2016), e vir então a assistir à emergência de um *eco-habitus* (Carfagna *et al.*, 2014) para o qual tanto as organizações socialmente inovadoras (pelo seu papel pioneiro na promoção de modelos de consumo alternativos) como os Estados (pelo papel que podem e devem ter no apoio a essas organizações) terão de trabalhar em conjunto. Uma das políticas integrantes desse plano de apoio pode ser um rendimento básico que seja social, ecológica e economicamente sustentável.

A justificação ambientalista de um rendimento básico

Como referido acima, embora os principais apoiantes de um RBI se encontrem entre os verdes e ecologistas, a ligação entre o mesmo e um modelo de desenvolvimento sustentável não é imediata. A principal razão que justifica uma argumentação ecológica a favor de um rendimento básico parece ser o seu papel na quebra do vínculo entre o crescimento económico e a criação de emprego e manutenção dos sistemas de segurança social. Ora, tal separação implica uma revisão do sistema económico e social hegemónico, condizente com as propostas *fortes* de consumo sustentável. Essa revisão pode também ser reforçada por uma desmercadorização de vários bens – incluindo o trabalho –, passando-os da esfera do mercado para a esfera pública e para uma terceira esfera fora do mercado e do Estado, a chamada esfera «autónoma», tal como caracterizada por Gorz. A partir de uma ótica ecologista e de justiça social, existem também algumas propostas para uma espécie de rendimento básico na forma de serviços, tais como transportes públicos gratuitos (Calder, 2009). O objetivo de fundo de todas estas propostas parece ser o da passagem de um modelo de sociedade consumista para um modelo de prosperidade ética (Ryan, 2012).

Embora no seminal *Real Freedom for All* (1995), Philippe van Parijs tenha deixado de fora a justificação ecologista para um rendimento básico e tenha até referido que tal rendimento seria «amigo do crescimento» (Van Parijs, 1992, p. 28), o filósofo belga veio mais tarde defender a ligação forte entre a ecologia política e um rendimento básico incondicional (Van Parijs, 2009). Tal conexão justifica-se pelo facto de as atividades desempenhadas na «esfera autónoma» (Gorz, 1985 e 2013) – que se pode caracterizar como abrangendo tudo aquilo que não pertence nem à esfera do mercado nem à esfera das autoridades públicas – contribuírem para o desenvolvimento sustentável de modo mais eficaz do que as das outras duas esferas. Assim, um rendimento básico – financiado pelas esferas pública e do mercado – serviria para fortalecer a esfera autónoma, contribuindo para a promoção de um modelo de desenvolvimento sustentável.

Têm também surgido várias abordagens que cruzam a proposta de implementação de um RBI e o decrescimento. Este conceito, surgido nos anos 70 do século XX, defende que se abdique do crescimento económico como um objetivo da sociedade (D'Alisa *et al.*, 2016). Assim, as sociedades passariam a consumir menos recursos naturais, organizando-se também de um modo diferente, assente na partilha, na simplicidade voluntária e nos comuns. Serge Latouche, um dos principais pensadores do decrescimento, chamou-lhe uma «utopia concreta» (2007). As pontes entre decrescimento e proteção ambiental parecem ser claras, sendo portanto necessário estudar se pode um rendimento básico levar a sociedade por esse caminho. Da mesmo forma, parece ser verdade que apenas uma estratégia de consumo sustentável *forte* pode apoiar políticas de decrescimento, sendo esta ligação recíproca (Lorek e Fuchs, 2013).

Em relação às ligações entre um rendimento básico e consumo sustentável, Boulanger (2009 e 2010) refere duas áreas de particular interesse: a desmercadorização e a suficiência. Esta última vai ao encontro do princípio da economia estacionária (Daly, 1991), sendo que um rendimento básico poderia servir de meio de transição para uma economia nesse estado (Marston, 2016). No entanto, esta conceção de RBI está presa ao modo dominante de produzir moeda, baseado nos bancos centrais e bancos privados, e assente na criação de dívida. Contudo, se se pretender desafiar radicalmente o sistema socioeconómico, também o modo como se atribuirá o rendimento básico deve ser desafiador. Assim, e atendendo ao momento crítico que atravessamos, mais do que um rendimento básico «ambientalista», parece ser necessário um rendimento básico «ecologista».

Um rendimento básico «ecologista»

A maioria das propostas de rendimento básico incondicional, incluindo aquelas que são defendidas pelo potencial impacto positivo no ambiente, pode ser caracterizada como fazendo parte de uma abordagem *fraca* dentro do quadro socioeconómico vigente. Tais propostas pretendem *adaptar-se* ao sistema em vez de *adaptar* o próprio sistema. Sendo pragmáticos, a possibilidade de implementar soluções como um RBI «ambientalista» num sistema hegemónico parece ser mais provável do que, sendo muito ambicioso, querer reformular por completo toda a ordem económica. Assim sendo, essas abordagens devem, pois, continuar a ser feitas e estudadas, mas sem perder de vista o facto de que, mais cedo ou mais tarde, o sistema terá de ser reformulado, uma vez que fomenta as atividades ambientalmente nocivas. Por esta razão, o desenho de um rendimento básico «ecologista» teria de ser forçosamente acompanhado de outras políticas que servissem para reduzir a insustentabilidade do modo de vida dos países ricos.

Mais, de modo a garantir e promover a liberdade real, tal como discutida no capítulo 2, um rendimento básico teria sempre de ser aplicado em conjunto com outras medidas, tais como o acesso à saúde, à educação, à habitação, entre outras. O seu financiamento, como visto no capítulo 7, poderia ser obtido através de taxas sobre as atividades poluentes como, por exemplo, taxar as emissões de dióxido de carbono ou também por meio de taxas sobre o uso dos comuns. Deste modo, não só se financiaria o rendimento básico, como se tornariam mais onerosas as atividades mais poluentes, levando à sua redução. É claro que este tipo de financiamento tem também alguns riscos. Se o financiamento de um rendimento básico depende das atividades poluentes, terão os Estados um verdadeiro interesse em limitar essas atividades? Este é um risco real e que deve sempre ser tido em conta aquando da definição dos diferentes modelos de financiamento de um rendimento básico «ecologista».

Mas, pensando num rendimento básico que tente contornar e desafiar a visão socioeconómica hegemónica, que características poderia este ter? Desde logo, a situação de insustentabilidade em que vivemos atualmente (Barry, 2012) não poderia ser mantida, assumindo-se que soluções tecnológicas futuras possam vir a corrigir o que vier a ser destruído entretanto. Isto por três razões: em primeiro lugar o facto de a descoberta de tais soluções não ser uma certeza, em segundo lugar porque alguns impactos são pura e simplesmente irremediáveis (pense-se na extinção de uma espécie animal ou vegetal) e, finalmente, porque desse modo a necessária alteração dos comportamentos e atitudes não se verificaria.

E isto leva-nos a pensar nas limitações de um rendimento incondicional parcial para a verdadeira alteração de modos de vida. Tome-se o caso português. E assuma-se que o rendimento atribuído a todos os portugueses seria de, digamos, 100 euros por mês. É certo que, sobretudo num período de crise económica como o que abalou o país num passado recente e num momento em que os salários médios continuam extremamente baixos, este rendimento seria já um excelente contributo para que os seus beneficiários pudessem viver uma vida mais digna. Mas seria promotor de alguma alteração mais profunda? Provavelmente não. É difícil crer que alguém deixaria o seu emprego (ou melhor, que teria a liberdade real para o fazer) em virtude de uma soma ou até que decidisse reduzir o seu horário laboral. Isto relembra-nos que, mesmo que a solução pragmática para a implementação do RBI fosse começar por um rendimento parcial, o desejável seria mesmo a introdução de um montante apropriadamente básico; é esse o objetivo a prazo. Do mesmo modo, um rendimento básico «ecologista» nunca deveria ser pago de forma anual (e sim de forma mais regular: tipicamente, de forma mensal), pois, como nota Goldsmith (2012, p. 51) referindo-se ao rendimento anual distribuído no estado do Alasca, este serve muitas vezes para um aumento do consumo de produtos desnecessários, fomentando ainda mais uma atitude consumista por parte da sociedade, na qual os vendedores competem entre si de modo a arrecadar parte do rendimento básico universal anual, tendo mesmo campanhas exclusivas nessa altura do ano. Na mesma linha e também olhando para o caso do Alasca, Casassas e De Wispelaere (2012) afirmam que este rendimento, embora podendo servir para melhorar o bem-estar dos seus beneficiários, pode não ser útil para aumentar a sua liberdade republicana.

Assim, um rendimento básico «ecologista» teria sempre de ser pago de forma regular, e de ser no mínimo suficiente para os indivíduos conseguirem viver sem a necessidade de qualquer tipo de trabalho remunerado, podendo assim dedicar-se a atividades dentro da esfera autónoma, de menor impacto em termos ecológicos do que as outras duas esferas. Por outro lado, um rendimento básico «ecológico» teria também de ser universal e incondicional. Em relação à universalidade, pelas razões expostas nos capítulos anteriores, parece ser claro que um rendimento radicalmente desafiador como seria um rendimento «ecologista» teria sempre de ser atribuído a todos os indivíduos.

Um rendimento participativo?

Como vimos no capítulo anterior, em alternativa a um rendimento universal e incondicional, existem várias propostas que vão no sentido de um rendimento de algum modo condicionado (White, 2003; Atkinson, 2015). Numa abordagem ecologista, uma série de condicionantes no acesso ao rendimento básico – por exemplo, a frequência de cursos de consciencialização ambiental – podem ser vistas como positivas. As vantagens apresentadas pelos defensores de um rendimento deste tipo são claras. Desde logo, garantir-se-ia algum contributo social (ou pelo menos assim entendido por quem ditasse as condições de acesso ao rendimento) dado por todos os que dele beneficiassem. Evitar-se-ia um abuso no acesso ao rendimento e, simultaneamente, assegurava-se que o mesmo não criaria uma sociedade mais baseada na indolência do que o desejável. Mas será que estas condicionantes serão realmente o melhor método de assegurar os objetivos que se propõem?

Aquilo que já dissemos anteriormente em relação a um rendimento básico condicionado a um trabalho cívico mínimo aplica-se também no caso ecologista: a condicionalidade tem pelo menos duas desvantagens: (1) contrariamente ao RBI, cuja atribuição é automática, muitas pessoas desfavorecidas não teriam acesso a um rendimento condicional, porque simplesmente não estão informadas desse direito ou, quando o estão, não cumprem as condições burocráticas a preencher e (2) um rendimento condicional pode ser humilhante, intrusivo e estigmatizante.

Não rejeitando um rendimento participativo através da ótica ecologista, parece-nos, no entanto, que a incondicionalidade está mais bem colocada para promover as alterações sistémicas necessárias. Ainda assim, devem ser feitos esforços para que quem receba um rendimento básico se sinta motivado a contribuir para o bem-estar e o bem comum, praticando e promovendo as virtudes cívicas republicanas e opondo-se a qualquer forma de corrupção. De seguida, discutiremos um caso radical de atribuição de um rendimento básico incondicional na forma de moeda complementar e a que chamaremos ecossustentável, que pode dar algumas pistas sobre como promover a prática de atividades de bem comum por parte dos cidadãos e sobre como este rendimento pode revelar-se um aspeto extremamente importante na reforma do sistema socioeconómico neoliberal e hegemónico.

Um rendimento básico ecossustentável como promotor de consumo sustentável

Nos pontos anteriores deste capítulo, assinalámos e criticámos o papel do consumismo e do crescimento económico como objetivo das políticas públicas nos países ricos, mostrando o nosso ceticismo quanto ao otimismo tecnológico dos defensores de um modelo de crescimento «verde» e, por conseguinte, de um modelo de consumo sustentável fraco. O desafio a este sistema e a apresentação de alternativas deve, pois, ser radical, indo ao cerne do mesmo e baseando-se em princípios democráticos e de justiça (Christensen, 2008, p. 120). Um dos pilares em que o sistema atual se apoia é na criação de dinheiro através da emissão de dívida: atualmente, tanto os bancos centrais como os bancos privados são responsáveis pela criação de moeda, decidindo assim, em grande medida, as regras do jogo. Portanto, sendo o objetivo a reformulação do sistema, qualquer modelo de rendimento básico que pretenda ter um carácter progressista deve ser atribuído de um modo diferente do sistema monetário clássico (Arnsperger, 2015).

Uma solução proposta, embora difícil de imaginar como poderia ser concretizada, poderia passar pela interdição de os bancos privados criarem dinheiro (Christensen e

Lieberkind, 2012). Alternativa a considerar é a distribuição de um rendimento básico incondicional na forma de moeda complementar. Atualmente, existem milhares de sistemas de moedas complementares, espalhados pelos cinco continentes, e em vários formatos, incluindo créditos de serviços (e.g. bancos de horas) e moeda em formato físico e digital (Seyfang e Longhurst, 2013). Em si mesmo, o princípio de moeda complementar não representa nenhuma defesa da sustentabilidade social ou ambiental; nalguns casos, nomeadamente o das «milhas aéreas», pode até representar o oposto.

Como deve então ser desenhada esta forma de rendimento básico, de modo a ser considerado um rendimento básico ecossustentável? Esta resposta terá de ser adaptada a cada realidade particular, não havendo uma receita única a ser aplicada a todos os países. Mais, sendo este um campo ainda pouco estudado e pouco testado, estará sempre dependente de uma fase de teste e de acompanhamento. Avançaremos, ainda assim, com alguns aspetos que nos parecem ser importantes num rendimento básico ecossustentável, defendendo desde já a sua incondicionalidade, universalidade, suficiência para garantir a sobrevivência sem necessidade de um emprego remunerado e periodicidade mensal na distribuição.

1) Um rendimento regional: um rendimento básico ecossustentável deve ter um alcance regional, podendo apenas ser utilizado em empresas, organizações e cooperativas locais e independentes, de modo a estar mais próximo dos beneficiários (Lietaer e Kennedy, 2008) e a reduzir os impactos sociais e ambientais decorrentes da importação (desnecessária) de bens. A decisão sobre que empresas cumprem esse requisito deve ser tomada de forma deliberativa entre os órgãos da administração pública – nomeadamente os locais – e os residentes da área em questão. Em casos particulares, este rendimento pode ser utilizado em bens provenientes de fora dessa região. São exemplos dessas exceções as atividades

culturais e artísticas desenvolvidas noutras regiões. O rendimento deve também poder ser utilizado no pagamento de bens essenciais, tais como transportes públicos, eletricidade, água e gás.

2) Equivalente à moeda principal: uma unidade da moeda complementar equivaleria, em valor, a uma unidade da moeda principal. No entanto, a sua utilização estaria limitada aos negócios identificados – que, refira-se, deverão conseguir assegurar todas as necessidades básicas dos indivíduos. Pode considerar-se a convertibilidade da moeda complementar na moeda principal, mas a um rácio inferior a 1:1, de modo que, em caso de troca, uma unidade da moeda complementar valha menos do que uma unidade da moeda principal. Da mesma forma, pode também considerar-se a convertibilidade da moeda principal na moeda complementar a um rácio ligeiramente superior, dando assim um incentivo a essa troca. Estes câmbios devem ser supervisionados pelas autoridades bancárias, de modo a evitar riscos de inflação.

3) Formato físico e digital: tal como acontece com a Bristol Pound, um dos sistemas de moeda complementar mais desenvolvido no mundo, defendemos que o rendimento deve poder ser transacionável de forma física e digital. Pela defesa que faremos da acumulação limitada, o formato digital deve ser privilegiado, devendo, de qualquer dos modos, ser assegurado que aqueles que têm menor literacia informática – e que são, muitas vezes, os que mais necessitam de um rendimento deste género – podem usufruir plenamente do mesmo.

4) Acumulação limitada: de forma a contribuir para a promoção de um modelo de sociedade mais igualitário, este rendimento deve evitar a acumulação, devendo ser aplicado na economia real. Defendemos um período de utilização limitado, de dois anos, por exemplo, findo o qual a moeda deixa de poder ser

utilizada. Colocam-se aqui vários problemas. Em primeiro lugar, a moeda física terá de ter uma data-limite inscrita de forma inviolável. Se o seu primeiro utilizador terá efetivamente dois anos para usufruir da mesma, já os utilizadores sucessivos terão menos tempo. Várias possibilidades para solucionar este problema terão de ser pensadas, desde logo a simples substituição por novas moedas junto do banco que recolheria as moedas «antigas». Em relação à moeda em forma digital, um sistema semelhante ao já existente para várias moedas complementares (como o das «milhas aéreas») controlaria facilmente o prazo de utilização.

Estas seriam as bases de um rendimento básico ecossustentável, embora fiquem ainda por definir vários aspetos e sejam várias as críticas que podem desde já ser feitas. Os mais liberais poderão começar por apontar um certo paternalismo a esta forma de rendimento básico. Mas o equilíbrio entre sustentabilidade e paternalismo revelar-se-á sempre bastante complexo, pelo que, num momento de urgência social e ambiental, parece-nos ser aceitável. Ainda assim, restará decidir até onde pode esse paternalismo ir: na compra de eletricidade, deve o rendimento ecossustentável poder ser utilizado apenas quando a fonte de produção é renovável, ou deve ser neutro a esse respeito?

Uma grande vantagem deste rendimento é que facilita a experimentação de novas formas de vida, mais frugais (Arnsperger e Johnson, 2011), apoiando e promovendo o contacto entre os nichos de inovação social já no terreno, o que poderá ter um papel de relevo na sua difusão (Seyfang e Longhurst, 2016). Contrariamente a outras defesas de um rendimento básico como promotor dessa experimentação, que são sobretudo baseadas na boa vontade dos indivíduos, o facto de este rendimento «obrigar» ao contacto dentro da comunidade aumenta as probabilidades de sucesso dessas experiências. É também por essa razão que este rendimento deve ser suficiente e regular, permitindo que o indivíduo saia do mercado de trabalho clássico se assim o desejar. A segurança de um rendimento básico ajudaria ainda os indivíduos a tornarem-se mais tolerantes e altruístas (Standing, 2016), o que teria um impacto positivo nos valores pessoais, que, como referido, desempenham um papel importante na ligação entre atitudes e comportamentos.

É claro que um rendimento deste tipo está longe de ser uma panaceia ou um fim em si mesmo. Em paralelo com a sua implementação, dever-se-ia apostar numa série de outras medidas estruturais no combate às desigualdades e na defesa da sustentabilidade ecológica. São também necessárias fortes campanhas de sensibilização e educação (Arnsperger, 2010), uma vez que a motivação ética parece ser, a longo prazo, mais eficaz do que os incentivos financeiros.

Resta, pois, discorrer sobre como pode o rendimento básico ecossustentável contribuir para um consumo mais sustentável. Convém referir que todos os consumidores são também produtores, pelo que, consumindo menos – ou melhor, havendo menor necessidade de consumir –, haverá também menor necessidade de produzir. Se, num modelo como o atualmente dominante, este facto pode significar o desemprego maciço e o aumento da precariedade, um rendimento básico implementado como parte de um pacote de medidas de transição para uma sociedade pós-produtivista (Fitzpatrick, 1999) poderá assegurar uma transição suave e bem-sucedida, que não abandone nenhum indivíduo. Há ainda outros aspetos na ligação entre um rendimento básico e o consumo sustentável, que destacaremos de seguida.

Opositor do individualismo

Uma das consequências mais nocivas do neoliberalismo foi ter tornado a sociedade bastante mais individualista. Tal reflete-se também no modo como a abordagem fraca – que é a dominante – ao consumo sustentável tem vindo a ser feita. Pede-se que o indivíduo faça «a sua parte» e que seja responsável nas suas escolhas enquanto consumidor (Middlemiss, 2010). Isto enquanto todo o sistema está desenhado de modo que esse consumo aconteça. Verifica-se aquilo que foi apelidado de «bode expiatório consumista» (Akenji, 2014), em que se pede responsabilidade ao consumidor, mas se continua a apostar num modelo de consumismo verde que está longe de desafiar a necessidade de ter no crescimento e no consumo o centro das políticas públicas. Ora, uma nova abordagem em relação ao carácter utilitário do consumidor é necessária: uma que aposte no seu papel enquanto cidadão (Hobson, 2002) e que rejeite a «privatização da crise ambiental» (Bookchin, 1989).

A atomização da sociedade que um rendimento básico incondicional poderá promover é também uma crítica feita, mormente pelos críticos de esquerda. Já lhe respondemos nos capítulos 1 e 5, mostrando como um RBI poderia promover mais participação cidadã no quadro do Estado social e, portanto, mais liberdade social. Acresce que um modelo de rendimento como o apresentado no ponto 4 evitaria, pelo menos em parte, esse risco. O facto de ser um rendimento na forma de moeda complementar regional teria alguns efeitos positivos na construção de um sentimento de pertença e de identificação. Esse sentimento, aliás, aumentaria as hipóteses de apoio popular, uma vez que seria visto como algo da comunidade e para a própria comunidade. Um aspeto a acautelar é a possibilidade de este rendimento, de algum modo, promover algum tipo de ideal xenófobo ou de exacerbação do sentimento de pertença a uma determinada comunidade.

Apesar de incondicional, não é de descartar a «incondicionalidade condicional» (Caillé, 1996) deste rendimento: uma vez que recebe um dom, o indivíduo sente a necessidade de o devolver de alguma forma, podendo assim sentir-se motivado a participar nas atividades socialmente inovadoras da sua comunidade. Uma outra forma de garantir de modo não obrigatório a participação dos indivíduos é pela democracia deliberativa. Referimos atrás que teria de haver seleção das empresas, organizações e cooperativas que poderiam integrar o sistema de pagamento através da moeda cooperativa. No caso de Bristol, que já emitiu o equivalente a mais de um milhão de libras, esta escolha é feita por um conselho diretivo. Neste modelo, poderia haver uma lista inicial proposta pelas autoridades públicas, realizando-se sessões de deliberação com determinada frequência – por exemplo, bianuais – em que as autoridades públicas e os indivíduos da comunidade votariam quem poderia fazer parte do esquema. Não sendo de participação obrigatória, é expectável que estes encontros atraiam os cidadãos e que promovam a construção de uma sociedade mais envolvida na vida da pólis.

Redutor das desigualdades

Já vimos, no capítulo 3, como o RBI permitiria mitigar a desigualdade. Mas aqui a questão aprofunda-se. É que as desigualdades e o consumo não sustentável reforçam-se mutuamente. Muitas vezes, a razão pela qual os indivíduos não têm padrões de consumo mais sustentável deve-se à falta de tempo e espaço causada pelo sistema capitalista hegemónico (Young *et al.*, 2009). Ora, reiteremo-lo, um rendimento suficiente para viver sem a obrigação de participar no mercado de trabalho clássico e remunerado contribuiria para a redução das desigualdades (Mylondo, 2012, p. 14). Mais, faria que mais indivíduos saíssem desse mercado, trabalhando menos horas ou dedicando-se a qualquer outra atividade atualmente não remunerada.

Acrescente-se ainda que, sendo universal, este rendimento, associado a outras políticas estruturais de limitação da acumulação de capital, terá um contributo inegável na redução das desigualdades. É claro que, como vimos no capítulo 5, estas medidas devem ser acompanhadas pela manutenção e reforço dos serviços sociais do Estado, nomeadamente na saúde e na educação. Apenas uma estratégia concertada poderá assegurar a efetiva redução das desigualdades.

Por fim, como efeito colateral pelo facto de desafiar e contornar o sistema de criação monetária clássico, a instituição deste rendimento poderá forçar a alteração de como se mede o desenvolvimento do país e como se avalia o sucesso das políticas públicas. Assim, pode revelar-se uma boa oportunidade para dar mais destaque à necessidade de combater as desigualdades.

Promotor da esfera autónoma e do localismo

Um rendimento básico ecossustentável fomentaria a passagem de várias atividades, incluindo o trabalho, das esferas pública e do mercado para a esfera autónoma, o que teria vários efeitos positivos, uma vez que podemos assumir que as atividades nesta esfera acarretam menos impactos ambientais do que as atividades das duas outras (Van Parijs, 2009). Isto inclui também as atividades relacionadas com o consumo, principalmente em duas áreas: na promoção do localismo e na valorização social do trabalho não remunerado.

Fomentando a produção local – que, em muitos casos, era já realizada noutros locais a milhares de quilómetros –, este rendimento promoveria uma política de localismo. Assim, a energia gasta no ciclo de vida dos diferentes produtos seria reduzida, desde logo pelo evitar dos custos ambientais do transporte. A aposta numa economia circular localizada é portanto apoiada por este rendimento, podendo ser um elemento estrutural de tal aposta.

Em segundo lugar, sendo um rendimento para todos e incondicional, serviria também para desmoralizar o conceito de trabalho (Hamminga, 1995) ou, por outras palavras, para tirar a carga pejorativa associada a formas de atividade tradicionalmente não reconhecidas enquanto trabalho, e assim alterando a ordem de visibilidade social que, atualmente, coloca o emprego remunerado – independentemente da sua utilidade – em primeiro lugar. Deste modo, valorizar-se--ia socialmente o trabalho que hoje em dia está fora dessa ordem dominante (voluntário e doméstico). O impacto no consumo observar-se-ia através de uma possível saída parcial dos indivíduos do mercado de trabalho clássico – facilitada pela alteração da carga moral que lhe é imputada –, permitindo modos de vida mais domésticos e em maior contacto com a comunidade e, em acréscimo, menos necessitados do consumo como prática social e de estatuto.

Um outro aspeto em que o rendimento teria impacto positivo seria no seu papel promotor de uma ética de propriedade comum (Fitzpatrick, 1999, p. 187) que defenda a partilha de forma incondicional da riqueza produzida pelos bens comuns (Merrill, 2017b). Ademais, havendo maior sentido de pertença social, essa ética comum provavelmente promoveria também menor consumo dos recursos naturais, que passariam a ser vistos como pertença coletiva.

Um passo para uma mudança ainda mais radical

Embora não seja uma rejeição completa dos valores do mercado aplicados ao trabalho – como seria, por exemplo, no caso dos bancos de horas, em que uma hora vale o mesmo para todos –, um rendimento básico ecossustentável como o apresentado poderá ser um passo nesse sentido. Promovendo as trocas dentro da comunidade, este rendimento aumentaria a confiança entre os residentes, o que, num prazo mais ou menos curto, os poderia levar a testar sistemas que não envolvam as formas clássicas de moeda nem de moeda complementar, optando, pelo menos em parte, por formas radicalmente diferentes, como o tempo.

O rendimento básico ecossustentável pode assim representar o equilíbrio máximo entre radicalidade, exequibilidade e apoio popular. Não reformulando o sistema dominante no imediato, emerge no seu interior e, a partir daí, lança as raízes para uma mudança cada vez mais profunda e, potencialmente, apoiada pela população, fruto de uma alteração dos valores e da visão do consumo e do crescimento económico como garantes do bem-estar. Este seria um processo lento, no qual o apelo ao consumo sustentável estaria intimamente ligado ao desenvolvimento do espírito comunitário (Jackson, 2014). Neste modelo de cooperação voluntária e não coerciva, haveria potenciação ainda maior da liberdade social dos cidadãos.

10.
CONCLUSÃO

É possível resistir à invasão de exércitos; mas não se pode resistir à invasão das ideias.

Hugo, 1878, p. 300

Os leitores que nos tiverem acompanhado até aqui estarão porventura em condições de julgar pelas suas próprias cabeças até que ponto o rendimento básico é ou não uma política pública desejável ou até mesmo inevitável a médio prazo, dado o provável aumento do desemprego tecnológico, a dificuldade de apontar para o pleno emprego e o desejo de construir comunidade providenciando a todas as pessoas as condições materiais para uma existência digna, consoante as suas escolhas. Os autores deste livro não pretenderam fazer uma defesa dogmática desta medida, tendo tentado apresentar e discutir cada uma das objeções normalmente levantadas em relação a esta possibilidade.

Alguns leitores porventura concordarão com parte das objeções levantadas ou talvez até tenham outras. Todas elas serão sempre bem-vindas ao debate público sério sobre o rendimento básico. Quando uma ideia é testada pelas mais vigorosas objeções, sobreviver-lhe é prova da sua vitalidade.

Mas se há coisa que a ação humana prova, é que quase tudo na história muda. Culturas, instituições e, obviamente, políticas públicas aparecem, evoluem e transformam-se. Nem sempre isso é claro para o senso comum. Mas não deixa de ser assim. Com este livro, esperamos ter contribuído para mostrar que o trabalho, sendo importantíssimo e central na sociedade, não deve, porém, ser considerado a única fonte de dignidade na vida de uma pessoa; que ele deve poder ser redefinido para englobar também todas as atividades não produtivas que ocupam a vida de tanta gente; e que não deve ser necessariamente a fonte quase única de todo o rendimento para a maior parte das pessoas, nem a sua ausência deve ser usada como fonte de reprovação ética. Quem não trabalha não o faz necessariamente por ser «preguiçoso» e, mesmo que o seja, nada nos diz que a sociedade tenha de viver exclusivamente sob o signo produtivista, sobretudo no que diz respeito à ocupação dos humanos (e é de não esquecer a cada vez maior prevalência das máquinas...).

Esperamos igualmente ter mostrado que é evidente que os Estados sociais são um bem comum a preservar pelas sociedades e que, aliás, em Portugal é política e constitucionalmente inconcebível um RBI que não corresponda à preservação do Estado social. Por conseguinte, em Portugal, uma medida deste género seria sempre uma melhoria e um aprofundamento do Estado social existente, nunca a sua substituição. E isto não esquecendo a necessidade de pensar no RBI que advém do número de pessoas atualmente em risco de pobreza e exclusão social, da distância a que uma grande massa da população ainda está da obtenção de um rendimento adequado e das insuficiências dos esquemas de proteção social condicionais, pelo problema da armadilha da pobreza e do desemprego que fomentam. Por todos estes motivos, e também pela provável pressão cada vez maior sobre a Segurança Social, dada não só a revolução tecnológica como também a inversão da pirâmide demográfica, pensamos ter ficado provado não ser descabida a discussão de uma medida simples mas revolucionária e que, a ser introduzida a um nível suficiente, nunca deixaria ninguém cair abaixo da rede de segurança que estabeleceria.

Não escondemos que o financiamento de tal medida poderia vir a ser complexo e importa ser debatido, sobretudo tendo em conta as diferentes fórmulas que teriam de ser adotadas caso a implementação fosse feita no quadro nacional ou, de forma mais alargada, no espaço europeu ou da Zona Euro. E é claro que, no contexto das sociedades democráticas em que vivemos, nenhuma política pública de tal fôlego poderá ser adotada se não for objeto de um apoio maioritário por parte da população. Mas, a esse respeito, cremos que há razões para algum otimismo. É bom relembrar que todas as anteriores componentes dos Estados sociais, tal como os conhecemos hoje, foram alvo de suspeita e ataque quando foram instituídas. Para dar apenas um exemplo: não há maior «incentivo à preguiça» do que férias pagas pela entidade empregadora; e no entanto, esta foi uma das grandes conquistas sociais do século passado, e é hoje considerada unanimemente um direito inalienável nas nossas sociedades – a não ser que tenhamos a má sorte cada vez mais comum de pertencer ao precariado.

Neste sentido, se parece ser pacífico assumir que, há 30 anos, aquando da fundação da BIEN, a discussão sobre o rendimento básico era um assunto bastante marginal na Europa, acantonado no debate de um punhado de académicos e afastado da atenção mediática e de um debate político mais alargado, o mesmo não se pode dizer hoje em dia. Como referimos na introdução, os últimos anos foram profícuos não só para o debate em torno do RBI, como também para a experimentação local de projetos-piloto. E se, em Portugal, com a organização do Congresso Mundial em Lisboa em 2017, o primeiro passo foi dado, com um aumento do debate público e da exposição mediática do RBI, faltará porventura, para mobilizar de forma mais adequada a opinião pública para este tema e para as potenciais vantagens do rendimento básico, a experimentação local que tem sido apanágio de tantos países diferentes pelo mundo fora.

Como argumentámos no capítulo 5, embora a ideia do RBI tenha uma componente universal, ela nunca poderá ser introduzida por toda a parte da mesma maneira. As políticas públicas não devem ser cegas ao seu contexto de implementação. E se é evidente que um projeto-piloto tem grandes limitações porque nunca nos diz exatamente, do ponto de vista macroeconómico, ou sociológico, o que seria uma implementação em larga escala, ainda assim um projeto-piloto local, se bem desenhado, pode providenciar informações específicas sobre a introdução desta medida no contexto local em que poderia vir a ser implementada. E foi por isso que, no capítulo 8, lançámos o desafio da constituição de um grupo de trabalho, composto por académicos e pelas autoridades competentes, que estudasse concretamente as possibilidades de instituição e desenhasse um projeto-piloto suficientemente ambicioso e duradouro para testar os efeitos de um RBI em Portugal.

No capítulo 9 apontámos para uma forma muito concreta de RBI que, no nosso entender, poderia responder não só a todos os problemas que o rendimento básico visa colmatar, mas também à crise ambiental do nosso planeta e aos desafios muito concretos de sustentabilidade que coloca. Da mesma forma – e como olhamos para o RBI como um direito social que, a ser aplicado, permitiria reforçar a liberdade real, mitigar a desigualdade e dar corpo a uma determinada ideia de justiça –, consideramos que ele devia assumir um nível suficiente, que permitisse a todos uma vida digna. Por isso, quanto mais pessoas abranger, melhor. Nesse sentido, uma implementação a nível europeu parecer-nos-ia preferível a uma introdução meramente nacional.

Mas é claro que temos consciência das dificuldades que se podem colocar a cada um destes passos. Talvez o RBI seja inevitável daqui a algumas décadas e talvez se chegue mesmo a uma versão maximalista e, quem sabe, global da sua implementação, inclusive em moldes ecossustentáveis (e os limites dos recursos da Terra eventualmente a isso obrigarão). Porventura, nesta visão otimista, talvez isso permita realmente a todos gozar dos frutos da Terra, dos bens comuns. Aí, o objetivo emancipatório de qualquer ciência social crítica ou de qualquer ação política que vise o melhor para a comunidade como um todo teria sido atingido. Mas esse não é, obviamente, o estado em que estamos; longe disso. E defender a desejabilidade deste ideal não é contraditório com a abertura a diferentes possibilidades de experimentação de modelos distintos, que podem envolver uma introdução gradual ou parcial, em passos possivelmente incrementais até ao objetivo final.

Ora, neste contexto, e assumindo que a instituição desta medida se tornará cada vez mais premente, talvez seja bom refletir sobre o papel que Portugal quer desempenhar neste processo a nível global. Como relembrámos no capítulo 5, o Estado social português é recente, e deve ser estimado. O facto de ser recente resulta das limitações impostas pelo Estado Novo. Enquanto a maior parte dos Estados sociais europeus assumiu a sua pujança mais significativa a seguir à Segunda Guerra Mundial, Portugal teve de esperar pelo final dos anos 70 para que o seu Estado social, em sentido forte, tomasse forma. Mas será que, neste processo de experimentação e eventual introdução do RBI, o nosso país quererá estar, mais uma vez, em processo de constante atraso, ou poderemos talvez pensar que, nesta como noutras políticas progressistas, seria possível assumir uma posição de vanguarda?

A política mais não é do que o fruto das nossas escolhas coletivas. E que um Estado deve promover a melhor qualidade de vida possível para os seus cidadãos, isso parece incontestável. Qualquer ideia que signifique uma alteração significativa em relação ao passado pode assustar; contudo, muitas vezes só uma verdadeira mudança pode trazer algo melhor. Caminhar nesse sentido pode requerer coragem política. Mas esses passos serão tão mais necessários quanto mais tempo passar, e tanto mais seguros quanto mais estudos sobre o assunto forem feitos.

Assim sendo, e conscientes de que este livro mais não é do que um pequeno passo na caminhada da sensibilização da opinião pública para o debate alargado sobre o rendimento básico, esperamos poder contar com cada vez mais contribuições que ajudem a perceber os contornos concretos que esta ideia poderia assumir entre nós.

BIBLIOGRAFIA E WEBGRAFIA

Webgrafia sobre o RBI (movimento e organizações)

Página do movimento em Portugal: http://www.rendimentobasico.pt.
Associação pelo Rendimento Básico Incondicional Portugal: http://www.rendimentobasico.pt/index.php/associacao-rbi-p/.
Unconditional Basic Income Europe (UBIE): https://www.ubie.org/.
Basic Income Earth Network (BIEN): http://basicincome.org/.
UBIEXP: https://ubiexperiments.weebly.com/.

Bibliografia citada

Ackerman, B. e Alstott, A. (1999). *The Stakeholder Society*. New Haven: Yale University Press.
Ackerman, B.; Alstott, A. e Van Parijs, P. (2006). *Redesigning Distribution: Basic Income and Stakeholder Grants as Cornerstones for an Egalitarian Capitalism*. The Real Utopias Project Series. Londres e Nova Iorque: Verso.
Aguiar, N. (2018). E se o Estado, sem qualquer contrapartida, lhe desse €200 por mês? Disponível em: http://visao.sapo.pt/actualidade/economia/2018-07-07-E-se-o-Estado-sem--qualquer-contrapartida-lhe-desse-200-por-mes-.

Akenji, L. (2014). Consumer scapegoatism and limits to green consumerism. *Journal of Cleaner Production* 63, pp. 13–23.

Albinsson P. A. e Perera, B. Y. (2012). Alternative Marketplaces in the 21st Century: Building community through sharing events. *Journal of Consumer Behaviour* 11 (4), pp. 303–315.

Andersson, J.-O. (2010). Basic Income from an Ecological Perspective. *Basic Income Studies* 4 (2), article 4.

Aristóteles (2016 [s/d]). *Política* (trad. A. C. Amaral e C. C. Gomes). Lisboa: Nova Vega.

Arnsperger, C. (2010). Revenu d'existence et promotion de la sociodiversité. *Mouvements* 4 (64), pp. 100–106.

Arnsperger, C. (2015). Revenu de base, économie soutenable et alternatives monétaires. *L'Économie politique* 3 (67), pp. 34–49.

Arnsperger, C. e Jonhson, W. A. (2011). The guaranteed income as an equalopportunity tool in the transition toward sustainability. *In* A. Gosseries e Y. Vanderborght (org.), *Arguing about Justice: Essays for Philippe Van Parijs* (pp. 61–69). Lovaina: Presses Universitaires de Louvain.

Atkinson, A. B. (2015). *Inequality: What Can Be Done?* Cambridge, Massachusetts: Harvard University Press.

Attenborough, D. (2006). Citado por Rodwell, D. (2007). *Conservation and Sustainability in Historic Cities*. Londres: Wiley-Blackwell.

Avillez Figueiredo, M. (2013). *Será Que os Surfistas Devem Ser Subsidiados?* Lisboa: Alêtheia Editores.

Baptista, A. e Merrill, R. (2015). Introduction to Property--Owning Democracy. *Revista Diacrítica* 29 (2), pp. 9–28.

Barata, A. e Carmo, R. M. (2014). O Estado social não é gordura, é músculo. *In* R. M. Carmo e A. Barata (org.), *Estado Social: De Todos para Todos* (pp. 9–22). Lisboa: Tinta-da-china.

Barnes, P. (2001). *Who Owns the Sky? Our Common Assets and the Future of Capitalism*. Washington, D.C.: Island Press.

Barnes, P. (2014). *With Liberty and Dividends for All: How to Save Our Middle Class When Jobs Don't Pay Enough*. São Francisco: Berrett-Koehler Publishers.

Barry, J. (2012). *The Politics of Actually Existing Unsustainability: Human Flourishing in a Climate-Changed, Carbon Constrained World*. Oxford: Oxford University Press.

Battistoni, A. (2014). Alive in the Sunshine. *Jacobin* 13. Disponível em: https://www.jacobinmag.com/2014/01/alive-in-the-sunshine/.
Belloc, H. (1912). *The Servile State*. Londres: T. N. Foulis.
Bergmann, B. (2004). A Swedish-Style Welfare State or Basic Income: Which Should Have Priority? *Politics & Society* 32 (1).
Bergmann, B. (2008). Basic Income Grants or the Welfare State: Which Better Promotes Gender Equality? *Basic Income Studies* 3 (1).
Berlin, I. (2002 [1958]). Two Concepts of Liberty. *In* I. Berlin, *Liberty*, org. Henry Hardy. Oxford: Oxford University Press.
Birnbaum, S. (2012). *Basic Income Reconsidered: Social Justice, Liberalism, and the Demands of Equality*. Basingstoke: Palgrave Macmillan.
Birnbaum, S. (2009). Introduction: Basic Income, Sustainability and Post-Productivism. *Basic Income Studies* 4 (2), article 3.
Bivans, J. e Mishel, L. (2015). Understanding the Historic Divergence Between Productivity and a Typical Worker's Pay: Why It Matters and Why It's Real. Disponível em: http://www.epi.org/publication/understanding-the-historic-divergence-between-productivity-and-a-typical-workers-pay-why-it-matters-and-why-its-real/.
Blaug, M. (1964). The Poor Law Report Reexamined. *The Journal of Economic History* 24 (2), pp. 229–245.
Bollier, D. e Helfrich, S. (org.) (2014). *The Wealth of the Commons: A World Beyond Market and State*. Amherst, Massachusetts: Levellers Press.
Boltanski, L. e Chiapello, E. (1999). *Le nouvel esprit du capitalisme*. Paris: Gallimard.
Bookchin, M. (1989). *Death of a small planet – It's growth that's killing us*. The Progressive (agosto), pp. 19-23.
Boulanger, P.-M. (2009). Basic Income and Sustainable Consumption Strategies. *Basic Income Studies* 4 (2), article 3.
Boulanger, P.-M. (2010). Three strategies for sustainable consumption. *SAPIENS* 3 (2), pp. 1–10.
Bregman, R. (2016a). Nixon's Basic Income Plan. Disponível em: https://www.jacobinmag.com/2016/05/richard-nixon-ubi-basic-income-welfare/.

Bregman, R. (2016b). *Utopia for Realists: The Case for a Universal Basic Income, Open Borders and a 15-hour Workweek.* Amesterdão: The Correspondent.

Brito; Coutinho; Freitas e Sampaio (2017). The Portuguese Constitutional Court's Jurisprudence of Crisis. *e-Pública* 4 (1), pp. 1–4.

Brown, H. S. e Vergragt, P. (2016). From Consumerism to Wellbeing: toward a cultural transition? *Journal of Cleaner Production* 132, pp. 308–317.

Bruto da Costa, A. Minimum Guaranteed Income and Basic Income in Portugal. Texto apresentado no BIEN 9th International Congress, Genebra, 12–14 de setembro de 2002.

Brynjolfsson, E. e McAfee, A. (2014). *The Second Machine Age: Work, Progress, and Prosperity in a Time of Brilliant Technologies.* Nova Iorque e Londres: W. W. Norton & Company.

Caillé, A. (1996). De l'idée d'inconditionnalité conditionnellle. *Revue du MAUSS* 7, pp. 367–382.

Calder, G. (2009). Mobility, Inclusion and the Green Case for Basic Income. *Basic Income Studies* 4 (2), article 8.

Caputo, R. (2012). *Basic Income Guarantee and Politics: International Experiences and Perspectives on the Viability of Income Guarantee.* Basingstoke: Palgrave Macmillan.

Cardoso Rosas, J. (2011). *Concepções da Justiça.* Lisboa: Edições 70.

Carfagna, L. B. *et al.* (2014). An emerging eco-habitus: The reconfiguration of high cultural capital practices among ethical consumers. *Journal of Consumer Culture* 14 (2), pp. 158–178.

Carmo, R. M. e Barata, A. (2014). *Estado Social: De Todos para Todos.* Lisboa: Tinta-da-china.

Carr, N. (2010). *The Shallows: What the Internet is Doing to Our Brains.* Nova Iorque e Londres: W. W. Norton & Company.

Carr, N. (2013). All Can Be Lost: The Risk of Putting Our Knowledge in the Hands of Machines. *The Atlantic*, novembro de 2013. Disponível em: https://www.theatlantic.com/magazine/archive/2013/11/the-great-forgetting/309516/.

Carreira da Silva, F. (2013). *O Futuro do Estado Social.* Lisboa: FFMS.

Castro, M. (2018). Será possível financiar um Rendimento Básico Incondicional em Portugal? Análise de três cenários. *Revista Portuguesa de Filosofia* 74 (2-3), pp. 627-660.

Casassas e De Wispelaere (2012). The Alaska Model: A Republican Perspective. In K. Widerquist e M. Howard (org.). *Alaska's Permanent Fund Dividend: Examining its Suitability as a Model*. Basingstoke: Palgrave Macmillan.

Charlier, J. (1848). *Solution du problème social ou constitution humanitaire, basée sur la loi naturelle et precedée de l'exposé de motifs*. Disponível em: http://www.basicincome.org/bien/pdf/Solution%20du%20probleme%20social%20ou%20constitution%20humanitaire%20%E2%80%93%20Joseph%20Charlier.pdf.

Christensen, E. (2008). *The Heretical Political Discourse*. Aalborg: Aalborg University Press.

Christensen, E. e Lieberkind, K. (2012). A basic income reform as part of the abolition of economic privileges and the creation of a sustainable society. Paper presented at the 14th BIEN Congress.

Chwalisz, C. e Diamond, P. (org.) (2015). *The Predistribution Agenda: Tackling Inequality and Supporting Sustainable Growth*. Londres e Nova Iorque: IB Tauris.

Clark, R. (2005). The Earth as a Common Trust: Implications for a Minimum Income Guarantee (working paper). Disponível em: http://www.usbig.net/papers/117-Clark-Earthas-Commons.pdf.

Coelho, L. (2018). Rendimento Básico Incondicional, Segurança Económica e Igualdade de Género, no Quadro do Capitalismo Pós-Industrial. *Revista Portuguesa de Filosofia* 74 (2-3), pp. 729-758.

Cohen, M. (2016). *The Future of Consumer Society: Prospects for Sustainability in the New Economy*. Oxford: Oxford University Press.

Cohen, J. e Rogers, J. (org.) (2001). *What's Wrong with a Free Lunch?* Boston: Beacon Press.

Cole, M. A. e Lucchesi, A. (2014). Economic growth and the environment. In G. Atkinson; S. Dietz; E. Neumayer e M. Agarwala (org.), *Handbook of Sustainable Development* (pp. 252-266). Cheltenham: Edward Elgar Publishing Limited.

Condorcet (1970 [1793-1794]). *Esquisse d'un tableau historique des progrès de l'esprit humain.* Texto revisto e apresentado por O. H. Prior. Nova edição apresentada por Y. Belaval. Paris: Vrin.

Constant, B. (1988 [1819]). The Liberty of the Ancients Compared with that of the Moderns. *In* B. Fontana (org.), *Constant: Political Writings. Cambridge Texts in the History of Political Thought.* Cambridge: Cambridge University Press.

Constituição da República Portuguesa. VII Revisão Constitucional (2005). Disponível em: https://www.parlamento.pt/Legislacao/Paginas/ConstituicaoRepublicaPortuguesa.aspx.

Cruz, I. S. (2016). Consumo sustentável e ambiente: o papel do Estado e das políticas públicas na inculcação de disposições ambientalistas. *Sociologia: Revista da Faculdade de Letras da Universidade do Porto*, Vol. XXXII, pp. 33-60.

Cummine, A. (2016). *Citizens' Wealth: Why (and How) Sovereign Funds Should Be Managed by the People for the People.* Yale: Yale University Press.

Cunliffe, J. e Erreygers, G. (org.) (2004). *The Origins of Universal Grants: An Anthology of Historical Writings on Basic Income and Basic Capital.* Basingstoke: Palgrave Macmillan.

D'Alisa, G.; Demaria, F. e Kallis, G. (2016). *Decrescimento: Vocabulário para Uma Nova Era.* Porto Alegre: Tomo Editorial.

Daly, H. (1991). *Steady-State Economics.* Washington: Island Press.

Davala, S. *et al.* (2015). *Basic Income: A Transformative Policy for India.* Londres: Bloomsbury Publishing.

De Wispelaere, J. (2017). Universal Basic Income is About Trust and Decency. Entrevista por K. Haug. *Truthout*, 07/08/2017. Disponível em: http://www.truth-out.org/opinion/item/41516-universal-basic-income-is-about-trust-and-decency.

De Wispelaere, J. e Stirton, L. (2007). The public administration case against participation income. *Social Service Review* 81 (3), pp. 523-549.

Dendler, L. (2014). Sustainability Meta Labelling: an effective measure to facilitate more sustainable consumption and production? *Journal of Cleaner Production* 63, pp. 74–83.

Di Giulio, A. *et al.* (2014). Conceptualizing sustainable consumption: Toward an integrative framework. *Sustainability: Science, Practice, and Policy* 10 (1), pp. 45–61.

Dietz, T.; Rosa, E. A. e York, R. (2012). Environmentally efficient well-being: Is there a Kuznets curve? *Applied Geography* 31 (1), pp. 21–28.

Dobson, A. (2007). *Green Political Thought* (4.ª ed.). Nova Iorque: Routledge.

Dodge, J. (2016). Universal Basic Income Wouldn't Make People Lazy – It would change the nature of work. *Quartz*, 25/08/2016.

Dowding, K.; De Wispelaere, J. e White, S. (org.) (2003). *The Ethics of Stakeholding*. Basingstoke: Palgrave Macmillan.

Dworkin, R. (2000). *Sovereign Virtue: The Theory and Practice of Equality*. Cambridge, Massachusetts: Harvard University Press.

Easterlin, R. A. (1974). Does economic growth improve the human lot? Some empirical evidence. *Nations and Households in Economic Growth* 89, pp. 89–125.

Eden, A. (1947). A nation-wide property-owning democracy. In A. Eden, *Freedom and Order: Selected Speeches 1939–46*. Londres: Faber and Faber.

Elgarte, J. (2008). Basic Income and the Gendered Division of Labour. *Basic Income Studies* 3 (3), article 4.

Esping-Andersen, G. (1990). *The Three Worlds of Welfare Capitalism*. Cambridge: Cambridge University Press.

Espinosa, B. (1992 [1677]). *Ética*. Trad. Joaquim de Carvalho. Lisboa: Relógio D'Água.

Evans, D. (2011). Consuming conventions: sustainable consumption, ecological citizenship and the worlds of worth. *Journal of Rural Studies* 27 (2), pp. 109–115.

Farinha Rodrigues, C.; Figueiras, R. e Junqueira, V. (2016). *Desigualdade do Rendimento e Pobreza: As Consequências Sociais do Programa de Ajustamento*. Lisboa: FFMS. Disponível em: https://www.ffms.pt/FileDownload/a98e63bd-

0e40-436f-926c-68e800225fd2/desigualdade-do-rendimento-e-pobreza-em-portugal.
Ferguson, J. (2015). *Give a Man a Fish: Reflections on the New Politics of Distribution*. Durham: Duke University Press.
Fitzpatrick, T. (1999). *Freedom and Security: An Introduction to the Basic Income Debate*. Basingstoke: Palgrave Macmillan.
Ford, M. (2015). *Rise of the Robots: Technology and the Threat of a Jobless Future*. Nova Iorque: Basic Books.
Forget, E. L. (2011). The Town with No Poverty: the health effects of a Canadian Guaranteed Annual Income Field Experiment. *Canadian Public Policy* 37 (3), pp. 283–305.
Fourier, C. (2013 [1836]). *La fausse industrie, morcellée, répugnante, mensongère, et l'antidote, l'industrie naturelle, combinée, attrayante, véridique, donnant quadruple produit et perfection extrême en toute qualité*. Dijon: Les presses du réel.
Fragnière, A. (2016). Ecological Limits and the Meaning of Freedom: A Defense of Liberty as Non-Domination. *De Ethica: A Journal of Philosophical, Theological and Applied Ethics* 3 (3), pp. 33–49.
Fraser, N. (1994). After the Family Wage: Gender Equity and the Welfare State. *Political Theory* 22 (4), pp. 591–618.
Frey, C. B. e Osborne, M. A. (2013). The Future of Employment: How Susceptible are Jobs to Computerisation? Disponível em: http://www.oxfordmartin.ox.ac.uk/downloads/academic/The_Future_of_Employment.pdf.
Friedman, M. (1962). *Capitalism and Freedom*. Chicago: University of Chicago Press.
Friedman, M. (1968). The Case for a Negative Income Tax: A View from the Right. In J. H. Bunzel (org.), *Issues in American Public Policy* (pp. 111–120). Englewood Cliffs, Nova Jérsia: Prentice Hall.
Galbraith, J. et al. (1968). Economists' Statement on Guaranteed Annual Income. In J. Sreenivasan (2009), *Poverty and the Government in America: A Historical Encyclopedia*, Volume 1 (p. 26). Santa Bárbara, Califórnia: ABC-Clio.
Galbraith, J. K. (2006). Maastricht 2042 and the Fate of Europe: Toward Convergence and Full Employment. UTIP Working Paper #39. Disponível em: http://utip.lbj.utexas.edu/papers/utip_39.pdf.

George, H. (2008 [1879]). *Progress and Poverty: The Complete Works of Henry George*. Alcester: Read Books.

Goldsmith, S. 2012. *The Economic and Social Impacts of the Permanent Fund Dividend on Alaska*. In K. Widerquist e M. Howard (org.). *Alaska's Permanent Fund Dividend: Examining its Suitability as a Model*. Basingstoke: Palgrave Macmillan. New York: Palgrave Macmillan.

Gorz, A. (2013). *Capitalism, Socialism, Ecology*. Londres: Verso.

Gorz, A. (1985). *Paths to Paradise: On the Liberation from Work*. Londres: Pluto Press.

Gorz, A. (1999). *Reclaiming Work: Beyond the Wage-based Society*. Cambridge: Polity Press.

Hacker, J. (2011). The institutional foundations of middle--class democracy. *Policy Network*. Disponível em: http://www.policy-network.net/pno_detail.aspx?ID=3998&title=The+institutional+foundations+of+middle-class+democracy.

Hacker, J. e Pierson, P. (2010). *Winner-Take-All Politics: How Washington Made the Rich Richer – and Turned its Back on the Middle Class*. Londres: Simon & Schuster.

Hahnel, R. e Olin Wright, E. (2016). *Alternatives to Capitalism: Proposals for a Democratic Economy*. Londres: Verso.

Hamminga, B. (1995). Demoralizing the Labor Market: Could Jobs be Like Cars and Concerts? *Journal of Political Philosophy* 3 (1), pp. 23–35.

Hulme, D.; Hanlon, J. e Barrientos, A. (2010). *Just Give Money to the Poor: The Development Revolution from the Global South*. [S/l]: Kumarian Press.

Hannan, M. T. e Kranzberg, M. (2017). History of the Organization of Work. Disponível em: https://www.britannica.com/topic/history-of-work-organization-648000.

Hayek, F. (1979). The assurance of a certain minimum income. *In* F. Hayek, *Law, Legislation and Liberty, vol. 3: The Political Order of a Free People* (p. 55). Chicago: Chicago University Press.

Hayek, F. (2011 [1960]). *The Constitution of Liberty – The Definitive Edition*. The Collected Works of F. A. Hayek, vol. XVII. Ed. R. Hamowi.

Hobson, K. (2002). Competing Discourses of Sustainable Consumption: Does the «Rationalisation of Lifestyles» Make Sense? *Environmental Politics* 11 (2), pp. 95–120.

Honneth, A. (2014). *Freedom's Right: The Social Foundations of Democratic Life*. Cambridge: Polity Press.

Hugo, V. (1878). *Histoire d'un crime – déposition d'un témoin*. Paris: Calmann-Lévy.

Instituto da Segurança Social, I. P. (2017). Guia Prático do Rendimento Social de Inserção. Disponível em: http://www.seg-social.pt/documents/10152/24709/8001_rendimento_social_insercao/75f2f024-aeac-42dc-81ad-503ab0e9c441.

Instituto Nacional de Estatística (2017). Inquérito às Condições de Vida e de Rendimento. Disponível em: https://www.ine.pt/xportal/xmain?xpgid=ine_main&xpid=INE.

Jackson, B. (2012). Property-Owning Democracy: A Short History. In M. O'Neill e T. Williamson (org.), *Property-Owning Democracy: Rawls and Beyond* (pp. 33–52). West Sussex: Wiley & Sons.

Jackson, T. (2009). *Prosperity without Growth: Economics for a Finite Planet*. Londres: Earthscan.

Jackson, T. (2014). Sustainable Consumption. In G. Atkinson; S. Dietz; E. Neumayer e M. Agarwala (org.), *Handbook of Sustainable Development*. Cheltenham: Edward Elgar Publishing Limited.

Jackson, T. e Victor, P. A. (2016). Does slow growth lead to rising inequality? Some theoretical reflections and numerical simulations. *Ecological Economics* 121, pp. 206–219.

Jordan, B. (1998). *The New Politics of Welfare*. Londres: SAGE.

Jordan, B. (2011). The perils of basic income: ambiguous opportunities for the implementation of a utopian proposal. *Policy and Politics* 39 (1), pp. 101–114.

Kallis, G. *et al*. (2013). «Friday off»: Reducing Working Hours in Europe. *Sustainability* 5 (4), pp. 1545–1567.

Kalliomaa-Puha, L. *et al*. (2016). The Basic Income Experiment in Finland. *Journal of Social Security Law* 23 (2), pp. 75–88.

Kangas, O. *et al*. (2019). The Basic Income Experiment 2017–2018 in Finland. Preliminary Results. *Reports and Memorandums of the Ministry of Social Affairs and Health*. Disponível em: http://julkaisut.valtioneuvosto.fi/bitstream/handle/10024/161361/Report_The%20Basic%20Income%20Experiment%202020172018%20in%20Finland.pdf.

Kant, I. (2005 [1785]). *Fundamentação da Metafísica dos Costumes*. Trad. P. Quintela. Lisboa: Edições 70.

Karabarbounis, L. e Neiman, B. (2013). The Global Decline of the Labor Share. *The Quarterly Journal of Economics* 129 (1), pp. 61–103.

Keynes, J. M. (1963 [1930]). Economic Possibilities for Our Grandchildren. In J. M. Keynes, *Essays in Persuasion* (pp. 358–373). Nova Iorque: W. W. Norton & Company.

King Jr., M. L. (2010 [1968]). *Where Do We Go from Here: Chaos or Community?* Boston: Beacon Press.

Krisis, G. (2017). *Manifesto contra o Trabalho*. Trad. J. P. Vaz. Lisboa: Antígona.

Kuiper, J. P. (1976). Arbeid en Inkomen: twee plichten en twee rechten. *Sociaal Maandblad Arbeid* 9, pp. 503–512.

Lafargue, P. (2016 [1883]). *O Direito à Preguiça*. Lisboa: Antígona.

Latouche, S. (2007). *Petit Traité De La Décroissance Sereine*. Paris: Mille et Une Nuits

Lietaer, B. e Kennedy, M. (2008). *Monnaies regionales: De nouvelles voies vers une prospérité durable*. Paris: Editions Charles-Léopold Mayer.

Lima Coelho, S. e Marcelo, G. (2017). Universal Basic Income and the Fundamental Tasks of the State. Comunicação Apresentada no 17th BIEN Congress: Implementing a Basic Income, Lisboa, 25–27 de setembro de 2017.

Littler, J. (2007). *Radical Consumption: Shopping for Change in Contemporary Culture*. Maidenhead: McGraw-Hill International.

Liu, Y. *et al.* (2017). Understanding the Evolution of Sustainable Consumption Research. *Sustainable Development* 25 (5), pp. 414–430.

Locke, J. (2006 [1689]). *Dois Tratados do Governo Civil*. Lisboa: Edições 70.

Lorek, S. e Fuchs, D. A. (2013). Strong Sustainable Consumption Governance: precondition for a degrowth path? *Journal of Cleaner Production* 38, pp. 36–43.

Lorek, S. e Vergragt, P. J. (2015). Sustainable Consumption as a Systemic Challenge: inter- and transdisciplinary research and research questions. *In* L. A. Reisch e J. Thøgersen (org.), *Handbook of Research on Sustainable Consumption* (pp. 19–32). Cheltenham: Edward Elgar Publishing Limited.

Louçã, F. (2017). A armadilha finlandesa, ou prometer o céu de graça. Blogue *Tudo Menos Economia*. Disponível em: https://blogues.publico.pt/tudomenoseconomia/2017/02/04/a-armadilha-finlandesa-ou-prometer-o-ceu-de-graca/.

Major, K. (2016). Universal Basic Income will encourage unemployment in Britain – but that's not a bad thing. Disponível em: http://www.independent.co.uk/voices/universal-basic-income-would-encourage-unemployment-but-that-s-not-a-bad-thing-a6934201.html.

Maniates, M. F. (2001). Individualization: Plant a Tree, Buy a Bike, Save the World? *Global Environmental Politics* 1 (3), pp. 31–52.

Manyika, J. *et al.* (2017). Harnessing Automation for a Future That Works. McKinsey & Company. Disponível em: http://www.mckinsey.com/global-themes/digital-disruption/harnessing-automation-for-a-future-that-works.

Marcelo, G. (2015). O Novo Espírito do Capitalismo e as Transformações no Mundo do Trabalho: Uma Perspetiva Crítica. *Journal of Studies in Citizenship and Sustainability* 1, pp. 199–214. Disponível em: http://civemorum.com.pt/artigos/1/JSCS_1_GMarcelo_pp.199.214.pdf.

Marcelo, G. e Merrill, R. (2017). O RBI pode salvar o Estado Social. *Observador*, 05/11/2017. Disponível em: http://observador.pt/opiniao/o-rbi-pode-salvar-o-estado-social/.

Markkula, A. e Moisander, J. (2012). Discursive Confusion over Sustainable Consumption: A discursive perspective on the perplexity of marketplace knowledge. *Journal of Consumer Policy* 35 (1), pp. 105–125.

Marston, G. (2016). Greening the Australian Welfare State: Can Basic Income Play a Role? *In* J. Mays; G. Marston e J. Tomlinson (org.), *Basic Income in Australia and New Zealand* (pp. 157–177). Nova Iorque: Palgrave Macmillan.

Martin, J. L.; Maris, V. e Simberloff, D. S. (2016). The need to respect nature and its limits challenges society and conservation science. *Proceedings of the National Academy of Sciences* 113 (22), pp. 6105–6112.

Martins, N.; Costa, L.; Leitão, A.; Marcelo, G.; Guedes de Oliveira, F. e Tavares, M. (2019). The implications of inequality for European economic policy. *In* S. Lima Coelho e G. Marcelo (org.), *Ética, Economia e Sociedade*. Porto: Universidade Católica Editora (no prelo).

Matos, H. (2015). Dez Mitos sobre a Segurança Social. *Observador*, 31/05/2015. Disponível em: http://observador.pt/especiais/dez-mitos-sobre-a-seguranca-social/.

McKay, A. (2001). *Rethinking Work and Income Maintenance Policy: Promoting Gender Equality Through a Citizens' Basic Income*. Feminist Economics, 7 (1), pp. 97-118.

McKay, A. (2005). *The Future of Social Security Policy: Women, Work and a Citizens' Basic Income*. Abingdon: Routledge.

Meade, J. (2013). *Efficiency, Equality and the Ownership of Property (Routledge Revivals)*. [s/l]: Routledge.

Meade, J. (1988 [1935]). Outline of an Economic Policy for a Labour Government. *In* S. Howsen (org.), *The Collected Papers of James Meade vol 1: Employment and Inflation* (pp. 33–78). Londres: Unwin Hyman.

Meadows, D. *et al.* (1972). *The Limits to Growth*. Nova Iorque: Universe Books.

Mendes, H. e Albuquerque, J. L. (2014). Segurança Social: As pensões como retribuição do trabalho e como responsabilidade solidária. *In* R. M. Carmo e A. Barata (org.), *Estado Social: De Todos para Todos* (pp. 135–166). Lisboa: Tinta-da-china.

Merrill, R. (2018). Dossiê «Rendimento Básico Incondicional» (org.). *Revista Portuguesa de Filosofia*, 74 (2–3), «Gestão e Filosofia».

Merrill, R. (2017a). Democracia de Proprietários, Justiça Pré--distributiva e Rendimento Básico Incondicional. *Revista Portuguesa de Filosofia* 73 (1), pp. 49–62.

Merrill, R. (2017b). El acceso a los comunes y la renta básica como formas complementares de justicia predistributiva.

In B. Barragué (org.), *Repensar las Políticas Sociales: Inversión Social y Redistribución* (pp. 229-236). Madrid: Editorial Grupo 5.

Merrill, R. (2013). Liberal ou paternalista? Será que os surfistas devem ser subsidiados? *Revista Diacrítica* 27 (2), pp. 383-392.

Merrill, R. (2014). Rendimento Básico Incondicional: da exploração à pré-distribuição. *Esquerda.net*. Disponível em: http://www.esquerda.net/dossier/rendimento-basico-incondicional-2/33969.

Merrill, R. (org.) (2010). Neo-republicanismo, *Diacrítica* 2 (24), pp. 7-210. Disponível em: http://ceh.ilch.uminho.pt/publicacoes/Diacritica_24-2_Filosofia.pdf.

Merrill, R. e Marcelo, G. (2018). Como Implementar e Financiar um Rendimento Básico Incondicional? Reflexões para o Caso Português e Proposta de um Projeto-piloto. *Revista Portuguesa de Filosofia* 74 (2-3), pp. 585-626.

Merrill, R. e Weinstock, D. (org.) (2014). *Political Neutrality: A Re-evaluation*. Basingstoke: Palgrave Macmillan.

Meyer, N.; Petersen, H. e Sorensen, V. (1981). *Revolt from the Center*. Nova Iorque: Scribner.

Middlemiss, L. (2010). Reframing Individual Responsibility for Sustainable Consumption: Lessons from Environmental Justice and Ecological Citizenship. *Environmental Values* 19 (2), pp. 147-167.

Ministério do Ambiente da Noruega (1995). Oslo Roundtable on Sustainable Production and Consumption. Disponível em: http://www.iisd.ca/consume/oslo000.html.

Mill, J. S. (1965 [1848]). *Collected Works. Vol. 2, Principles of Political Economy*. Org. J. M. Robson. Toronto: University of Toronto Press.

Mitschke, J. (1985). *Steuer- und Transferordnung aus einem Guss: Entwurf einer Neugestaltung der direkten Steuern und Sozialtransfers in der Bundesrepublik Deutschland*. Baden-Baden: Nomos.

More, T., (1963 [1516]). *Utopia*. Trad. P. Turner. Harmondsworth: Penguin Classics.

Murray, C. (2006). *In Our Hands: A Plan to Replace the Welfare State*. Washington: American Enterprise Institute Press.

Murray, M. e Pateman, C. (org) (2012). *Basic Income Worldwide: Horizons of Reform*. Basingstoke: Palgrave Macmillan.
Musk, E. (2017). Elon Musk says automation will make a universal basic income necessary soon. *Fast Company*. Disponível em: https://www.fastcompany.com/4030576/elon-musk-says-automation-will-make-a-universal-basic-income-necessary-soon.
Mylondo, B. (2012). *Pour un revenu sans condition: Garantir l'accès aux biens et services essentiels*. Paris: Les éditions Utopia.
Neumayer, E. (2013). *Weak versus Strong Sustainability Exploring the Limits of Two Opposing Paradigms*. Cheltenham: Edward Elgar Publishing Limited.
Nixon, R. (1969). Address to the Nation on Domestic Programs. 8 de agosto de 1969. Disponível em: http://www.presidency.ucsb.edu/ws/?pid=2191.
Nozick, R. (2009 [1974]). *Anarquia, Estado e Utopia*. Lisboa: Edições 70.
Nussbaum, M. (2013). *Creating Capabilities: The Human Development Approach*. Cambridge, Massachusetts: The Belknap Press.
Oakford, S. (2016). Descriminalização do consumo de drogas em Portugal é exemplo para o mundo. Disponível em: https://www.vice.com/pt/article/descriminalizacao-do-consumo-de-drogas-em-portugal-exemplo-para-o-mundo.
Oishi, S. e Kesebir, S. (2015). Income Inequality Explains Why Economic Growth Does Not Always Translate to an Increase in Happiness. *Psychological Science* 16 (10), pp. 1630–1638.
Okin, S. M. (1989). *Justice, Gender, and the Family*. Nova Iorque: Basic Books.
Olin Wright, E. (2005). Basic Income as a Socialist Project. *Rutgers Journal of Law & Urban Policy* 2 (1), pp. 196–203.
Olin Wright, E. (2010). *Envisioning Real Utopias*. Londres: Verso.
Oliveira, D. (2017). O admirável mundo sem emprego. *Expresso*, 08/01/2017. Disponível em: http://expresso.sapo.pt/sociedade/2017-01-08-O-admiravel-mundo-sem-emprego.
O'Neill, M. e Williamson, T. (org.) (2012): *Property-Owning Democracy: Rawls and Beyond*. West Sussex: Wiley & Sons.

O'Neill, M. (2012). Free (and Fair) Markets without Capitalism: Political Values, Principles of Justice, and Property-Owning Democracy. *In* M. O'Neill e T. Williamson (org.), *Property-Owning Democracy: Rawls and Beyond* (pp. 75–100). West Sussex: Wiley & Sons.

Orwell, G. (1933). *Down and Out in Paris and London*. Londres: Victor Gollancz.

Otsuka, M. (2003). *Libertarianism without Inequality*. Oxford: Oxford University Press.

Pacheco Pereira, D. (1892 [1506]). *Esmeraldo de Situ Orbis*. Disponível em: http://purl.pt/28964.

Paine, T. (1995 [1797]). Agrarian Justice. *In* E. Foner (org.), *Thomas Paine Collected Writings* (pp. 396–413). Nova Iorque: The Library of America.

Parker, H. (1993). *Citizen's Income and Women*. Londres: CISC.

Paxton, W.; White, S. e Maxwell, D. (org.) (2006). *The Citizen's Stake: Exploring the Future of Universal Asset Policies*. Bristol: The Policy Press.

Pechman, J. e Timpane, M. (org.) (1976). *Work Incentives and Income Guarantees: The New Jersey Negative Income Tax Experiment*. Washington: Brookings Institution.

Pel, B. e Backhaus, J. (2016). Just do it; Shifting dimensions of social innovation in Basic Income experiments. Documento apresentado na Conferência «Interpretive Policy Analysis», Hull.

Pereirinha, J.; Pereira, E.; Branco, F.; Amaro, I.; Costa, D. e Nunes, F. (2017). Rendimento Adequado em Portugal. Quanto é necessário para uma pessoa viver com dignidade em Portugal? Disponível em: http://rendimentoadequado.org.pt/brochura-de-apresentacao-de-resultados.html.

Pettit, P. (2007). A Republican Right to Basic Income. *Basic Income Studies* 2 (2), article 10.

Pettit, P. (1997). *Republicanism: A Theory of Freedom and Government*. Oxford: Oxford University Press.

Piketty, T. (2014). *O Capital no Século XXI*. Lisboa: Temas e Debates – Círculo de Leitores.

Pinto, J. (2017). Rendimento básico, trabalho e liberdade. *Jornal Económico*, 12/10/2017. Disponível em: http://www.

jornaleconomico.sapo.pt/noticias/rendimento-basico-trabalho-e-liberdade-219369.
Pinto, J. (2018). Ambientalismo e Ecologismo: Dois modelos de RBI Verde. *Revista Portuguesa de Filosofia* 74 (2-3), pp. 759-784.
Platão (2009 [s/d]). *Fedro*. Lisboa: Edições 70.
Polanyi, K. (2012 [1944]). *A Grande Transformação: As Origens Políticas e Económicas do Nosso Tempo*. Lisboa: Edições 70.
Raventós, D. (2007). *Basic Income: The Material Conditions of Freedom*. Londres: Pluto Press.
Rawls, J. (1993 [1971]). *Uma Teoria da Justiça*. Lisboa: Presença.
Rawls, J. (2001). *Justice as Fairness: A Restatement*. Cambridge, Massachusetts: The Belknap Press.
Rawls, J. (1997 [1993]). *Liberalismo Político*. Lisboa: Presença.
Reich, R. (2016). *Saving Capitalism: For the Many, Not the Few*. Nova Iorque: Vintage Books.
Rhys-Williams, J. (1943). *Something to Look Forward To: A Suggestion for a New Social Contract*. Londres: MacDonald.
Robeyns, I. (2000). Hush money or emancipation fee? A gender analysis of basic income. *In* R. van der Veen e L. Groot (org.), *Basic Income on the Agenda: Policy Objectives and Political Chances*. Amesterdão: Amsterdam University Press.
Robeyns, I. (org.) (2008). Should Feminists Endorse Basic Income? *Basic Income Studies*, Special Issue 3 (3).
Robeyns, I. (2001). Will a basic income do justice to women? *Analyse & Kritik* 23 (1), pp. 88-105.
Roosevelt, F. R. (1944). State of the Union Message to Congress, 11 de janeiro de 1944. Disponível em: http://www.presidency.ucsb.edu/ws/?pid=16518.
Ross, A. (2016). *The Industries of the Future*. Nova Iorque: Simon & Schuster.
Rousseau, J. J. (2003 [1762]). *O Contrato Social*. Mem Martins: Publicações Europa-América.
Rousseau, J. J. (1972 [1782]). *Les rêveries du promeneur solitaire*. [s/l]: Gallimard.
Russell, B. (1918). *Roads to Freedom: Socialism, Anarchism and Syndicalism*. Londres: Barnes and Noble.
Ryan, A. (2012). Cultivating sustainable and ethical prosperity with basic income. The Foundation for the Economics

of Sustainability. Disponível em: http://www.feasta. org/2012/12/18/cultivating-sustainable-and-ethical-prosperity-with-basic-income/.

Sandel, M. (2012). *What Money Can't Buy*. Nova Iorque: Farrar, Straus and Giroux.

Sant'Ana Moreira, R. (2017). Rendimento Básico Incondicional: receber dinheiro por existir é uma boa ideia? *Jornal Económico*, 09/10/2017. Disponível em: http://www.jornaleconomico. sapo.pt/noticias/rendimento-basico-incondicional-receber--dinheiro-por-existir-e-uma-boa-ideia-217979.

Santens, S. (2017). Why we should all have a basic income. World Economic Forum, 15/01/2017. Disponível em: https://www. weforum.org/agenda/2017/01/why-we-should-all-have-a-basic-income/.

Schor, J. B. (2005). Sustainable Consumption and Worktime Reduction. *Journal of Industrial Ecology* 9 (1–2), pp. 37–50.

Schmid, T. (org.) (1984). *Befreiung von falscher Arbeit: Thesen zum garantierten Mindesteinkommen*. Berlim: Klaus Wagenbach.

Sen, A. (1999). *Development as Freedom*. Oxford: Oxford University Press.

Seyfang, G. e Longhurst, N. (2013). Growing green money? Mapping community currencies for sustainable development. *Ecological Economics* 86, pp. 65–77.

Seyfang, G. e Longhurst, N. (2016). What influences the diffusion of grassroots innovations for sustainability? Investigating community currency niches. *Technology Analysis & Strategic Management* 28 (1), pp. 1–23.

Skelton, N. (1924). *Constructive Conservatism*. Edimburgo: W. Blackwood.

Sommeiller, E.; Price, M. e Wazeter, E. (2016). Income Inequality in the U.S., by state, metropolitan area, and county. Economic Policy Institute Report, 16 de junho de 2016. Disponível em: http://www.epi.org/files/pdf/107100.pdf.

Snowden, E. (2014). Citado em B. Burrough; S. Ellison e S. Andrews. The Snowden Saga: A Shadowland of Secrets and Light. *Vanity Fair*, maio de 2014. Disponível em: https://www.vanityfair.com/news/politics/2014/05/ edward-snowden-politics-interview.

Soper, K. (2007). Re-thinking the «Good Life»: The citizenship dimension of consumer disaffection with consumerism. *Journal of Consumer Culture* 7 (2), pp. 205–229.

Standing, G. (1992). The Need for a New Social Consensus. In Van Parijs, P. (org.), *Arguing for Basic Income*. Londres: Verso.

Standing, G. (2017). *Basic Income: And How We Can Make It Happen*. Londres: Pelican Books.

Standing, G. (2016). The precariat, populism and robots: is basic income a political imperative? World Economic Forum, 20/12/2016. Disponível em: https://www.weforum.org/agenda/2016/12/the-precariat-populism-and-robots-is-basic-income-a-political-imperative/.

Standing, G. (2011). *The Precariat: The New Dangerous Class*. Londres e Nova Iorque: Bloomsbury.

Steensland, B. (2008). *The Failed Welfare Revolution: America's Struggle over Guaranteed Income Policy*. Princeton: Princeton University Press.

Steiner, H. (1994). *An Essay on Rights*. Oxford: Blackwell.

Stern, A. (2016). *Raising the Floor: How a Universal Basic Income Can Renew Our Economy and Rebuild the American Dream*. Nova Iorque: Public Affairs.

Teixeira, P. A. (no prelo). Sobre o financiamento de um RBI em Portugal. *Análise Social*.

Thaler, R. e Sunstein, C. R. (2008). *Nudge: Improving Decisions about Health, Wealth and Happiness*. New Haven: Yale University Press.

Thomas, A. (2016). *Republic of Equals: Predistribution and Property-Owning Democracy*. Oxford: Oxford University Press.

Thompson, D. (2011). This is What the Post-Employment Economy Looks Like. *The Atlantic*. Disponível em: https://www.theatlantic.com/business/archive/2011/04/this-is-what-the-post-employee-economy-looks-like/237589/.

Tukker, A. (2015). Priorities for sustainable consumption policies. *In* L. A. Reisch e J. Thøgersen (org.), *Handbook of Research on Sustainable Consumption* (pp. 145–160). Cheltenham: Edward Elgar Publishing Limited.

Van der Veen, R. e Groot, L. (org.) (2000). *Basic Income on the Agenda*. Amesterdão: Amsterdam University Press.

Van der Veen, R. e Van Parijs, P. (1986). A Capitalist Road to Communism. *Theory and Society* 15 (5), pp. 635-655. Reimpressão em Van der Veen, R. e Van Parijs, P. (2016). *Basic Income Studies* 1 (1), article 6.

Van Donselaar, G. (2009). *The Right to Exploit: Parasitism, Scarcity, Basic Income.* Oxford: Oxford University Press.

Van Parijs, P. (1992). *Arguing for Basic Income.* Londres: Verso.

Van Parijs, P. (1995). *Real Freedom for All. What (if Anything?) Can Justify Capitalism.* Oxford: Oxford University Press.

Van Parijs, P. (2001). A Basic Income for all. *In* Cohen, J. e Rogers, J. (org.) (2001). *What's Wrong with a Free Lunch?* Boston: Beacon Press.

Van Parijs, P. (2009). Political Ecology: From Autonomous Sphere to Basic Income. *Basic Income Studies* 4 (2), article 6.

Van Parijs, P. e Vanderborght, Y. (2017). *Basic Income: A Radical Proposal for a Free Society and a Sane Economy.* Harvard: Harvard University Press.

Varela, R. (coord.) (2012). *Quem Paga o Estado Social em Portugal?* Lisboa: Bertrand.

Varela, R. (coord.) (2013a). *A Segurança Social é Sustentável: Trabalho, Estado e Segurança Social em Portugal.* Lisboa: Bertrand.

Varela, R. (2013b). «Sou contra o Rendimento Básico Incondicional». *Dinheiro Vivo*, 16/11/2013. Disponível em: https://www.dinheirovivo.pt/economia/raquel-varela-sou-contra-o-rendimento-basico-incondicional/.

Vermeir, I. e Verbeke, W. (2006). Sustainable Food Consumption: Exploring the Consumer «Attitude – Behavioral Intention» Gap. *Journal of Agricultural and Environmental Ethics* 19 (2), pp. 169-194.

Victor, P. A. (2008). *Managing Without Growth: Slower by Design, Not Disaster.* Cheltenham: Edward Elgar Publishing Limited.

Vives, J. L. (1999 [1526]). *On Assistance to the Poor.* Tradução, introdução e comentário de A. Tobriner. Toronto: University of Toronto Press/Renaissance Society of America.

Walter, T. (1989). *Basic Income: Freedom from Poverty, Freedom to Work.* Londres: Marion Boyars.

Waters, C. N. *et al.* (2016). The Anthropocene is functionally and stratigraphically distinct from the Holocene. *Science* 351 (6269), p. aad2622. Disponível em: http://science.sciencemag.org/content/351/6269/aad2622.

Weber, M. (2003 [1905]). *The Protestant Ethic and the Spirit of Capitalism.* Mineola, N.Y.: Dover.

White, S. (2003). *The Civic Minimum.* Oxford: Oxford University Press.

White, S. (2008). Markets, Time and Citizenship. *In* S. White e D. Leighton (org.) (2008), *Building a Citizen Society: The Emerging Politics of Republican Democracy.* Londres: Lawrence and Wishart.

White, S. (2009). After neo-liberalism: Republican democracy in new times. *Progressive Review* 16 (1).

Widerquist, K. (2005). A Failure to Communicate: What (If Anything) Can we Learn from the Negative Income Tax Experiments? *The Journal of Socio-Economics* 34 (1). Disponível em: http://works.bepress.com/widerquist/4/.

Widerquist, K. (2006). *Property and the Power to Say No: A Freedom-based Argument for Basic Income.* D. Phil. Thesis, University of Oxford.

Widerquist, K. e Howard, M. (org.) (2012a). *Alaska's Permanent Fund Dividend: Examining its Suitability as a Model.* Basingstoke: Palgrave Macmillan.

Widerquist, K. e Howard, M. (2012b). *Exporting the Alaska Model: Adapting the Permanent Fund Dividend for Reform around the World.* Basingstoke: Palgrave Macmillan.

Wilkinson, R. e Pickett, K. (2009). *The Spirit Level: Why Greater Equality Makes Societies Stronger.* Nova Iorque: Bloomsbury Press.

Williamson, T. (2012). Realizing Property-Owning Democracy: A 20-Year Strategy to Create an Egalitarian Distribution of Assets in the United States. *In* M. O'Neill e T. Williamson (org.), *Property-Owning Democracy: Rawls and Beyond* (pp. 225–248). West Sussex: Wiley & Sons.

Wittfogel, K. (1957). *Oriental Despotism: A Comparative Study of Total Power.* Yale: Yale University Press.

World Economic Forum [WEF] (2016). The Future of Jobs: Employment, Skills and Workforce Strategy for the Fourth

Industrial Revolution. Disponível em: http://reports.weforum.org/future-of-jobs-2016/.

Young, W. *et al.* (2009). Sustainable Consumption: green consumer behaviour when purchasing products. *Sustainable Development* 18 (1), pp. 20–31.

Zelleke, A. (2008). Institutionalizing the Universal Caretaker through a Basic Income?
Basic Income Studies 3 (3), pp. 1–9.

ÍNDICE

AGRADECIMENTOS 11

1. **O QUE É UM RENDIMENTO BÁSICO INCONDICIONAL?** 13
   Linhas gerais da ideia 14
   História do RBI: de Thomas More aos dias de hoje ... 19
   O percurso do livro 34

2. **EM DEFESA DE UMA LIBERDADE REAL** 37
   Liberdade negativa e liberdade positiva 39
   Liberdade, propriedade de si e propriedade
      dos recursos externos......................... 42
   Liberdade como não dominação e liberdade real 47
   Objeção das más escolhas e a possibilidade
      de desmercadorização 51

3. **RBI E A PROMOÇÃO DA IGUALDADE DE OPORTUNIDADES** 61
   Igualdade formal de oportunidades e igualdade
      equitativa de oportunidades 63
   Igualdade real de oportunidades.................. 66
   A objeção da dureza e a resposta dos bens básicos.... 69
   A objeção da exploração 72
   A exploração é um custo que vale a pena pagar 74
   Uma conceção alargada do princípio de reciprocidade 75

Quem não quer trabalhar cria oportunidades
que outros podem aproveitar 76
Não há exploração pois a Terra é de todos: justiça
ex ante e justiça *ex post*. 77
O problema da desigualdade de rendimentos 80
O problema da desigualdade de género 83

4. DEMOCRACIA DE PROPRIETÁRIOS
E PRÉ-DISTRIBUIÇÃO 89
Genealogia da democracia de proprietários......... 91
A pré-distribuição como forma de realizar uma
democracia de proprietários 96
O rendimento básico incondicional como realização
de uma democracia de proprietários 101

5. RBI, TRABALHO E ESTADO SOCIAL 105
Origem e história do trabalho 107
Direito ao trabalho 111
Redefinir o trabalho 113
Precariado 117
O RBI e o aprofundamento do Estado social 121
Mitigar a pobreza............................... 124
Segurança social 130
Objeções sobre a segurança social................. 135
Incentivo ao trabalho 138
Objeção da preguiça............................. 139
Objeção do salário mínimo 141
Objeção do horário de trabalho................... 144
Objeção do pleno emprego....................... 146

6. RBI E QUARTA REVOLUÇÃO INDUSTRIAL....... 149
Quarta Revolução Industrial e desemprego
tecnológico 152
Desigualdade ou emancipação? O RBI como solução
possível 161

7. FINANCIAMENTO DO RBI 167
Modelos de financiamento de um RBI 169

Financiamento de um RBI como dividendo 172
Financiamento de um RBI como «rede de segurança» 175
Um rendimento participativo modesto 178
Financiamento de um RBI em Portugal 180
Impacto da introdução do RBI na Segurança Social.. 184
Uma abordagem agnóstica à questão
  do financiamento 186

8. IMPLEMENTAÇÃO DE PROJETOS-PILOTO 193
   Experiências já feitas e em curso 195
   Experiências dos anos 60–70 nos EUA e no Canadá .. 195
   Experiências recentes na Índia e na Namíbia 198
   Alasca e Macau: dois exemplos atuais 200
   Experiências em curso ou em avaliação na Finlândia
     e nos Países Baixos 202
   A experiência da GiveDirectly 208
   As experiências no Canadá e nos EUA 209
     A experiência no Canadá 209
     As experiências nos EUA 211
   RBI em Portugal? Proposta de criação de grupo
     de trabalho para um projeto-piloto 213

9. UM RENDIMENTO BÁSICO EM TEMPOS
   DE URGÊNCIA ECOLÓGICA 221
   Duas abordagens ao consumo sustentável 223
   Consumo e bem-estar 225
   A justificação ambientalista de um rendimento básico 227
   Um rendimento básico «ecologista» 229
   Um rendimento participativo? 232
   Um rendimento básico ecossustentável como
     promotor de consumo sustentável 233
   Opositor do individualismo 237
   Redutor das desigualdades 239
   Promotor da esfera autónoma e do localismo 240
   Um passo para uma mudança ainda mais radical 241

10. CONCLUSÃO 243

BIBLIOGRAFIA E WEBGRAFIA 249